KB206753

어린이의 탄생

: 1세기 교회 어린이 이야기

어린이의 탄생

저자 W. A. 스트레인지
역자 유재덕

초판 1쇄 발행 2024. 4. 26.

발행처 도서출판 브니엘
발행인 권혁선

책임교정 조은경
책임영업 기태훈
책임편집 브니엘 디자인실

등록번호 서울 제2006-50호
등록일자 2006. 9. 11.

서울특별시 송파구 백제고분로28길 25 B101호 (05590)
마케팅부 02)421-3436
편집부 02)421-3487
팩시밀리 02)421-3438

ISBN 979-11-93092-20-0 03230

독자의견 02)421-3487
이메일 editorkhs@empal.com

북카페 주소 cafe.naver.com/penielpub.cafe
인스타그램 @peniel_books

도서출판 브니엘은 독자들의 원고를 설레는 마음으로 기다리고 있습니다.
위의 이메일로 간단한 기획 내용 및 원고, 연락처 등을 보내주십시오.

도서출판 브니엘은 갓구운 빵처럼 항상 신선한 책만을 고집합니다.

「 초기 교회 아이들의 얘기를 통해 다음세대를 준비한다 」

어린이의 탄생

— 1세기 교회 어린이 이야기 —

W. A. 스트레인지 지음 | 유재덕 옮김

브니엘

| **프롤로그** | 1세기 교회는 어떻게 어린이를 교육했을까?

이 책의 집필을 처음 떠올린 것은 다음과 같은 질문 때문이었다. 예수님이 어린이를 자주 입에 올렸다면 초기 교회는 어째서 그러지 않았을까? 최초의 그리스도인들이 유아 세례를 주었는지 알 수 없을 정도로 교회가 어린이라는 주제에 침묵한 것은 무슨 이유에서였을까? 이런 질문은 곧장 다른 질문으로 계속 이어졌다. 예수님은 정말 어린이를 자주 언급했을까? 초기 교회는 실제로 어린이에 대해 완벽하게 침묵했을까? 그리고 신약성경 세계의 문화에서 어린이와 아동기는 무슨 의미가 있었을까? 이 책은 그런 질문에 대답하는 형식으로 짜였다.

답변에 필요한 틀을 짜려면 아주 폭넓은 접근은 불가피하고, 어린이에 대한 예수님이나 초기 그리스도인들이 한 말을 오해하지 않으려면 당시의 문화를 합리적으로 자세하게 들여다보지 않을 수 없다. 사회학자들은 아동기가 자연에서 비롯된 불변의 실체가 아니라 인간의 경험과 발달을 설명하는 사회적 구성체라고 주장해 왔다.

필립 아리에스(Philippe Aries)는 독보적 저서 「아동의 세기」에서 아동기를 역사의 주제로 삼아 연구하는 분야를 개척했고 아동기를 별개로 간주한 것은 르네상스 이후의 발견이라고 주장했다.[1] 아리에스 주장은 후속 연구에서 수정되고 비판받았지만 그는 과거에는 아동기를 우리와 사뭇 다르게 생각했을지 모른다고 모두에게 경고했다. 우리는 이런 전제를 무시한 채 관련된 성경 구절을 읽을 수 없다. 본문의 내용을 심각하게 오해할 수 있기 때문이다.

이 책을 집필하면서 몇 가지 측면을 제한하지 않을 수 없었다. 그렇지 않았으면 처음 맞닥뜨렸던 질문의 범위를 벗어났을 것이다.

먼저, 다루는 성경 자료의 범위를 제한했다. 독자 가운데는 내가 복음서를 검토하면서 예수님의 말씀과 행적의 진정성을 지나치게 확신할 뿐만 아니라 이 책이 복음서를 통해 예수님을 역사적으로 파악할 수 있다고 과도하게 추정한다고 생각할 수도 있다. 하지만 구구절절이 설명하고 해명하면 이 책은 분량이 늘어나서 전혀 다른 책이 되었을 것이다.

2장에서는 예수님의 말씀과 행동에 대한 복음서 저자들과 그들이 속한 공동체의 해석을 전제하고 있지만 나는 기본 자료의 진정성을 의심하지 않는다. 이 자료가 만들어지는 과정에서 복음서 저자들과 공동체의 한층 광범위한 역할에 더 큰 의미를 부여하는 독자가 있다면 2장을 읽을 때 고려할 필요가 있다.

책의 분량을 유지하기 위해 어떤 대목에서는 어쩔 수 없이 이야기를 줄여야 했다. 우리가 신약성경의 범위를 넘어서서 초기 교회의 생활을 들여다보는 것은 당연하다. 주로 신약성경에 관심이 많은 독자는 두 가지 이유에서 이것을 이해할 필요가 있다. 하나는, 신약성경에서 이미 눈에 띄는 어떤 흐름은 그 결과물이 기독교 공동체에 등장하는 순간 한층 더 선명해진다는 것이다. 유아 세례에 대한 논의가 늘 그렇듯이 신약성경의 자료가 애매하면 후대의 관습과 신앙으로 기독교의 첫 세대를 조명할 수 있다.

또 다른 고려 사항은 초기 교회의 생활 자체가 흥미롭다는 것이다. 우리는 이교 사회에서 그리스도의 사람으로 살아가는 문제와 기회 때문에 갈등하는 최초의 그리스도인들을 관찰할 수 있다. 그런데 이 책은 교회 어린이들의 이야기를 오늘날까지 다루지 않는다. 오랫동안 교회에서 어린이의 위치가 어떻게 발전해 왔는지 확인하고 싶은 독자는 다이애나 우드(Diana Wood)가 엮은 「교회와 아동기」에서 많은 도움을 얻을 수 있다.[2]

나는 이 책에서 한 가지 입장만 고집하지는 않았지만, 그렇더라도 독자가 보기에는 나의 확신과 결론이 다르지 않을 것이다. 이 책을 집필한 목적은 관련 자료를 활용하고 이해를 돕기 위한 것이다. 오늘날 어린이를 위한 기독교 사역에 관심이 있는 사람에게 도움이 되었으면 한다.

어린이의 성찬식 참여를 다룬 보고서에 기고한 자료를 사용할 수 있게 허락한 웨일스 지역 교회선교위원회와 이 책의 작업을 계속하도록 보조금을 지원한 웨일스교회 선교위원회에 감사한다. 3장의 일부 자료는 다른 형태로 잡지에 게재했었다. 아울러서 1장 초고에 유용한 의견을 준 데이비드 길 박사에게도 감사한다. 아내의 인내심 덕분에 이 책을 완성할 수 있었다. 아내가 초고를 몇 번이고 꼼꼼히 읽어주지 않았다면 일관성과 명료성이 크게 떨어졌을 것이다. 끝으로 어떤 책보다 어린이에 대해 더 많이 가르쳐주고 어린 시절을 떠올리게 해준 올리버와 해리에게 감사한다.

본문에 각주를 달지 않고, 이미 이 주제로 글을 쓴 저자들과 지루한 토론이나 논쟁을 피하는 게 나의 목표였다. 하지만 독자는 쟁점의 핵심을 좇아가면서 내가 주장한 내용을 직접 확인하는 게 중요하다. 따라서 성경 구절, 고대 그리스와 로마 작가, 유대 자료, 초기 기독교 작가, 그리고 현대 작가의 참고문헌을 포함했다. 성경 구절은 전통적인 방식 그대로 인용했다. 이 책에 사용한 그리스어와 라틴어 작품 대부분을 참고문헌에 포함했다.

1) Philippe Aries, Centuries of Childhood(Vintage, 1965).
2) D. Wood(ed.), The Church and Childhood(Blackwell Publishers, 1994).

C·O·N·T·E·N·T·S

차 례

SECTION

01

신약시대
어린이는 어떻게 살았을까?

[일러 두기]

1. 저자는 본문주를 사용했으나 독자 이해를 위해 후주로 변경했다.
3. 인용한 인명은 영어가 아닌 본래 출신 지역을 반영하여 표기했다.
4. 따로 언급하지 않고 인용한 성경은 모두 한글 개역개정판이다.

처음 그리스도인은 우리와는 전혀 다른 세계를 살았다. 그러니 어린이에 대해 신약성경 저자들이 거론한 내용을 읽을 때는 적어도 1세기에 유다, 에베소, 또는 로마에서 아이로 산다는 게 무엇을 뜻하는지 알고 있어야 한다. 당시는 어른의 관점에서 어린이를 어떻게 생각했을까? 또는 어린이의 관점에서 1세기 가정에서 생활하는 것은 무슨 의미였을까?

이런 질문은 중요해도 대답하기는 쉽지 않다. 1세기 사람들은 아동기의 본질과 인간 발달의 중요성을 우리만큼 성찰하지 않았기 때문이다. 따라서 고대 세계에서 어린이를 구체적으로 다룬 책이 거의 없고 우리에게 있는 책이라고는 교육, 그 가운데서도 목적이나 문제를 다룬 것이 대부분이다. 어린이 교육을 분석하고 양육을 개선하려는 최초의 작품 가운데 남아 있는 것은 1세기 후반 퀸틸리아누스(Quintilianus, 35-96)가 집필한 「연설가 교육」이다.[1] 자녀 양육을 체계적으로 조언한 기독교 작품은 크리소스토무스(Chrisostomus, 347?-407)가 쓴 「세상의 헛된 영광과 어린이 교육에 관하여」라는 소책자가 처음이다.[2]

때문에 어린이에 관해 접하는 내용은 대개 다른 주제를 거론하거나 어쩌다 지나치면서 언급한 곁가지 발언에서 가져와야 한다. 그 가운데 일부는 사실이고 어떤 것은 허구다. 하지만 모두 어린이에 대한 옛사람의 태도나 의견을 확인할 수 있다는 데 의의가 있다. 고대 세계 어린이를 직접적으로 다룬 글이 드물다는 게 단점은 아니다. 그것은 어린이 양육에 대한 누군가의 이론이 아니라 있는 그대로 상황을 묘사할 때가 많다는 뜻이다. 예를 들어 우리 문화에서 어린이에 관한 글이 특정한 것이 전부라면 미래의 역사가는 우리 시대 어린이 양육에 대해 아주 그릇된 그림을 가질 수 있다. 생각은 바뀌고 자녀 양육에 관한 조언 역시 다른 것들처럼 구식이 될 뿐더러 권위적인 견해라고 해서 모두가 동의하지는 않기 때문이다.

어린이를 이해하는 데 도움이 되는 고대 세계 사람들의 글을 읽다 보면 헛갈릴 때가 있다. 예를 들어 죽은 자녀에 대한 부모의 심경 때문에 가슴이 뭉클해지는 많은 묘비 글에는 짙은 애정이 자리 잡고 있다. 그런데 동시에 일상에서 아이를 대하는 태도에는 아무렇지 않은 듯한 잔인함도 있었다. 갓 태어난 아기는 종종 도시의 쓰레기 더

미에서 죽음에 노출되었고, 심지어 부모의 돌봄을 받는 어린아이도 정기적으로 심하게 구타당했다. 우리가 이해하려는 신약시대 세계의 한 가지 특징은 어린이에 대한 확고한 사랑과 냉혹하고 잔인한 태도가 나란히 존재한다는 것이다.

신약성경과 초기 교회에서 어린이의 지위를 이해하려면 신약성경 자체와 초기 그리스도인의 작품 등 우리가 소유한 구체적인 기독교 문헌뿐 아니라 유대인과 이방인 등 비기독교적 자료에서 나온 증거를 검토해야 한다. 초기 그리스도인이 겪은 문화를 조명하기 때문이다.

신약성경이 반영하는 장소와 문화는 다양하다. 예를 들어 유대 어린이의 경험은 이방인 어린이와는 다르다. 대개 유대인 가정과 이방인 가정에서 남자아이는 여자아이와 다른 어린 시절을 보냈다. 사회에서 전혀 다른 역할을 준비해야 했기 때문이다. 로마 같은 국제 도시에서 성장한 아이와 작은 농촌 마을에서 자란 아이의 어린 시절은 사뭇 달랐을 것이다. 가족 규모와 친족 관계 구조는 지역마다 무척 다양했다.

그리고 우리는 아무래도 어느 시대나 거의 흔적 없이 사라진 빈민보다는 문학이나 기념비에 기록을 남긴 부유층의 삶에 더 익숙하다. 따라서 신약시대의 어린이와 아동기에 대해 우리가 무엇을 말하든지 복잡한 그림을 지나치게 단순화할 위험이 있다. 게다가 더 익숙하다는 이유만으로 광범위한 인구를 대표할 수 있는지 따지지 않고 특정 집단에 집중할 때도 있다. 어쩌면 우리는 1세기 지중해 주변에 다양한 문화, 언어, 종교 집단이 존재했다는 사실을 잊지 않도록 신약성경 세계보다는 당시 세계를 언급해야 한다.

여기서는 유대인과 이방인의 세계를 번갈아서 살펴본다. 이 두 세계에는 부자와 빈민, 도시와 농촌이 달랐다. 기독교 운동은 유대인의 환경에서 시작해서 이방인을 포용하는 쪽으로 움직였다. 따라서 예수님의 사역과 초기 교회의 생활에서 어린이의 지위를 파악하려면 유대인의 어린 시절과 이방인의 그것 간의 차이를 이해해야 한다.

하지만 일차적으로 유대 문화와 이방 문화, 도시와 농촌 상황에서 공통으로 나타날 것으로 예상하는 어린 시절의 특징을 살펴본다.

지중해 세계와 어린이

1세기 지중해로 순간 이동을 한다면 어린이들이 어째서 그렇게 많은지 놀랄 수 있다. 유아 사망률이 아주 높다 보니 가족 규모가 클 수밖에 없었다. 전체 어린이의 절반 이하가 다섯 번째 생일까지 살아남았고 겨우 40퍼센트가 20세까지 생존한 것으로 추정한다. 따라서 자녀 둘이 가임기까지 생존할 가능성을 보장하려면 한 부부가 다섯 명까지 자녀를 낳아야 했다.[3)]

특히 출생 전후가 위험했다. 로마에서 여자아이는 태어난 지 8일째 이름을 받았고, 남자아이는 9일째 '정화의 날'(dies lustricus)에 이름을 받았는데 그날에 제물을 바치고 의식을 치르면 아이가 정화된다고 해서 그렇게 불렀다. 유대인 남자아이는 8일째 할례를 치렀다. 갓 태어난 아이가 살 수 있을지 확신할 수 없다 보니 위태로운 첫 주가 지나갈 때까지는 존재를 인정하지 않은 것 같다.

실제로 어느 시기에는 출산율이 너무 낮아서 인구를 유지하지 못할 수 있다는 우려가 상당하기도 했다. 이런 우려는 특히 제국의 지배 엘리트들에게 컸다. 로마 당국은 율리우스 카이사르 시대부터 적어도 로마 시민 사이에서는 대가족을 장려하는 법안을 제정했다. 인구를 유지하려면 많은 자녀가 필요했지만 부부 가운데 일부는 가족의 규모를 제한하는 조처를 했다는 것을 알 수 있다. 부부가 가족 수를 제한하는 방법에는 영아 살해와 피임이 있었다.

영아 살해는 어쩌면 광범위했을 것이다. 영아 살해는 로마제국 사회에서 대부분 암묵적으로 용인했고 법으로 금지하지는 않았다. 기형아는 흔히 내다 버렸고 여자아이 역시 자주 유기했다. BC 1세기 이집트의 한 남편은 아내에게 "갑자기 아이를 낳더라도 사내면 그대로 두고 계집애는 내버리라"는 냉혹하면서도 드물지 않은 편지를 보냈다. 자녀의 유기는 고대 세계의 가장 충격적인 특징 가운데 하나다. 하지만 부모 가운데 일부는 극심한 가난 때문에 이런 절박한 수단으로 내몰렸다는 사실을 기억할 필요가 있다. 대부분은 오늘날 우리가 '제3세계'라고 부르는 수준이었다. 많은 가정에서 입이 더 느는 게 심각한 문제였고, 얼마 안 되는 가족의 소유를 형제에게 고루 분배해야 하는 제국의 일부 지역에서는 너무 많이 생존할 필요가 없다는 강력한 동기가 존재했다.

영아 살해는 부양해야 할 입이 지나치게 많다는 문제를 해결할 유일한 대책은 아니었다. 고대 세계에서는 다양한 형태의 피임이 가능했으나 실제로 얼마나 효과적이었는지는 논란의 여지가 있다. 전해지는 의학 자료에 따르면 부부는 생산력을 줄이거나 낙태를 위한 피임 형태로 약초를 이용했다.[4]

다른 것도 그렇지만 유대인은 이 점에 있어서도 동시대 이방인들과 근본적으로 달랐다. 유대인의 법과 관습은 이방인 사이에서 흔했던 이런 관행, 특히 영아 살해를 혐오했다. 모세 율법은 낙태를 범죄로 간주했다(출 21:22-25). 낙태를 위해 여러 피임약을 사용하는 것 역시 사실상 배제했다. 유대인은 일부 예방적 피임법을 알고 사용했는데, 예를 들어 수유 중에 임신을 피하는 것처럼 여성의 건강을 위한 목적에는 용인했다.[5]

영아 살해와 낙태는 유대 작가들, 특히 1세기 유대 철학자 알렉산드리아의 필로(Philo of Alexandria, BC 15?-AD 45?)가 범죄로 규정했다. 사실 필로는 임신 초기의 낙태와 임신 말기의 낙태를 구분했다. 그는 조기 낙태를 상해로 간주했고, 그래서 출애굽기의 율법이 벌금형을 부과한 것이라고 주장했다(출 21:22-25). 하지만 태아가 완전히 형성되면 낙태는 살인과 다르지 않았다. 물론 유아의

아기에게 젖먹이는 모습을 지켜보는 남편(BC 2세기 로마 어린이 석관의 부조). 로마 가정에서는 갓 태어난 아기를 아버지 무릎 앞에 내려놓고 자식으로 기를지 유기할지 판단하게 했다.

유기 역시 마찬가지였다. 필로의 말은 어린이 유기가 실제로 무엇을 의미했는지 상상하는 데 도움이 된다.

> 일반적인 살인 혐의와 좁은 의미의 자녀 살인 혐의를 논할 때 사실성에 대한 가장 명확한 증거는 부모가 제공한다. 그들 가운데 일부는 괴물 같은 야만성과 잔인함으로 자기 손으로 그런 짓을 한다. 갓난아기가 처음 숨 쉬는 것을 틀어막거나 더 빨리 가라앉게 무거운 것을 매달아서 강이나 바다 깊은 곳에 던진다. 일부는 아이를 사막에 유기하고 구조되기를 희망하기도 하지만 실제로는 가장 고통스러운 운명을 겪게 내버려둔다.[6]

유대인은 가족의 규모를 제한하지 않은 것 같다. 실제로 종족의 번성은 막중한 책임이었고 나중에 유대 전통은 그렇게 하지 않는 것을 피를 흘리거나 하나님 형상을 만드는 것만큼이나 악하게 간주해서 대부분 대가족을 유지했다고 생각해야 한다.

사실 가끔 인구 감소에 대한 불만이 제기된 것을 제외하면 로마 제국의 인구는 유지되었는데 이것은 상당히 많은 자녀를 낳았다는 뜻이다. 그리고 자식을 많이 낳는 데는 경제적으로 간과할 수 없는 이유가 있었다. 부모는 새로운 세대와 사랑을 나누고 싶어서 자녀를 바란다. 우리 문화에는 자녀가 일종의 애완동물이라는 말이 있다. 하지만 고대 세계는 오늘날 많은 문화권이 그렇듯이 대개 노년기에

돌봐줄 사람이 있어야 해서 자녀를 바랐다.

부유한 계급은 행복한 노년기를 보장할 돈이 있었다. 따라서 농민과 같은 방식으로 자녀가 필요하지는 않았다. 아마도 이것이 가족이 더 적은 이유였고 더 많은 자녀를 갖도록 장려해야 한다고 역대 황제들이 생각한 이유였을 것이다.

로마제국 인구 대부분을 차지했을 생계형 농부는 감당할 수 있는 범위에서 가장 큰 가족을 갖는 데 외적인 격려가 필요하지 않았던 것 같다. 1세기 후반 유베날리스(Juvenalis, 55-140)는 이상적인 농민 가족을 시로 노래하면서 남편과 아내(아내는 산후조리 중), 네 명의 아이와 노예가 낳은 다섯 번째 아이(아버지는 가장으로 추정)가 함께 집 안에서 노는 견고한 가정을 상상했다. 한편, 큰아이들은 밭에서 일하고 있었을 것이다.[7] 농민 가정이 언제나 풍요롭지는 않았을지 모르지만 적어도 1세기 로마인은 농민 가정이라면 그래야 한다고 생각했다. 자녀는 비용이 많이 들었고 가난한 사람은 때로는 그런 이유로 자녀를 유기해야 했을 것이다. 하지만 자녀는 필수적인 투자였고 미래를 대비할 수 있을 만큼 자녀를 낳은 것 같다.

우리가 아이들의 숫자에 놀랐다면 그들을 가르치고 교육했던 방식도 마찬가지다. 사회는 예외 없이 어른이 되어 생존하는 데 필수적인 기술과 지식을 습득하도록 어린이들을 가르쳐야 한다. 그런데 고대 세계에서는 교육의 이런 과제를 사뭇 다른 방식으로 접근했다. 유대인과 이방인 양육을 따로 검토하고 교육 내용을 더 자세히 들여다보겠지만 두 사회는 어린이와 교육에 대해서 부분적으로 기본 전제를 함께했다. 아이가 주변 환경에 대한 인식을 키우고 점점 복잡하고 추상화하는 개념에 대처하도록 돕는 것을 교육으로 간주하지 않았다. 어린이 교육을 대개 야생 동물의 훈련에 더 가깝게 여겼다.

이런 판단이 지나치게 가혹하게 들린다면 자녀 양육을 언급하는 일부 자료를 살펴볼 필요가 있다. 철학자 플라톤은 아이를 키우는 것을 야생 동물 길들이기에 비유한 적이 있다.

> 모든 짐승 가운데서도 아이가 가장 다루기 힘들다. 무엇보다 아직 억제되지 않은 이성의 원천을 가지고 있는 한 아이는 위험하고 교활하고 가장 무례한 존재이기 때문이다. 그러므로 아이는, 말하자면 여러 굴레로 묶어두어야 한다.

어린이에 대한 다소 편파적인 플라톤의 주장을 읽고 나면 고대 세계 어린이의 처지에 대해 보다 많은 자료나 여성이 쓴 관련 자료가 있으면 한층 더 공정한 그림을 얻을 수 있을지 궁금해진다. 실제로 고대 세계 (남성) 교육 이론가들은 어느 정도나 어린이들과 하루도 거르지 않고 관계를 유지했을까? 물론 일부는 탄탄한 경험을 기초로 기록을 남기기도 했는데 나중에 자주 언급하게 될 퀸틸리아누스가 이런 범주에 속한다.

우리가 제대로 알아야 할 것 가운데 하나는 여성이 아이를 어떻게 생각했는가 하는 것이다. 여성이 주로 어린 시절을 담당했으니 말이다. 그들이 엄격한 훈육을 옹호하는 쪽에 귀를 기울이고 화를 내고 억압했는지, 아니면 전체적인 상황을 모른 채 어린 자녀와 보내는 시간이 너무 짧다 보니 강한 연민으로 대했는지 알 수는 없다.

아이를 키우는 게 짐승 길들이기와 같다는 생각은 부모에 대한 실질적인 조언에 드러나 있다. 자녀 양육에 대한 조언은 몹시 가혹해 보이는 훈육을 철저하게 옹호했다. 잠언에 나오는 유대인 전통에서 이것을 찾아볼 수 있다.

> "매를 아끼는 자는 그의 자식을 미워함이라. 자식을 사랑하는 자는 근실히 징계하느니라"(잠 13:24).
>
> "아이의 마음에는 미련한 것이 얽혔으나 징계하는 채찍이 이를 멀리 쫓아내리라"(잠 22:15).
>
> "아이를 훈계하지 아니하려고 하지 말라. 채찍으로 그를 때릴지라도 그가 죽지 아니하리라. 네가 그를 채찍으로 때리면 그의 영혼을 스올에서 구원하리라"(잠 23:13-14).

유대인 아버지는 대부분 잠언의 권면을 문자 그대로 받아들였다.[8] 히브리서 저자는 잠언이 옹호한 관습을 언급했다. 저자는 독자의 공통적인 경험 덕분에 아버지가 자식을 위한다는 명목으로 행한 고통스러운 훈육에 대한 기억을 소환할 수 있었다(히 12:7-11). 어린 시절 아버지에게 매를 맞는 게 무엇을 뜻하는지 모두 알고 있다고 예상한 것이다.

훈육의 방법으로 자녀를 때리는 것은 이방인 사회에서도 흔했다. 가정에서 아버지의 권위는 (이론상) 대부분 사회에서 의심할 여지가 없었다. 로마에서 이런 권위는 '파트리아 포테스타스'(patria potestas)라고 부르는 자녀에 대한 생사여탈권으로 확장되었다. 1세기의 로마 아버지들은 원치 않는 신생아를 유기해도 불법이 아니었지만 이전 시대처럼 자녀를 사형에 처할 법적 권리는 더 이상 가질 수 없었다. 로마제국 동부를 지배한 그리스 문화에서 아버지는 18세까지만 유효한 권위를 제한적으로 행사한 것으로 보인다.[9)]

1세기 후반 작은 플리니우스(Plinius, 61-113)가 묘사했듯이 자녀에게 사치와 방종을 허용한 부모 역시 있었을 가능성이 크다. 그리고 우리가 잔인하다고 여길 만한 훈육 체계에서 자녀를 키운 부모, 특히 아버지 역시 존재한 게 분명했다. 아이들이 다니는 학교라고 해서 더 나은 것을 기대할 수는 없었다. 교사는 자주 그리고 엄격한 체벌을 필수 업무로 간주했다.[10)]

부모가 자녀를 어떻게 대했는지, 또는 자녀가 어떤 대우를 받게 내버려 두었는지 접하게 되면 우리는 그들이 자녀를 사랑했는지 궁금해진다. 답은 틀림없이 사랑했다는 것이다. 그들에게는 관대함과 가혹함이 나란히 존재했다. 문헌과 묘비 글에는 어른이 아이에게 애착을 갖고 진심으로 보살폈다는 증거가 많다. 1세기 로마 사회에서 어린이에 대한 관대함이 증가한 것으로 보이는 일부 발언이 있다. 예를 들어 로마 시인 마르티알리스(Martialis, 40-102?)가 너덧 살 정도의 노예 아이 에로티온의 죽음에 관해 쓴 감동적인 묘비 글이 남아 있다.

> 이전에는 아주 자유로웠던 팔다리 위로
> 잔디가 너무 뻣뻣이 펴지지 않게 하소서.
> 사랑하는 어머니 대지여, 아이의 흔적을 너무 가리지 마소서.
> 당신에게 사뿐히 남긴 아이의 작은 발걸음이오니.

부모의 애정을 보여주는 분명한 사례는 플루타르코스(Plutarchus, 46?-120?)가 두 살배기 딸의 죽음 때문에 아내에게 쓴 위로의 편지가 있다.[11] 이 글은 일정한 양식과 틀을 갖추고 있고 철학을 빌려서 적절하게 위로하는 한 편의 수필에 가깝다. 플루타르코스의 편지에는 진솔한 감정과 아주 짙은 슬픔이 절절하게 드러난다. 플루타르코스는 딸의 성격을 이렇게 회상한다.

> 아들 넷을 낳은 후 그토록 그리던 딸이 당신에게서 태어난 것과 당신의 이름으로 아이를 부를 수 있게 해준 것에 얼마나 만족했는지 모릅니다. 게다가 아이들에 대한 우리의 애정은 정말이지 대단했습니다. 기쁨은 한없이 순수하고 어떤 비난도 발붙일 수

없었습니다. 여자아이는 놀라울 정도로 온화하고 좋은 성격을 타고났고, 우리는 우정에 응답하고 호의를 베푸는 모습을 즐거워하며 아이의 상냥함을 확인할 수 있었습니다.

고대 기독교 자료에 등장하는 부모가 남긴 사랑의 표현은 단연 감동적이다. 그것이 여성이 직접 말하는 몇 안 되는 자료인 것은 어쩌면 우연이 아니다. 203년경 북아프리카 카르타고의 그리스도인 여성 두 명이 경기장에서 짐승에게 던져져 순교했다. 한 명은 페르페투아(Perpetua, ?-202)라는 부유한 젊은 여성, 다른 한 명은 그녀의 하녀 펠리치타스(Felicitas, ?-203)였다. 페르페투아에게는 어린 아기가 있었고 펠리치타스는 감옥에 있는 동안 아이를 낳았다. 페르페투아는 최후가 다가오자 감옥에 대한 인상을 곁들여 꿈과 환상을 기록했다. 이 작품은 순교뿐 아니라 자식에 대한 어머니의 감정에 관해 많은 것을 알려준다. 여기에는 한층 노련한 작가에게 볼 수 있는 문학과 철학적 격식이 전혀 없지만 아주 용감하면서도 다소 겁에 질린 젊은 여성의 목소리를 들을 수 있다.

체포된 후 페르페투아는 투옥되었다.

며칠 후 우리는 수감되었는데 그렇게 어두운 구덩이에 들어가 본 적이 없어서 두려웠다. 정말 힘든 순간이었다! 더구나 더위는 숨 막힐 정도였고 군인들의 갈취가 있었다. 그리고 무엇보다 그

곳에 있는 아기가 걱정되어 너무 고통스러웠다.[12)]

나중에 집사 테르티우스와 폼포니우스가 군인들에게 뇌물을 주어 여자들을 더 괜찮은 감옥으로 옮겼다.

그러자 우리 모두 지하 감옥을 나와 자리를 옮겼다. 배고파 기력을 잃은 아기를 보살폈다. 불안해서 어머니에게 아이에 대해서 말했다. 그리고 오빠를 위로했고 그들이 아이를 데려갔다. …그런 다음 아기가 나와 감옥에서 함께 지낼 수 있도록 허락받았다. 아이에 대한 걱정과 불안을 벗자, 나는 곧바로 건강을 회복하고 안도했다. 감옥이 갑자기 궁전처럼 느껴져 다른 곳보다 그곳에 있고 싶었다.[13)]

페르페투아가 아기를 마지막으로 본 것은 총독 앞에서 사건을 심리할 때 마음을 고쳐먹고 황제에게 제물을 바치고 목숨을 보전하도록 설득하려고 아버지를 법정에 데려왔을 때였다. 그녀가 유죄 판결을 받고 감옥으로 돌아가게 되자 아버지가 아기를 키웠고, 며칠 후 페르페투아는 경기장에서 세상을 떴다.

이것은 고대 세계 어린이에 대한 정보를 대부분 제공하는 도덕가나 이론가의 작품과는 어조가 다르다. 자녀에 대한 부모의 진실하고 강한 애정의 증거가 필요하다면 죽음을 앞둔 한 여성의 이 단순한 감정 표현에서 찾을 수 있다.

그래서 우리는 부모와 자식 사이에 진정한 사랑이 존재했다는 사실을 알 수 있다. 하지만 잔인함도 있었다. 고대 세계 사람들은 아이를 사랑하면서도 이성적 존재로 여기지 않았기 때문이다. 아이를 올바른 방향으로 훈련하는 유일한 수단은 강압뿐이라서 교육을 짐승의 훈련과 비슷하게 간주했다.

그리스 세계 이방인들은 아이가 말을 제대로 할 수 없어서 이성이 부족하다고 주장했다. 그리스어 '로고스'는 '말'이나 '발언', '이성'이라는 이중적 의미가 있었다. 어린이의 비합리성에 대한 이런 인식은 그리스와 로마, 이방인과 유대인을 막론하고 고대 사회의 보편적 특징이었던 폭력에 대한 의존을 설명하고 있는 것으로 보인다.

유대인과 어린이

고대 세계에 속한 유대인의 태도와 생각이 모두 한결같지는 않았다. 지중해 동부지역 도시처럼 이방인의 도시 환경에서 거주하는 유대인은 갈릴리나 유대 지역의 소규모 농민 사회에서 땅을 일구며 산 사람과는 태도가 다소 달랐다고 짐작하는 게 합리적이다. 최근 발견한 자료를 보면 팔레스타인 내부에도 다양한 시각이 존재했다는 것을 알 수 있다. 예를 들어 사해 두루마리 발견 덕분에 랍비들의 후대 기록을 근거로 우리에게 익숙한 유대교 주류와는 상당히 다른 신앙을 소유하고 생활한 유대인 집단을 알게 되었다. 따라서 신약시대의 유대교에 대한 그림을 지나치게 단순화하지 않도록 주의해야 한다. 아울러 랍비 전통이 기록되고 성문화하기 시작한 몇 세기 뒤 유대인의 신앙과 관습이 1세기에도 존재했다고 가정하는 것 역시 마찬가지다.

복잡한 문화를 과도하게 단순화하고 후대 상황을 신약시대까지 거슬러 올라가는 위험성을 의식하면서 1세기 유대인 사회에서 어린이의 지위에 대해 몇 가지 거론하면 다음과 같다.

미래의 담보자, 어린이

예수님이 태어났을 무렵 유대 민족 전체가 팔레스타인에 거주하지는 않았다. 수 세기 동안 팔레스타인에 살지 않은 때도 있었다. 느부갓네살(Nebuchadnezzar, BC 605-562)이 예루살렘을 점령하고 성벽을 허물고 성전을 파괴한 지 거의 600년이 흘렀을 때였다. 유다 왕국은 멸망했으나 유대 민족은 거주 지역에서는 물론이고 나름 실체를 유지하면서 생존했다. 유대인 사회는 전 세계에 산재했고 어디를 가든 조상의 신앙과 민족 고유의 생활을 고수하며 정체성을 유지할 수 있었다.

유대인을 이처럼 놀라운 방식으로 생존하고 번영하게 했던 생활 요소 중 하나는 자신과 주변 문화 사이에 뚜렷한 경계를 설정한 것이었다. 특히 음식법과 안식일처럼 사회적으로 두드러질 수밖에 없는 유대 율법인 토라의 엄수는 유대인 사회에 결속력과 명확한 경계를 부과했다.

결혼은 공동체 안에서만 가능했다. 예루살렘의 함락과 뒤이은 유배 이전에는 이스라엘 사람이 공동체 외부에서 결혼 상대를 선택하는 게 한층 더 자유로웠을 수도 있다. 다윗왕의 증조모가 될 모압 여인 룻은 외국 여성을 이스라엘 사회가 쉽게 수용한 하나의 사례다. 사람들이 땅을 안정적으로 소유하는 동안에는 다른 사회 출신 여성을 받아들인다고 해서 정체성을 위협받지 않았다.

그러나 바벨론 유배 이후 유대인 사회를 재건할 무렵에는 분위기가 급변했다. BC 5세기 예루살렘 귀환자들의 개혁과 갱신을 이끌었던 에스라와 느헤미야는 '외부인'과의 결혼을 강력하게 금지했다. 개혁 정책의 초석 중 하나는 이런 결합을 해체하고 이스라엘 공동체에서만 결혼할 것을 주장한 것이었다(스 9-10장, 느 10:30, 13:23-31). 이 정책의 목적은 에스라 9장 2절이 묘사했듯이 '거룩한 민족'인 계약의 백성에게 온전하고 확실하게 소속된 후손을 확보하는 것이었다.

따라서 1세기 유대 문화에서 자녀는 사회의 미래를 보장하는 데 있어 몹시 중요한 존재였다. 유대인끼리 결혼해서 잉태하고 조상의 전통을 좇아 엄격하게 양육한 자녀는 계약 신앙에 대한 충성에 생존이 걸린 공동체의 미래를 보장했다. 바울이 빌립보 교인들에게 보낸 편지에서 “나는 팔 일 만에 할례를 받고 이스라엘 족속이요 베냐민 지파요 히브리인 중의 히브리인이요 율법으로는 바리새인이요”(빌 3:5)라고 어린 시절과 양육 환경을 회상할 정도였다. 많은 유대인 남성은 이런 어린 시절을 만족스럽게 회상했다.

물론 아이는 언제나 미래를 위한 씨앗이었다. 농경 사회에서 가족의 안녕은 자녀, 특히 남자아이가 잘 자라서 결국 가계를 이어받는 데 달려있었다. 다산은 주요 관심사였다. 자녀가 없다는 것은 개인의 슬픔을 넘어 공동체에서 수치스럽고 체면을 잃는 일이었다. 세례 요한의 어머니 엘리사벳의 임신에 대한 첫 번째 반응은 주님이 자신의 수치를 없애주었다는 감정이었다(눅 1:25). 반대로 자녀, 특히 아들을 많이 낳으면 가족의 명예가 높아졌다. 시편 127편의 저자는 하나님이 아들을 충분히 공급하는 가정이 될 것이라고 기대하고 즐거워했다.

> “보라. 자식들은 여호와의 기업이요 태의 열매는 그의 상급이로다. 젊은 자의 자식은 장사의 수중의 화살 같으니 이것이 그의 화살통에 가득한 자는 복되도다. 그들이 성문에서 그들의 원수와 담판할 때에 수치를 당하지 아니하리로다”(시 127:3-5).

가족의 연속성은 아주 중요해서 히브리 율법에는 자녀 없이 죽어도 그 사람의 ‘이름’을 잇도록 보장하는 조항이 있었다. 이른바

'형사취수혼법'(levirate law)에 따르면 이스라엘 사람은 형제가 자식 없이 죽으면 그의 아내와 결혼해야 했다(신 25:5 이하). 이 두 번째 결혼에서 얻은 자녀를 죽은 형제 또는 친척의 상속자와 후계자로 간주한다. 남자가 이것을 바라지 않는 경우도 충분히 있을 수 있었다. 이 관습이나 법이 효력을 발휘한 구약성경의 사례에서는 가장 가까운 친척이 요구받은 일을 꺼렸다(창 38:8-10, 룻 4:1-6). 룻기에서는 친척이 자신의 상속 재산이 위태로워질까 두려워서 과부를 데려가지 않았다는 것을 알 수 있다(4:6). 율법은 이런 가능성을 내다보고 공개적 수치심이라는 강력한 제재를 가해서 친척이 가족의 명예를 위해 요구받은 일을 수행하도록 강요했다(신 25:7-10).

다산과 출산의 강조는 전 세계 농경 사회에서 흔히 볼 수 있다. 실제로 다산에 대한 약속은 포로기 이전 예언자들이 그토록 격렬하게 맞선 바알 숭배의 주요 미끼 가운데 하나였다. 신약시대 유대인은 출산에 대한 이런 기본적인 관심에 순결한 결혼(계약 백성끼리 결혼 상대를 선택하는)의 강력한 강조, 그리고 계약 안에서 태어난 자녀의 신중한 교육과 양육의 강력한 강조를 추가했다는 점에서 달랐다. 자녀가 '거룩한' 결합으로 태어났을 뿐 아니라 부모의 길을 따르는 '거룩한 종족'으로 성장하는 것은 중요했다.

신약시대 유대교에는 금욕집단이 일부 존재했다. 그들은 결혼을 거부하고 구성원에게 독신을 강요했다. 1세기 유대 역사가 요세푸스(Josephus, 37?-100?)에 따르면 어쩌면 사해 두루마리를 제작했을

에세네파의 주류가 그랬다. 구성원의 결혼을 용납하지 않은 그들마저 종족의 유지가 출산에 달렸다는 것을 인식하고 자녀를 공동체에 데려와서 각자 생활방식대로 양육하도록 배려했다. 금욕집단의 경우에 아이를 위한 자리가 없었을 것이라고 예상할 수도 있다. 하지만 그들은 어린이와 어린이 교육이 가치 있고 중요하다는 유대인 공통의 인식을 공유했다.

유대인 사회의 어린이 교육

모든 어린이가 그렇듯 유대, 갈릴리 등지의 유대인 어린이도 성인이 되었을 때 해야 할 일을 익혀야 했다. 여자아이는 집안일을 배워야 했다. 남자아이는 밭에서 일하든 장사를 하든 아버지를 따라 일을 배웠다. 1세기의 랍비 힐렐이 운영한 학교에서는 자식의 견습 과정이 성경을 교육하는 것과 같고, 두 가지 모두 안식일에 할 수 있다고 가르쳤다. 유대교에서 직업에 입문하는 교육은 특별하고 명예롭게 평가받았다.

유대인 공동체의 미래를 보장하려면 아이를 낳는 것만으로는 충분하지 않았다. 자녀는 조상의 신앙 안에서 자라나야 했다. 유대인의 어린이 교육이 타의 추종을 불허할 정도로 철저하고 광범위했다는 것은 유대인의 자랑이자 당연한 자부심이었다. 요세푸스는 「아피온의 반박문」에서 유대인 교육의 토대와 기초로서 모세 율법의 영예로운 위치를 지적했다. 아이들을 소홀히 할 수 없는 이유는 이랬다.

> 율법은 그들에게 읽는 법을 가르치고, 율법과 조상들의 행위를 모두 배워 후자를 본받고, 전자를 근거로 범법하거나 무지하다는 변명을 하지 못하도록 명령한다.[14]

유대인 교육의 목표는 율법의 실천이었다. 이 목표를 달성하려면 일차적으로 유대인 사회의 일상 언어가 아닌 성경의 히브리어에 숙달해야 했다. 그다음에는 성경을 읽어야 했다. 성경을 읽는다는 것은 상당한 분량을 암기한다는 뜻이었다. 암기는 교육과정 대부분을 차지한 것으로 보인다. 성경을 읽고 암기하는 것 외에도 율법 교사의 주석과 강해를 파악해야 했을 것이다.

이런 학문적 설명은 성경 본문을 현재 상황이나 관심사와 연결했다. 토라 공부는 케케묵은 탐구가 아니라 율법에 순종하는 강렬한 실천의 길로 어린이를 끌어주는 수단이었다. 암기와 이해라는 두 가지의 성취는 요세푸스가 학창 시절 자신이 뛰어났다고 주장한 것들이었다. 후대 랍비 학자들은 '아이들의 재잘거림'을 교실에서 들려오는 수업 내용을 암기하는 전형적인 소음이라고 기록했다.[15]

따라서 유대인 교육은 단지 지식이나 이해력을 키우는 게 아니라 일상생활에 적용할 수 있는 지식과 이해력을 키우는 것을 목표로 삼은 것이다.

이전 시대에는 공식적인 교육이 오롯이 가장인 아버지 몫이었던 것 같다. 하지만 1세기 유대인 부모들은 읽기와 토라를 가르치는 학교를 갖게 되었다. 글쓰기는 별도 기술로 간주했던 것 같다. 성경을 공부하기 위해 글을 쓸 필요는 없었다. 상당수 유대인이 글을 쓸 수 있었는데 추가적인 노력에 따라서 수준이 달랐다. 누가복음에 기록된 출생 일화는 읽기와 글쓰기 간의 이런 교육 격차를 제대로 반영하고 있다. 사가랴는 "그 이름을 요한이라"라고 간단히 쓸 수는 있었으나 성전에서 환상을 본 이야기는 그럴 수 없어 몸짓에 의존해야 했다(눅 1:22, 63).

랍비의 전통에 따르면 BC 100년경 시므온 벤 셰타(Simeon ben Sheta)가 처음으로 아이들이 다니는 학교를 설립했다고 한다. 탈무드는 1세기 초반에 종합적인 교육 시스템을 구축하는 데 두드러지게 공헌한 인물로 요슈아 벤 감라(Joshua ben Gamla, ?-69/70)를 꼽았다. 탈무드에 따르면 벤 감라 시대 이전에도 16세 또는 17세부터 청소년을 대상으로 한 교육이 있었으나 청소년은 지나치게 독립적이라서 훈육에 적합하지 않았다고 한다. 따라서 벤 감라는 6, 7세부터 남자아이에게 학교 교육을 제공하도록 마을마다 교사를 임명하는 조치를 했다.[16]

회당학교는 그리스 문명의 다른 측면처럼 유대인이 고유한 법과 관습을 포기하게 할 정도로 매력적인 그리스 교육에 맞서려고 설립했을 수도 있다. BC 4세기 알렉산드로스 시대부터 지중해 동부지역 문화의 헬레니즘화가 진행되어 신약시대에는 그리스 문화가 이 지역을 압도했다. 많은 토착 민족이 헬레니즘을 열렬히 수용했으나 유대인들은 처음부터 그리스인들이 가져온 다신교 문화에 반발했다.

그리스와 히브리의 문화적, 종교적, 때로는 군사적 충돌에도 불구하고 일부 유대인은 두 문화의 배경을 한꺼번에 받아들이면서 성장했다. 예를 들어 알렉산드리아의 철학자 필로는 그리스 철학뿐 아니라 조상들의 종교에도 능통했다. 역사가 요세푸스는 로마인과 협력했고 그리스어로 유대인의 방대한 역사를 기록했으면서도 아람어로 「유대전쟁사」를 썼고 그리스어 문체를 다듬는 데 도움이 필요했다고 했다.

바울 같은 '히브리인 중의 히브리인'은 구어체 그리스어로 유창하게 글을 쓸 수 있었다. 바울은 고린도전서 15장 33절에서 그리스 시인 메난드로스(Menandros), 디도서 1장 12절에서는 에피메니데스(Epimenides)의 말을 인용한다. 누가는 사도행전 17장 28절에서 시인 아라토스(Aratos)를 인용했다고 기록한다. 바울은 학교 다닐 때부터 시인들의 시를 암기했을 가능성이 크다.

유대인 부모는 히브리어를 교육하면서도 자식이 지중해 사람의 공용어인 그리스어를 습득하는 이점을 놓치지 않았다. 계약 신앙을 거스르도록 조장하지는 않았겠지만 고향을 떠나려는 사람은 누구든지 그리스어가 필요했을 것이다. 팔레스타인(그리고 아마도 다른 지역)의 언어 형태는 아주 복잡해서 이중 또는 삼중 언어 사용이 일반적이었던 것 같다.[17]

지금껏 거론한 내용은 모두 남자아이들과 그들을 위한 교육에 국한된다. 여자아이들은 읽고 쓰기를 배우거나 율법 공부에 참여하는 것을 기대하지 않았다. 어머니와 다른 여성 친척들로부터 삶에서 자신의 위치에 필요한 기술을 습득한 게 분명하다. 그렇지만 장소는 집이라는 공간으로 한정되었다. 바깥 활동은 장을 보거나 물 길어오기 등 집안일의 연장선에 있는 경우가 대부분이었다.[18] 남성과 여성의 역할은 엄격하게 구분되었고 소녀는 소년과 사뭇 다른 삶을 살도록 양육되었다.

후대 랍비의 속담에 "딸에게 토라를 가르치는 자는 사치를 가르치는 것이다"라는 말이 있다. 이것이 1세기에 있었을 법한 관점이었다는 것을 필로의 말에서 확인할 수 있다. "남자의 태도는 이성에 의해, 여자의 태도는 관능에 의해 형성된다."[19] 남자아이가 받는 교육을 여자아이는 누리지 못했다. 여자아이는 학생으로 부적절하게 여겨졌기 때문이었을 뿐 아니라 인생에서 상당히 다른 역할을 준비했기 때문일 수 있다(그리고 이것이 여자아이는 배우는 게 불가능하다고 가정한 이유일 수 있다).

유대인 사회에서 자라기

유대인 어린이가 성인이 된다는 것은 가족과 종교 공동체에서 자기 자리를 차지할 준비를 한다는 뜻이었다. 남자아이 경우 첫 단계는 율법의 규정대로 8일째 할례를 받는 것이었다. BC 2세기 민족의 해방을 위한 격렬한 투쟁 과정에서 할례는 계약 공동체를 알리는 최상의 표지가 되었다.[20] 할례 의식은 소년의 삶에서 중요한 의식이었다.

할례는 가족에게는 기쁨의 시간이었고, 이미 살펴본 것처럼 할례를 한 주 뒤로 연기한 것은 아이가 이미 위험한 시기를 넘겼다는 뜻이었다. 누가는 할례가 이름을 정하는 의식이기도 했다고 말한다(눅 1:59, 2:21). 현대 유대인에게서 증거를 찾을 수는 없지만 고대에는 출생 때 이름이 주어진 게 분명했다(창 35:18, 삼상 1:20). 유대인은 출생 후 며칠 뒤에 이름을 짓는 그리스 풍습의 영향을 받았을 가능성이 크고 1세기 무렵 할례 의식에 새로운 차원이 추가되었을 것이다. 마찬가지로 나이에 따라 인생의 여러 단계를 거치다 보니 생일을 반드시 따질 필요가 있었을 것이다. 하지만 경건한 가정에서 해마다 생일을 지키지는 않았다. 성경에는 헤롯과 이집트의 파라오가 생일을 축하했다는 기록이 남아 있다.

이름의 선택은 중요한 문제였고 부모가 단순히 괜찮은 이름을 정하는 것 이상의 의미가 있었다. 이스라엘 역사 초기에 이름은 종종 아이의 삶을 예고하는 일종의 징조 같았다. 구약성경에서는 대부분 어머니가 아이 이름을 지었는데 이름은 아이의 처지를 반영했다. 예를 들어 레아와 라헬은 야곱의 자식들(창 29:32, 30:24)에게 출생 당시의 상황과 관련해서 이름을 지어주었다. 사무엘이라는 이름은 어머니 한나가 정했다(삼상 1:20). 룻기에서는 룻의 아들 이름을 동네 여인들이 지어주었다(룻 4:17).

일반적으로 여인들이 이름을 선택해도 적당하지 않거나 좋지 않으면 아버지가 거부할 수 있었다. 그래서 죽어가는 라헬이 마지막 아이를 '벤-오니'(슬픔의 아들)라고 부르자 야곱은 '오른손의 아들'이라는 '벤-야민'으로 바꾸었다. 오른쪽은 신체 가운데 좋은 쪽에 해당했다(창 35:18). 다윗은 아들 이름을 솔로몬(평화)으로 정했고 예언자의 인도 받아 '여디디야'(여호와께 사랑받는 자, 삼하 12:24 이하)라고 불렀다. 임금의 아들처럼 정치적으로 민감한 이름은 임금의 고문이나 예언자가 지시했을지 모른다.

1세기에는 아이의 이름을 선택할 때 달리 고려할 사항이 있던 것 같다. 누가복음에는 세례 요한의 이름을 결정하는 장면이 나온다(눅 1:58-64). 룻의 아들의 경우처럼 친구와 이웃이 이름을 정한 것 같다. 그들이 선호한 이름은 아버지 이름인 사가랴였다. 그런데 요한의 어머니 엘리사벳은 그 이름을 외면하고 천사가 아이에게 준 이름인 요한을 고집했다. 야곱과 베냐민처럼 아버지에게 결정 권한이 있어서 아버지가 아이의 이름을 최종적으로 결정했다.

요한이라는 이름을 이웃이 반대한 것은 중요한 의미가 있다. 본래 잘못된 것은 아니었지만 "네 친족 중에 이 이름으로 이름한 이가 없다"라고 그들이 말했다. 일반적으로 기존 가족의 이름에서 선택한다는 것은 유대인 공동체를 구분하는 데 필요한 혈통과 가문의 유대가 얼마나 강력했는지 다시 한번 보여준다.

교육과 사회화의 과정은 이미 살펴보았다. 이 과정의 최종 단계는 (남자아이의 경우) 열세 살에 '토라의 멍에'를 메고, (남녀 모두)

아마 10대 중반 무렵 결혼하고 성인기로 넘어가는 것이었다. 우리는 남자아이가 성인이 되기 위해 어떤 준비를 했는지 부분적으로 알고 있지만 여자아이에 대해서는 거의 알지 못한다. 남자아이는 정치와 종교라는 공적 생활에 참여했고 자세한 내용은 남아 있는 문헌에서 찾아볼 수 있다. 그러나 여자아이는 일반적으로 사적 영역인 가정에 국한되어 자세한 내용은 남아 있는 기록이 없다. 딸을 둔 부모의 주된 목표는 반드시 처녀로, 될 수 있으면 유능한 가정 관리자로 결혼시키는 것이었다. 딸의 생활방식과 양육 내용은 이런 요구와 바람을 근거로 정해졌을 것이다.

어린 유대인 소년은 조상 대대로 전해지는 의식과 관습에 아주 일찍 입문했다. 1세기 랍비들은 아버지들에게 토라의 규정을 따르는 의무는 어린 시절부터 시작해야 한다고 강조했다. 경쟁 관계였던 랍비 힐렐(Hillel, BC 60-AD 20)과 샴마이(Shammai, BC 50-AD 30)는 이것을 전형적으로 생생하게 표현했다. 힐렐은 아버지와 손잡고 성전 언덕까지 걸어갈 수 있는 남자아이는 중요한 절기를 지킬 의무가 있다고 말했고, 샴마이는 이에 뒤질세라 남자아이가 아버지 어깨에 올라탈 수 있을 때부터 의무가 시작된다고 말했다.[21]

남자아이는 유대교 가정 예배 참석은 물론 성전 의식을 준수하도록 격려받았다. 유월절이 돌아오면 절기 의식을 설명하게 되는데 해마다 그것을 시작하는 질문은 남자아이의 몫이었다(출 12:26 이하). 1세기 이후 등장해서 오랫동안 유대인 부모의 주류 정서를 반영

유대인들이 어깨에 술(찌찌트, zizit)이 달린 기도보(탈릿, tallit)를 두르고 회당에 모여서 루라브(lulav)를 손에 든 채 초막절을 지키고 있다(18세기).

했던 입문 과정이 점진적이었다는 사실을 다음 말에서 확인할 수 있다. "루라브(대추야자 가지)를 흔들 줄 아는 미성년자는 루라브의 율법을 지켜야 하고, 탈릿(기도보)으로 몸을 감쌀 줄 아는 미성년자는 찌찌트(기도보에 달린 술)의 율법을 지켜야 한다."

따라서 열세 살이 된 소년은 토라의 멍에를 짊어지는 게 낯설지 않았다. 그때는 토라를 직접 지켜야 할 책임이 부과되는 시기였다. 이것은 토라 공부의 끝이 아니라 성인으로서 토라 공부와 성찰, 준수의 시작을 의미했다.

토라 규정에 입문하는 것은 소년에게만 해당했다. 결혼은 남녀 모두의 관심사였고 아동기에서 성인이 되는 과정은 확연하게 달랐다. 1세기 후반의 랍비 젊은 사무엘은 "열여덟 살이 되면 남자는 신부의 방에 들어갈 자격이 있다"라고 말했다. 결혼은 선택이 아닌 의무였고, 일반적으로 어려서 결혼했다. 결혼하지 않는 것도 가능했으나 굳이 언급할 필요가 없을 정도로 드물었다.

특히 소녀의 성적 알털을 막기 위해 젊은이는 일찍 결혼시키는 게 현명하다고 생각했다. 소녀와 여성은 품행 때문에 가족에게 수치를 안겨줄 수도 있었다. BC 200년경 성인이라 불리는 요슈아 벤 시락(Joshua ben Sirach)은 삶에 대한 조언이 가득 담긴 책을 썼다. 그의 작품은 외경에 집회서 또는 시락의 지혜서라는 제목으로 수록되었다. 그는 당시 유대인 아버지가 딸에 대해 어떻게 생각했는지 자세하게 설명했다.

> 딸은 그 아버지에게 은근한 걱정거리여서 그에 대한 염려로 아버지가 잠을 못 이룬다. 어릴 때는 혼기를 놓칠까, 시집가면 미움받을까 걱정한다. 처녀일 때는 더럽혀질까, 출가 전에는 임신할까 걱정한다. 남편을 맞으면 부정을 저지를까, 시집가면 아이를 낳지 못할까 걱정한다. 고집 센 딸은 철저하게 감시하라. 그러지 않으면 그 애가 원수들 앞에서 너를 웃음거리로 만들리라. 또 동네의 소문과 주민들의 이야깃거리가 되어 큰 무리 앞에서

너를 부끄럽게 하리라. 여자들을 조심하라. 아무에게나 그 아름다움에 눈길을 주지 말고 여자들과 동석하지 말라. 좀이 옷에서 나오듯 여자의 악은 여자에게서 나온다. 선을 행하는 여자보다 남자의 악이 더 낫다. 부끄러움과 수치를 가져오는 것은 여자다 (집회서 42:9-14).

같은 저자가 집회서 7장 24절에서 사춘기 딸에 대한 걱정을 한층 더 간결하게 표현했다. "딸들이 있느냐? 그들의 몸을 잘 지키고" (문자적으로는 "그들의 몸에 주의를 기울이라"). 아마도 딸의 사춘기 이전이나 직후 결혼하는 게 이런 걱정에 대한 일반적인 해결책이었다. 벤 시락을 따른다 해도 불안한 아버지에게는 하나의 걱정거리가 다른 것으로 바뀌었을 뿐이다. 시집간 딸은 어떤 식으로든 기대만큼 해내지 못하면 친정 부모에게 수치와 불명예를 안겨줄 수 있었다. 벤 시락이 우울한 결론을 내린 것도 당연했다. "못 배운 자식은 그를 낳은 아버지에게 수치가 되고 그런 딸은 그에게 손실이 된다" (집회서 22:3).

모든 가정이 벤 시락 같은 도덕주의자가 제시한 엄격한 기준을 따랐다고 생각해서는 안 된다. 하지만 그는 당시 사회에서 가장 큰 동기로 작용한 두려움, 즉 수치심을 피하는 법을 소개하려고 한 것이다. 조혼은 신중한 과정이었고 배우자의 선택과 결혼 시기는 부부 당사자가 아니라 부모가 결정하는 것이라서 가능하면 그렇게 하려고 노력했다. 중매결혼은 일반적이었다. 결혼은 두 가족의 동맹이자 개인들의 결합이라서 개인끼리의 문제가 아니라 관련 가족이 결정해야 할 문제였다. 결혼에는 지참금 지급 같은 유형적 사항뿐 아니라 가족의 명예와 같은 무형적 사항도 포함되었다.

이방인과 어린이

유대인의 사회생활은 여러 가지 측면에서 다양했지만 성경과 전통을 중심으로 일정한 동질성을 유지했다. 문화와 종교가 완전히 달랐던 이방인 세계의 생활은 한층 더 다양했다.

우리는 1세기 이방인 가운데 단연 로마 부유층에 친숙하다. 이 집단이 가장 풍부한 자료를 남겼기 때문이다. 그런데 그들의 종교관, 경제적 수단과 그에 따른 교육 기회, 자녀의 미래에 대한 기대는 가령 지방 도시의 노예나 외딴 시골의 소작농과는 사뭇 달랐을 것이다. 따라서 우리가 제국 권력 중심부에 속한 집단에 대해 알고 있는 것과 그들에 대한 인상이 로마제국 주민이 자녀를 어떻게 대하고 양육했는지 보여주는 완벽한 그림이 아니라는 것을 염두에 둘 필요가 있다.

이방인 가정 어린이

어린이의 처지는 대체로 유대인보다 이방인 사회에서 더 애매했다. 유대인 자녀는 불과 한 세대만 지나도 소멸할 수도 있다고 여기던 공동체의 미래를 보장하는 존재였다. 이방인 사회 역시 어린이를 미래의 씨앗으로 인식했지만 동시대 유대인처럼 이유 없이 긍정적인 태도를 보이지는 않았다.

고대 사회에서 어린이는 주변부에 속한 존재였다. 무기를 들고 사회에서 종교적, 군사적, 정치적 역할을 하는 자유로운 성인 남성이 중심에서 핵심 역할을 했다. 여성, 어린이, 노예는 주변에 있는 존재였다. 그들은 자유로운 성인 남성의 변두리에서 자기 위치를 찾았다. 생후 40일을 넘기지 못하고 사망한 영아를 집 문지방 밑이나 벽의 초석 아래 묻는 로마 풍습은 어린이의 주변적 위치를 상징적으로 강조한 것이다. 이처럼 아이는 가정의 가장자리에 자리 잡고 있었다.[22]

이미 언급했듯 율리우스 카이사르(Julius Caesar, BC 100-44) 시대부터 로마 통치자가 독신을 처벌하고 로마 시민 사이에서 출산을 장려하려는 시도를 계속한 것을 보면 어쩌면 1세기 이방인 사회 일각에서는 대가족은 물론 심지어 가족마저 회피하려고 했다고 볼 수 있다. 제국 일부 지역에서는 가족이 대규모였으나 로마에서는 대체로 가족이 적었고 살아남는 자녀는 대개 두셋이었다(이것은 서넛 이상이 아동기를 못 넘길 때가 많았다는 뜻이다).[23]

부유한 로마 가정은 부모와 자식으로 구성된 핵가족보다는 더 컸을 것이다. 여기에는 노예와 입양한 자식이 포함되었을 것이다.

입양은 로마법과 사회에서 아주 중요했다.

가장으로서의 아버지, 즉 파테르파밀리아스(paterfamilias)는 생존한 남성 가운데 가장 연장자였다. 전통적으로 로마법에서 가장은 가족의 생사결정권을 행사했다. 1세기에는 신생아의 유기를 결정하는 것 말고는 이 권한을 행사하지 않았지만, 파테르파밀리아스는 가족 재산에 대한 전권을 포함해서 막강한 권한을 가졌다. 국가는 여성과 어린이(성인 자녀 포함)에 대한 가장의 처우를 간섭하지 않았다.

모든 권력을 소유한 가장의 이 모습은 두 가지 측면에서 보완이 필요했다. 하나는, 일반적으로 가장은 중요한 결정을 내리기에 앞서 가족회의의 의견과 지지를 구했다는 것이다. 잠재적으로는 독재자였으나 실제로는 대개 권위를 따르는 사람들의 동의를 얻어 권한을 행사했다. 또 다른 측면은 대부분 남성이 오래 살지 못했다는 것이다. 남자의 평균 수명은 22세로 추정된다. 손자가 자라는 모습을 볼 수 있다면 운이 좋았고 아버지는 대개 자녀가 아직 유아일 때 사망했을 것이다. 이론상으로 로마는 가문으로 이루어진 사회였고 가문마다 파테르파밀리아스가 다스리는 소왕국이라고 해도 실제로는 홀어머니가 가장이었던 경우가 다수였을 것으로 가정해야 한다. 신약시대 이방인 자녀들의 가족과 가정은 바로 이런 유형이었다.

이방인 세계의 유아기

스토아 철학자들은 인간의 삶을 일곱 시기로 구분했다. 이성의

고대 로마 가정에서는 아버지가 가장(paterfamilias)으로서 생사여탈권(patria potestas)을 행사하는 절대적 존재였다.

원리가 아직 활성화되지 않은 출생부터 7세까지, 그리고 이성의 원리 또는 합리성이 발달하는 7세부터 14세까지는 유년기에 해당했다. 이런 철학적 구분은 인위적이지만 1세기 세계에서의 성장 단계와 대략 일치하니 완전히 자의적이라고는 할 수 없다.

아기는 검사를 거친 뒤에 가족에 들어왔다. 허약하거나 가족이 가난하거나 성별 때문에 바라지 않는 아기는 죽음에 노출될 가능성이 컸다. 아기는 아직 가족의 일원이 아니었고 이름도 없었다. 로마 가정에서는 갓 태어난 아기를 땅에 눕힌 다음 아버지가 들어 올리는 간단한 의식을 거쳐 공식적으로 가족 구성원으로 받아들였다.[24] 아기가 놓인 땅이 어머니 대지에서 나오는 성장에 필요한 에너지를 아기에게 불어넣는다고 생각했을지 모른다(시신을 땅에 매장하는 것도 로마의 관습이었는데 아마도 생명력이 땅으로 돌아간다는 생각에서였을 것이다). 아버지가 아이를 품에 안는 것은 아이를 가족으로 받아들였다는 아주 확실한 상징이었다.

작명은 생후 첫 주 이후에 가능했다. 많은 아이가 생후 초기에 질병에 걸렸고 앞서 언급했듯 출생 후 사망률이 높았다. 하지만 첫 주에 살아남은 남자아이는 생후 9일째, 여자아이는 8일째 '정화의 날'인 디에스 루스트리쿠스(dies lustricus)를 기념하며 작명했다. 아이들은 의식에 따라 씻고 그들을 대신하는 제물을 바치고 나서 이름을 받았다. 이때부터 아기는 가족의 완전한 구성원이었다. 로마에서 태어난 아기의 이 입문 과정은 로선(Beryl Rawson)이 잘 설명했다.[25]

그러면 가족으로 받아들여지지 않은 아이, 유기된 아이는 어찌 되었을까? 의심할 여지 없이 대부분 죽었고 일부는 구조되었다. 고대 세계 도시에는 유기된 아이를 쓰레기통이나 배설물 더미에 내버리는 장소가 따로 존재했던 것 같다. 아이를 발견하면 내키는 대로 데려다가 키울 수 있었다. 그들은 이 아이를 노예로 키울지 자유인으로 키울지 결정할 권한이 있었다. 이렇게 버려진 아이는 착취와 학대에서 보호받지 못했고 다수의 아이는 노예, 매춘부 또는 검투사가 되었다.

우리가 활용하는 자료는 신생아 유기를 거의 직접적으로 언급하지 않았다. 그 침묵이 말하는 것은 완전한 무관심일까, 아니면 불편한 양심 때문일까? 필로는 유아 유기 풍습을 쟁점으로 삼아 공격하는 글을 쓸 때 이방인에 대한 자신의 발언을 거론하면서 살인자들이라고 비난했다.[26] 그가 이방인 이웃의 민감한 양심을 한 자락 건드린 것이었을까?

유기된 아이는 가끔 꽤 안정된 삶을 누리며 성장하기도 했다. 2세기에 「목자」라는 환상을 기록한 그리스도인 작가 헤르마스는 부유한 부인 집에서 노예로 자란 아이였다고 알려졌다. 그러나 어쩌다 행복한 결말로 끝난 이야기에도 불구하고 갓난아이가 수없이 유기되어 죽거나 시련에서 생존한 상당수의 비참한 생활은 그리스와 로마의 찬란한 문명이 동반했던 소름 끼치는 현실이었다. 공식적으로 권장하지는 않았으나 암묵적으로 승인된 채 수 세기에 걸쳐 지속한 유기 풍습은 유대교와 기독교가 고대 세계에 가져다준 인간의 생명, 특히 유아의 생명에 대한 사뭇 다른 평가에 주목하게 만든다.

유아 초기 자연적, 또는 인위적 위험에서 생존한 아이의 생활로 다시 돌아가면 대략 7세 미만 아이는 주로 가정을 벗어나지 않은 것으로 보인다. 부유한 가정의 아이는 보모가 있었을 것이다. 가난한 계층 여성 다수가 부유한 가정의 보모가 되었다. 여유 있는 로마의 여성은 모유 수유를 포기하고 가능한 한 빨리 아이를 보모에게 넘기는 것을 선호했다. 강하고 활기차고 건강한 보모를 제대로 고르는 일은 고대 세계 의료 작가들이 산모에게 자주 조언했던 주제였다.

작가들은 긴 천으로 아기를 감싸는 것을, 반드시 따라야 할 양육 방식으로 권했다. 천으로 둥글게 감싸면 당연히 아기를 원하는 대로 통제할 수 있었다. 표면상 이유는 아이 몸을 바로잡는 것이었다. 의사는 장기간 지속하라고 제안했지만 모두 그러지는 않았다. 보모들은 동의하지 않고 아기가 편하게 움직이게 해주었는데, 특히 다리를 자유롭게 해준 것 같다. 의사는 보모가 편의상 더러워진 천을 자주 가는 번거로움을 회피한다고 생각했다. 남성 이론가와 여성 실무자 간의 갈등을 보여주는 한 가지 사례다. 다른 육아 분야 역시 분명히 다르지 않았을 것이다. 만일 의사가 아닌 보모가 자신과 어머니가 맡은 일을 소개하는 자료를 만들었다면 고대 세계 육아의 모습은 상당히 달랐을 것이다.

그런데 보모가 아무리 헐렁하게 천으로 감싸도 오늘날 우리가 보기에는 간단하지 않았을 것이다. 어려서부터 자유롭게 움직이게 해주는 우리의 풍습은 고대 세계와 전혀 다르다. 출생 이후부터 행동은 물론 신체적으로 틀을 미리 정해놓고 아이를 길렀다.[27] 우리는 오랜 시간 천으로 묶었다가 잠시 풀어주어 움직이게 하는 방식의 심리적 영향만 추측할 수 있을 뿐이다.

젖을 떼는 것은 18개월에서 2년 사이였다. 가장 존경받은 의료 작가 중 한 명인 갈레누스(Galenus, 150년경 활동)는 이 시기를 '아이가 매와 위협을 알 수 있는 나이'의 시작이라고 썼다. 아이는 아주 일찍부터 엄격하게 훈육받았다고 가정해야 한다. 하지만 고대 세계에서도 잔인한 육아에 항의하는 목소리가 높았다. 1세기 초반의 또 다른 의료 작가 아테나이우스(Athenaeus)의 진보적 견해가 대표적이었다. "이제 막 젖을 뗀 어린아이는 마음껏 놀게 해주어야 한다."[28)]

얼마 지나면 아이를 남성 보육교사에게 맡겼다. 로마에서는 그 남성을 그리스어에서 건너온 파이다고구스(paedagogus)라는 이름으로 불렀다. 소년을 이끄는 사람이라는 뜻이다. 로마인은 낱말과 뜻은 물론 인력까지 빌려왔고 상당수 파이다고구스는 그리스 출신 노예였다. 파이다고구스는 아이를 돌보는 일, 특히 학교에 데려다주고 학교에 있는 동안 행동을 살피는 일을 했다. 마침내 아이는 이 보호자의 도움이 필요 없을 정도로 성장하게 된다.

바울은 갈라디아 교회에 구약성경의 율법과 그리스도인의 관계를 설명하려고 독자의 경험이나 길거리에서 흔히 접해 익숙했던 남성 보모의 모습을 활용했다. "율법은 우리를 그리스도에게 인도하여 믿음으로 의롭다 하심을 얻게 하려는 우리의 보모였으나 이제 믿음이 왔으므로 우리는 더는 보모 아래 있지 않습니다"(갈 3:24 이하, 저자 번역). 아이를 돌보고 마침내 학교 교사를 만날 준비가 될 때까지 동행한 노예처럼 구약의 율법은 나름의 역할을 하지만 그렇다고 완전하지는 않다.

아동 초기에 보살피던 사람들과 아이의 유대감은 강했다. 그래서 나중에 어른이 되고서도 보모를 큰 애정을 갖고 회상하기도 했다. 작은 플리니우스는 늙은 보모를 위해 재정적으로 넉넉하게 지원했다.

보모나 파이다고구스는 아이를 조금도 교육하지 않았다. 이것은 그들이 맡은 역할이 아니었다. 하지만 분명히 아이들은 초기 보호자들에게 많은 것을 배웠는데, 어쩌면 보모가 아이를 즐겁게 하거나 겁먹게 해서 좋은 행동을 하도록 들려주는 이야기로 인기 높은 우화와 전설을 자주 접했을 것이다. 파이다고구스가 그리스인이라면 아이는 함께 시간을 보내면서 그리스어 실력을 덤으로 익혔을 것이다.

아이는 놀이도 했다. 아이의 장난감은 단순했고 고고학이 발굴한 장난감은 작은 수레나 도구처럼 어른의 생활을 모방한 게 많다. 공은 늘 인기 있는 장난감이었다. 인형도 장난감으로 자주 등장했으나 고대의 인형은 아기가 모델이 아니었다. 젊은 여성이 모델이었다. 여자아이는 아내와 가정 관리자의 역할을 준비해야 해서 선택한 장난감은 이미 그 역할을 준비하는 데 맞추어져 있었다.

고대 세계에서 아이 놀이에 큰 관심을 보이거나 중요성을 이해한 사람은 거의 없었던 것 같다. 한 가지 예외는 교육에 관해 지금껏 전해지는 체계적 논문을 최초로 쓴 로마 교육자 퀸틸리아누스였다. 그는 어린이를 위한 학습에는 놀이의 요소를 포함해야 하고 실제로 놀이가 곧 학습이라는 사실을 인정했다. 그는 수수께끼를 주고받는

1세기 아이들이 즐겨 가지고 놀았던 여러 장난감

것 같은 어린이들의 놀이가 학습 과정에 이바지한다고 보았다. 예를 들어 퀸틸리아누스는 철자를 익히는 아이들에게 다양한 글자를 오려주어서 형태에 익숙해지게 해야 한다고 주장했다. 이것은 글자 모양을 보여주기 전에 이름과 순서를 먼저 익히는 기존 방식에서 크게 발전한 것이었고, 로마 아이들에게는 라틴어가 더 쉽다는 가정 아래 라틴어보다 그리스어 철자를 먼저 배우게 했다.

이성이 형성되는 학령기

퀸틸리아누스의 연구 덕분에 7세에 시작하는 어린이의 둘째 시기, 즉 이성 또는 합리성의 원리가 형성되는 시기로 넘어갈 수 있다. 퀸틸리아누스는 7세 이전에 교육을 시작하도록 제안했으나 관습적으로 이 시기를 교육과정에 적합하게 간주했다.

어린이가 받는 교육의 수준은 신분, 수단, 지역에 따라 다양했다. 고대 세계 노동자의 생활을 가장 잘 보여주는 이집트 파피루스에 등장하는 성인은 대개 문맹이었던 게 분명하다. 하지만 79년 베수비오 화산이 폭발해서 덮친 폼페이에서는 벽에 보존된 풍부한 낙서 덕분에 아주 소박한 배경을 가진 주민 다수가 읽고 쓸 수 있었음을 알 수 있다. 로마 군대는 행정 업무를 수행할 수 있는 광범위한 문해력을 바탕으로 작동했다. 따라서 자유민 대부분이 어떤 식으로든지 아이에게 최소한 읽기, 쓰기, 그리고 어쩌면 산술까지 포함하는 기본적인 능력을 갖추게 했을 것으로 가정해야 한다. 심지어 상당수 노예까지 이런 분야에 일정한 능력을 지니고 있었다.

작은 플리니우스는 조시무스라는 해방 자유민과 엔콜피우스처럼 글을 읽고 낭독하는 노예를 확보하려고 했고 친구들에게도 그런 사실을 알리고 싶어 했다. 농장에 관한 글을 남긴 작가의 전언처럼 플리니우스가 소유했던 글을 읽는 노예는 드물지 않았다. 농장을 책임질 지위에 있는 노예는 읽고 쓰고 회계 처리를 해낼 수 있어야 했다. 그런 능력을 갖춘 노예는 당연히 수요가 있었을 것이다. 그리고

장난감을 가지고 노는 어린이들(3세기 석관의 부조)

많은 학교 교사가 노예 또는 해방 자유민이었다는 것은 부인할 수 없는 사실이다. 따라서 1세기의 문해력은 보편적이지는 않았어도 사회 전반에 걸쳐 광범위했고 로마제국 주민의 상당수가 어떤 형식으로든지 어린 시절에 학교 교육을 경험했다고 가정해야 한다.

유대인 사회처럼 로마인의 일차 희망은 아이가 필요한 내용을 부모에게 배워야 하는 것이다 보니 보수적인 사람은 교사로서의 아버지 역할을 높게 평가했다. 로마의 풍자시인 유베날리스는 열네 번째 풍자시에서 부모의 선과 악에 대한 영향력을 심도 있게 다루었다. 그 과정에서 의도하지 않게 유대인 사회는 가정에서 율법과 예절을 대대로 전달하는 데 성공했다고 평가했다. 물론 그들의 관습은

해로운 것으로 간주했다.[29]

BC 1세기의 로마인과 유대인 모두 일종의 대안이었던 그리스 교육 모형의 강력한 매력을 경험하고 있었다. 그리스식 교육은 가정을 벗어나 새로운 교육기관인 학교에 맡기는 것이었다. 로마와 유대 문화의 한 가지 특징은 아버지가 아들의 스승 역할을 하는 것이었지만 그리스에서는 아버지가 다른 남성과 '적절한' 동반자 관계를 멀리하고 아이와 너무 많은 시간을 보내면 조롱받을 위험을 감수해야 했다.[30]

단순한 사회나 여유로운 사람 사이에서는 전통적 방법이 제대로 작동할 수 있다. 아버지는 자식에게 기술과 업적을 전수하는 것은 물론 수영이나 권투 등을 가르쳤다. 마찬가지로 어머니는 가사 기술을 딸과 공유했다. 그런데 로마 사회가 한층 복잡해지고 그리스 사상과 문화가 더 정교하다는 것을 알게 되면서 정규 교육의 상당 부분을 직업적인 학교 교사에게 인계해야 할 필요성이 커졌다. 유대인 사회는 회당에 기반을 둔 고유한 학교 교육 형태를 확립했지만 로마 사회는 대체로 그리스의 교육 방식을 채택했다.

대략 7세에서 14세까지의 초등학교 교육 형태가 그리스권 도시들에서 자리 잡았고 그곳에서 로마로 퍼져나갔다. 그러나 신약시대에는 그리스 동부와 라틴계 서부의 대도시에 거주하는 사람만 학교에 접근할 수 있었을 것이다.[31]

경제적 여유와 지위가 있는 가정은 아이가 7세 정도가 되면 교사

(그리스어로는 그라마티스테스 grammatistes, 라틴어는 리테라토르 litterator)가 있는 학교에 보냈을 것이다. 교사의 감독을 받으면서 아이들은 읽기, 쓰기, 셈하기 같은 기본 기술을 배웠다. 교사는 방을 빌리거나 차양 친 길거리 공간을 빌려 수업했다. 수업 시간은 길었고 수업 방식은 일반적인 상상이 불가할 정도였고 훈육은 때때로 잔인했다. 막대기나 회초리는 읽고 쓰는 도구만큼 교사의 상징물이었다.

아우구스티누스(Augustinus of Hippo, 354-430)는 「고백록」에서 학교에서 당한 폭력의 기억을 설득력 있고 명료하게 기록했다. 그는 자신의 첫 기도가 학교에서 매를 맞지 않게 해달라는 것이었지만 부모는 자신이 겪은 고통을 비웃었다고 회상했다. 특유의 명확한 어조로 그는 이렇게 기억했다. "우리는 놀이하기를 즐겼고, 그리고 놀이하는 남성들이 자신들의 즐거움을 위해 벌을 주었다." 그는 아이들의 놀이에 활기를 불어넣는 경쟁 정신이 교사들을 야망과 논쟁이라는 '놀이'로 몰아갔다고 기록했다.

아이는 여러 번 쓸 수 없는 비싼 파피루스가 아니라 누가복음 1장 63절에서 누가가 언급했던 밀랍을 씌운 나무판으로 글자 쓰기를 익혔다. 날카로운 펜으로 썼다가 밀랍을 매끄럽게 다듬어 다시 사용했고 교사가 서판에 줄을 긋거나 얕게 윤곽을 잡아주면 아이가 펜으로 더 확실하게 그것을 따라 쓸 수 있었다. 베드로전서에서 예수 그리스도께서 우리에게 따라야 할 '본'을 남겼다고 했을 때 사용한 그

낱말이 바로 학생이 베끼도록 밀랍에 남기는 윤곽선 히포그라모스(hypogrmmos)였다(벨전 2:21).

밀랍으로 만든 서판은 성인이 되어서 다른 용도로 사용하기도 했으나 진급한 학생은 마침내 파피루스에 글쓰기 연습을 했다. 이것은 학교에서 연습한 것처럼 보이는 내용의 일부 파피루스에서 확인할 수 있다. 파피루스(또는 서판)에 글을 쓸 때는 갈대로 만든 펜을 썼다. 책상은 사용하지 않은 것 같고 학생은 무릎 위에 서판을 올려놓고 글을 썼다.

고대 교육의 어떤 측면은 우리가 보기에 문제가 있었다. 이미 언급했듯이 라틴어를 구사하는 아이들은 먼저 그리스 철자를 익혔다. 게다가 안타깝게도 그리스어 철자의 생김새를 보기도 전에 그 명칭을 앞뒤로 익혀야 했다. 동시대 사람 가운데는 이런 방법을 터무니없게 생각하는 이도 있었다.[32)]

철자의 이름을 익힌 학생은 쓰는 것을 연습한 다음에 철자를 조합하는 것으로 넘어갔고 이어서 낱말 전체를 쓸 수 있었다. 다음 단계에서 접하는 필사본 문장은 도덕적으로 감정을 고양하는 것이나 시인의 인용문에서 뽑아낸 것이었다. 로마 어린이는 로마법과 관습의 기초가 되는 12표법을 공부했다.

숫자는 더 어려웠다. 그리스어와 라틴어 모두 숫자를 나타내는데 문자를 사용했는데 두 가지 표기법 모두 오늘날의 아라비아 숫자보다 계산이 어려웠다. 게다가 숫자 0을 쓰지 않아서 고대 세계 수

학자들은 어려움이 더 컸다. 아이들은 기본적인 수리 능력을 습득했으나 고대 교육과정의 주요 과목은 문학과 웅변이었다. 수학이 상대적으로 소홀히 취급된 것도 이런 이유 때문일지 모른다.

3세기 초 라틴어를 익히는 그리스어 사용자를 위해 일련의 문장을 엮은 다소 특이한 자료의 판본이 여럿 남아 있는데 덕분에 학생의 하루를 생생하게 확인할 수 있다. 내용은 다양한 상황에 따라 전형적인 문구를 제시했다. 예상되는 상황 가운데 학생의 하루가 있다. 이 문장은 어른이 썼겠지만 당연히 이 모음집 편집자들의 경험이 바탕이 되었다. 다음 문장은 두 개의 연습 문제에서 가져왔다(출처는 HS 또는 CM으로 표시).[33]

아침 일찍 일어나 노예를 불렀다. 나는 창문을 열라고 말했다. 그는 재빨리 창문을 열었다. 자리에서 일어나 침대 옆에 앉았다. 추워서 신발과 양말을 달라고 했다(HS).

나는 신발을 신고 수건을 집었다. 수건은 깨끗했다. 얼굴을 씻을 물을 그릇에 담아왔다. 그것으로 먼저 손을 씻고 이어서 얼굴과 입 안을 씻었다. 나는 이와 잇몸을 문질렀다. 입에 남은 것을 뱉고 코를 풀었다. 이 모든 것들을 버리게 했다. 손, 팔과 얼굴을 말렸고 깨끗하게 나갈 수 있었다. 자유롭게 태어난 소년이 익혀야 하는 절차이다(HS).

나는 침대 덮개를 깔고, 튜닉을 입고, 허리띠를 두르고, 머리에 기름을 바르고 빗질을 했다. 목에 스카프를 감았다. 흰색 오버튜닉을 입고 망토를 둘러 모두 가렸다(CM).

나는 파이다고구스와 보모와 함께 침실에서 나와 아버지 어머니에게 인사했다. 나는 두 분에게 인사했고 입맞춤을 받았다(CM).

그런 다음 펜과 서판을 찾아서 노예에게 건네주었다. 모든 준비를 끝내고는 좋은 징조를 따지고 밖으로 나가 뒤에서 따라오는 파이다고구스와 학교로 이어지는 문으로 곧장 들어갔다(HS).

친구들 몇이 내게 다가왔다. 내가 인사하자 그들도 반가워했다(HS).

그래서 계단으로 갔다. 당연히 나는 조심조심 계단을 올라갔고 현관에서 망토를 벗고 머리를 빗었다. 그리고 위층으로 올라가 중간에 있는 방으로 들어갔다(HS).

나는 들어가서 "선생님, 안녕하세요"라고 인사했다. 그는 내게 입을 맞추고 인사에 답했다. 나의 노예가 서판과 펜을 담은 상자, 그리고 자를 주었다. 자리에 앉아서 밀랍을 바른 서판을 가

다듬었다(CM).

나는 베껴야 하는 본보기 옆에 글씨를 쓴다. 쓰고 나서 선생님에게 내가 한 것을 보여주었다. 선생님은 그것을 고쳐주고 지우기도 한다. 선생님은 읽어보라고 지시한다(CM).

(한 나이 많은 아이가 자신이 한 일을 소개한다) 그래서 나는 자리에 가서 앉아서 오른손을 내밀고 왼손을 옷 위로 내렸다. 그러고는 배워야 할 것들을 지시받은 대로 암송하기 시작했다(HS).

이런 것들을 마치면 선생님은 점심을 먹으러 가게 했다. 나는 학교를 나서서 집으로 갔다. 옷을 갈아입고 하얀 빵, 올리브, 치즈, 말린 무화과와 견과류를 먹었다. 찬물을 조금 마신다. 식사를 마치면 다시 학교로 돌아온다. 선생님이 책을 읽어주고는 "처음부터 시작"이라고 말했다(CM).

문장을 모아놓은 이 고대의 책에는 몇 가지 흥미로운 대목이 등장한다. 아이의 삶에서 파이다고구스의 위치가 아주 확연하게 드러나 있고 보모가 취학 연령이 이후까지 아이의 일상에 여전히 자리를 차지한다는 게 흥미롭다. 집을 나서기 전에는 징조를 따졌다. 이것은 종교와 의식이 아이의 삶에서 일상적이었다는 것을 보여준다. 물론 여기서 묘사하는 아이의 행동은 모범적인데 이 때문에 우리는 어린 소년이 위생적이고 바른 몸가짐을 갖게 만드는 데 관심이 있었다는 것을 알 수 있다. 실제로 아이가 소개한 사례처럼 완벽하게 행동했는지 정말 궁금하다.

학교에서 아이는 다소 지루한 공부를 반복했다. 아직 철자를 배우는 어린 학생에게는 그대로 베끼는 '본'(히포그라마타)이 주어진다. 이것은 앞서 언급한 도덕 교훈이나 "다람쥐 헌 쳇바퀴에 타고파"처럼 간단한 문장, 그러니까 모든 철자가 들어간 짧은 문장일 수 있었다. 이런 히포그라마타는 그리스어에서 세 가지가 유명했다. 문해력과 문학 공부는 어린이의 하루에서 뺄 수 없었고 글쓰기 연습의 초기 단계와 후기 단계 모두 교사 앞에서 큰 소리로 읽는 시간을 갖고 끝냈다.

교사는 글쓰기 연습을 교정하는 모습에서 알 수 있듯이 진행 상황을 분명히 주시했다. 학생은 대중 연설 역시 준비했다. 나이 든 학생은 수업 내용을 낭송하기 전에 웅변가 자세를 조심스럽게 취한다. 모든 아이가 웅변가가 될 수는 없었으나 수사학과 이를 변론에 적용하는 것은 교육적 성취의 정점이었다. 이런 과정이 추구하는 목표는 교육의 하위 단계를 구성하는 데 영향을 미쳤을 것이다.

그리고 끝으로 우리는 아이의 일상생활 순간을 유쾌하게 엿볼 수 있다. 파이다고구스, 보모, 부모, 교사 등 주변의 중요한 어른들과 아이가 접촉하는 모습을 볼 수 있다. 문장을 엮은 책은 지혜롭게

로마 어린이의 석관에 부조로 묘사된 교사와 학생의 모습(150년경).

이야기를 겨울로 설정해서 옷 입는 장면을 자세히 묘사하는 기회를 제공했다. 학교에서 보내는 하루는 길었다. 두 번째 자료(CM)는 아이의 하루가 '동트기 전'에 시작한다고 묘사한다. 하지만 수업은 점심 때문에 그쳐야 했다. 점심시간은 학생이 검소하면서도 건강한 식사를 위해 집으로 돌아갈 정도로 충분히 길었다.

이방인 세계의 후기 아동기

12세 무렵 학생은 초등교사(리테라토르)를 떠나 문법교사(그라마티쿠스)가 가르치는 상급 과정에 들어갔다. 이 두 번째 교사와 함께 기본적인 문해에서 문학 공부로 넘어갔을 것이다. BC 1세기에 키케로는 이 단계의 아동 교육이 따르는 전체 교육과정을 탁월하게 제시했다.

> 음악은 리듬, 소리, 박자. 기하학은 선, 도형, 치수, 크기. 천문학은 하늘의 공전, 천체의 일출, 일몰, 운동. 문학은 시인 연구, 역사 공부, 낱말 설명과 정확한 발음. 그리고… 웅변, 발견, 양식, 배열, 기억 및 전달 이론.

그런데 이 그림은 어쩌면 아이들이 경험한 교육 현실에 대한 기계적 묘사라기보다는 오래전 그리스의 이상적 모범에서 영감을 얻은 열망에 가까웠을 것이다. 실제로 교육과정은 웅변가 배출을 목표로 만들어졌고, 정해진 문학 작품의 학습에 고정되었고, 그리고 아이들은 초등교사 덕분에 익숙해진 암기식 학습과 상상력 없는 반복을 계속했다.

그리스를 대표하는 철학자들은 신체 운동과 '음악', 즉 무사(또는 뮤즈, Muses)와 관련된 예술 전반의 공부와 연습을 포함한 교육과정을 광범위하게 구상했다. 아마도 많은 그리스 도시에서 이런 폭넓은 교육이 여전히 이상적이었고, 2세기 트라키아(북그리스)의 비문에 한 무리의 학생이 기하학 교사에게 감사했던 기록을 보면 이에 대한 증거를 알 수 있다. 그러나 로마 아이들을 위한 학습 교안은 그리스 철학자들이 말했던 인격 형성을 위한 파이데이아(paideia) 보다는 훨씬 협소했다.

초등학교 수업은 지루하거나 심지어 고통스러운 방법을 사용했고 범위는 제한적이고 상상력이 달렸지만, 사회 전반에 걸쳐 최소한 읽고 쓰고 어느 정도 도형을 다루는 사람을 많이 배출했다. 소녀 역시 이 교육을 어느 정도는 공유했다. BC 300년경 아테네의 시인 메난드로스는 여성 교육을 비하했다.

> 여자에게 글자를 가르친다고? 끔찍한 실수다! 무서운 뱀에게 독을 더 먹이는 것과 같다.[34)]

그런데 신약시대에는 상황이 조금 바뀌었다. 고대 그리스 도시국가에서 존경받는 여성의 자리는 오로지 가정에 국한되었다. 남성은 국가를 위한 전사들을 공급하고 민주주의의 참여자였다. 이와 달리 1세기 로마제국의 여성은 한층 넓은 영역에서 활동할 수 있었고 이동의 자유가 더 컸다.

신약성경에서 우리는 에게해를 건너 빌립보까지 가서 일했던 소아시아 두아디라의 옷감 장사꾼 루디아, 그리고 남편 아굴라와 함께 천막을 만들었던 브리스길라 같은 여성을 만날 수 있다(행 16:14, 18:2 이하). 이 여성들과 제국 주변의 다른 여성들은 어린 시절 어느 정도의 교육을 받았을 것이다. 최근에 제국 최북단 전초기지인 하드리아누스 장벽에서 서판이 다수 발견되었다. 그 가운데는 장교 아내들 간의 서신도 끼어 있는데 적어도 한 개는 클라우디아 세베라(Claudia Severa)가 직접 손으로 쓴 것으로 보인다. 이것은 로마제국의 일부 여성이 문해력을 소유했다는 확실한 증거가 된다.[35]

우리는 소녀 교육에 대해 많은 것을 알지 못한다. 로마 작가들은 학교에서 그들의 존재를 지나가면서 가끔 언급한다. 마르티알리스는 '남학생과 여학생에게 혐오감을 주는' 목소리 크고 일찍 일어나는 학교 교사를 불평하고, 유베날리스는 아직 철자를 배우지 못한 소녀들에 관해서 썼다. 로마의 부모들은 딸을 아들과 동등하게 존중했던 것 같고 적어도 초등교육에서는 성별을 가리지 않은 것으로 보인다.[36]

청소년 교육의 정점은 문법에서 수사학으로 넘어가는 것이었다. 수사학 학교는 앞서 쌓은 기초를 바탕으로 문학 자원을 총동원해서 청중을 사로잡는 표현을 구사하는 세련된 연설가를 배출하는 게 목표였다. 교육은 대략 15세 또는 16세에 시작되었는데 우리는 이런 교육이 공적 생활에서 높은 자리를 차지하도록 자식을 훈련했던 최상위 계층의 전유물이었다고 가정해야 한다.[37]

끝으로 교육에 관한 자료 대부분이 문학적이라고 해서 모든 학습이 책 중심이었다고 가정해서는 안 된다. 실용적인 기술과 기량을 습득해야 했고 그 가운데 일부는 전문적인 훈련이 필요했다. 이집트에 보존된 파피루스에는 부모가 아들을 위해 작성한 견습 계약서가 있다. 가령 66년 옥시링쿠스(Oxyrhynchus, 파피루스가 대량으로 출토된 곳) 출신 트리포(Trypho)는 아들 투니스(Thoonis)를 직조업자 프톨레마이오스(Ptolemaeus)에게 1년 동안 견습을 맡겼다. 계약서를 보면 아들은 미성년자(14세 미만)였고 직공 프톨레마이오스는 글을 전혀 모르는 장인이었다. 따라서 서기 조일루스(Zoilus)는 계약서뿐만 아니라 프톨레마이오스의 이름까지 직접 써야 했다.

이방인 세계의 한 단면, 아동 학대

우리는 집회서를 쓴 유대인 저자가 성적 문제에 딸이 연루되는 것을 얼마나 두려워했는지 이미 살펴보았다(집회 42:9-14). 유대인과 이방인 사회의 차이를 길게 언급하는 인상적인 병행구에서 유베날리스는 잘생긴 아들이 겪을 수 있는 위험을 노래했다. 아들은 동성애 유혹자의 희생물이 되거나(아마도 부모의 묵인 아래), 힘 있고 약탈적인 나이 든 여성의 관심을 끌 수도 있다고 시인은 말했다.

1세기 이방인 세계에서는 어린이와 청소년의 성적 학대를 어떻게 생각했을까? 로이드 드모스(Lloyd deMause)는 「아동기의 역사」에서 자기 생각을 거침없이 제시했다. "고대의 어린이는 성적 학대의 분위기 속에서 어린 시절을 보냈다."[38] 그는 고대 세계의 아동기에 대한 이런 암울한 모습을 입증하려고 고대 자료에서 아주 끔찍한 인용문들을 수집했다. 하지만 드모스가 주장했던 것만큼 학대가 있었다고 완전히 확신할 수 있는지는 의문이다. 현대 사회에서 활용할 수 있는 정보와 기술을 모두 동원해도 아동 학대의 사실을 입증하는 게 정말 어렵다. 고대 세계의 증거를 바탕으로 역사의 퍼즐을 맞추려고 하면 한층 더 불확실한 결과를 낳는다.

그리스 사회에서 성인 남성과 소년 간의 성관계를 용인한 것은 유대인들이 경악했던 이방인 세계의 한 단면이었다. 전통적 사고방식을 가진 로마인 역시 알몸으로 참가하는 운동 시합과 종종 거기에 함께 따라오는 남색 행위를 싫어했다. 성인 남성과 소년의 성적 관계를 받아들이고 실제로 장려하기 시작한 것은 그리스 도시국가의 군사 정신 때문이었다. 시민으로 구성된 군대에서 서로에 대한 충성심을 강화하는 수단으로 간주했다. 그리스가 로마제국에 동화되면서 그리스 도시에 더 이상 군대가 존재하지 않게 되자 성인 남성과 소년의 관계는 스승과 제자 간의 유대감으로 모습을 다시 드러냈다.[39]

로마에서는 이 '그리스식 사랑'을 삶의 일부로 받아들이는 사회 분위기도 있었으나 국가적 타락의 징표로 보는 시각도 있었다. 가령 네로 황제는 그리스적인 것에 모두 열광해서 60년에 알몸으로 하는 그리스식 권투를 포함한 시합을 개최하기도 했다. 그러나 역사가 타키투스는 이런 경기를 묘사하면서 네로가 지지했던 가치에 대한 구시대 로마인들의 혐오와 경멸을 기록했다. "이방인들은 우리 젊은이들을 게으름뱅이, 운동선수, 변태로 만들어 버린다."

신약시대의 이방인 사회는 '그리스식 사랑'에 의견이 갈렸다. 어떤 곳에서는 쉽게 받아들였고 어떤 곳에서는 깊은 혐오감을 느꼈다. 가끔 우리는 갈피를 못 잡는 한 개인에게서 불확실성을 목격하기도 한다.

드모스의 인용에 따르면 플루타르코스의 이름으로 「자녀 교육」을 쓴 익명의 작가는 아들의 구혼자들에게 성행위를 허용하라고 아버지에게 조언한다. 그런데 가짜 플루타르코스는 사실 조금 더 모호했다. 그는 스스로 말했듯이 그것에 대해 두 가지로 생각했다. 한편으로 그는 부모에게 자녀를 부패한 영향으로부터 멀리해야 한다고 조언했다. 다른 한편으로는 성인 남자와 소년 사이의 사랑에 대한 그리스 전통과 그런 치정과 관련된 과거의 위대한 이름들을 잘 알고 있었다. 그는 '영혼을 사랑하는 자' 는 인정하고 '단지 외적 아름다움을 추구하는 자' 는 금지하는 선에서 타협했다.[40] 그것은 불안한 타협이었고 저자는 자신이 곤경에 처한 것을 분명히 알고 있었다. 어쨌든 그림은 드모스가 제시한 것만큼 간단하지 않다.

일곱 살짜리 소녀를 강간할 때 여성들이 침대 주위에서 손뼉 치는 장면을 묘사한 페트로니우스(Petronius)를 드모스가 언급한 것도 비슷한 맥락에서 이해할 수 있다. 페트로니우스의 「사티리콘」은 단순히 사회 관습을 묘사한 책이 아니다. 네로 시대 이탈리아 남부 하층민의 추악한 허구 이야기다. 이 작품의 중심인물은 아주 의심스러운 두 명의 인물과 그들이 공유하는 젊은 남자 친구다. 이야기는 그들의 터무니없는 범죄 모험과 기괴한 성적 일탈을 다룬다.

어쩌면 하층민의 삶을 제대로 반영한 작품일 수 있고, 또 그 사건들이 일상적이었을 수도 있다. 그러나 페트로니우스가 네로의 궁정을 자극하려고 썼을 가능성이 더 크다. 페트로니우스는 그런 쪽으로 명성이 높았다. 드모스가 주목했던 특별한 사건은 주인공의 남자 친구와 여자가 함께 침대에 묶인 방탕한 한 장면에서 발생한다. 페트로니우스는 자기 책에서 늘 그렇듯이 참가자들이 기꺼이 그런 행동을 하는 것으로 묘사하지만 그런 태도는 언제나 학대자의 심리적 무기 가운데 일부였다.

그리고 일각에서는 학대를 문제로 인식하고 있었다. 교육받는 동안 어린이의 요구를 무시하는 것에 줄곧 민감했던 퀸틸리아누스는 당시의 잔인한 교육 방법이 초래하는 학대의 가능성 역시 알고 있었다.

> 존경스러운 관리자와 교사를 선택하도록 제대로 주의하지 않으면 악당들이 가끔 체벌권을 행사하는 수치스러운 학대나 피해자들이 느끼는 두려움 때문에 다른 사람들에게 종종 넘겨지는 기회를 부끄럽지만 거론하지 않을 수 없다. 나는 이 주제를 오래 끌지 않겠다. 내 뜻을 분명하게 밝힌 것으로 충분하다. 아이는 무기력해서 쉽게 희생될 수 있다는 것, 그 때문에 누구도 악당에게 무한한 권력을 넘겨주면 안 된다고 말하는 것으로 충분하다.

우리는 고대 세계에서 성적 학대의 진실을 파악하는 게 얼마나 어려운지 겨우 알기 시작했다. 예를 들어 어린이에 대한 신체적 학대나 어른과 어린이 사이의 성적 접촉을 수용한 것은 드모스의 주장처럼 보편적이지 않았다. 하지만 우리는 이런 관행이 사회 전반에서 용인받지 않은 채 지속될 수 있었다는 것을 인정해야 한다. 현대의 경험에서 알 수 있듯, 퀸틸리아누스의 인도적인 발언이 상기시키듯 오늘날 우리가 아는 아동 학대라는 기본적인 문제는 이미 고대 세계의 동정심 있는 관찰자들이 제대로 알고 있었다.

어린이에 대한 성적 학대는 고대에도 분명히 존재했다. 아동 학대가 널리 퍼져 있었다는 것은 고대 사회의 세 가지 요소 때문에 가능했다. 하나는 '그리스식 사랑'이라는 오랜 전통이었다. 이것은 보편적으로 수용되지는 않았지만 적어도 많은 소년이 어린 시절 남성과 성적 만남을 가진 것으로 단정할 정도로 흔했다. 둘째는 노예 제도였다. 우리는 이미 상당수 업둥이가 노예가 되었다는 것을 확인했다. 특히 많은 소녀가 버려지고 노예 제도가 일상적으로 존재하던 지역 사회에서 아동 매춘이 만연했다고 의심할 수 있다. 이런 점에서 아동 학대는 고대 세계의 노예 제도가 상징하는 한층 더 일반적인 인간 학대의 일부일 뿐이다.

아동 학대를 유도한 고대 사회의 셋째 요소는 어린이의 경시였다. 시인 유베날리스는 이렇게 말했을 것이다. "아이에게 최상의 경의를 표하라." 하지만 일부 부모가 자식을 돌보는 것 이상으로 아이들에게 일반적으로 상당한 경의를 표하거나 심지어 존중했다는 증거는 거의 존재하지 않는다. 아동 복지에 대한 일반적 관심은 1세기 이방인 세계에서 전혀 찾아볼 수 없었다.

고대 세계에서 어린이를 대하는 어두운 측면을 보면 방임과 학대라는 몹시 비참한 모습이 드러난다. 드모스는 그것을 전체적인 그림으로 받아들이게 하려고 한다. 그렇지만 사랑스러운 부모는 존재했고 가짜 플루타르코스 같은 사람은 학대 관계에서 자녀(일반적으로 자녀는 아니었지만)를 보호하려고 애썼다. 아이를 대하는 고대 세계의 이상한 모순은 시인 마르티알리스에게 볼 수 있다. 앞서 인용한 것처럼 그는 에로티온을 위한 감동적인 비문을 썼다. 그러나 시에서 분명히 알 수 있듯이 마르티알리스는 아동학대자로 간주할 수 있는 인물이었다. 드모스의 주장처럼 아동에 대한 성적 학대가 보편적이지는 않았어도 신약시대의 많은 어린이에게 세상이 암울했다는 것은 아주 단편적인 자료만으로도 충분히 확인할 수 있다.

이방인 세계의 성인식

아동기에서 성인기로 넘어갈 때는 다양한 의식을 거쳤다. 남녀 모두 새롭게 시작하는 생활을 고대하고 아동기를 돌아보는 과정이었다. 그래서 소녀는 결혼할 때 인형을 베누스(또는 비너스, Venus) 여신에게 바치고 어린 시절과 공식적으로 결별하는 의식을 거행했다.[41] 성인이 된 소년도 마찬가지로 마법의 보호를 받으려고 목에 걸었던 부적을 라레스(Lares, 조상신)에게 바쳤다.

염색하지 않은 남성용 흰색 토가 푸라(toga pura)를 착용한 로마 시민들의 모습. 흰색 토가는 14세에서 18세 사이의 법적 나이에 도달한 로마 남성들이 공식적인 행사에서 착용했다.

소년은 성인 시민의 역할을 맡을 준비를 하면서 긍정적이고 미래지향적인 기쁨을 누렸다. 사춘기의 징후는 환영과 축하를 받았다. 남자아이의 처음 자란 수염은 공식적으로 자르는 의식(depositio barbae)을 치렀고 그 수염을 집 안에 있는 사당에 두었다. 이 면도는 종종 10대 초반에 진행했지만 20대 초반으로 미룰 때도 있었다.[42]

12세에서 18세 사이, 그렇지만 대개는 14세에서 16세 사이에 아들이 성인의 책임을 다할 준비가 된 것으로 결정하면 아버지는 남자 친구들과 함께 아들을 데려가 시민 명부에 등록했다.

무엇보다도 가장 인상적인 것은 소년이 착용하는 옷단에 진한 자주색 줄무늬가 들어간 토가 프라이텍스타(toga praetexta) 대신 남성용 흰색 토가 푸라(toga pura)를 착용하는 것이었다. 이것은 전통적으로 3월 17일 리베랄리아 축제에서 진행했고 비슷한 또래의

소년들이 모두 함께 성인이 된 것을 축하했다.[43]

로마 사회에서, 적어도 비문에 기록된 부유한 사람 사이에서는 우리 예상보다 다소 늦게 결혼을 계약하는 게 관습이었던 것 같다. 로마법에 따르면 결혼할 수 있는 법적 최소 연령이 여자는 12세, 남자는 14세로 정해져 있었고, 아우구스투스 황제는 결혼할 수 있는 최소 연령을 10세로 정했다. 그러나 비문 연구에 따르면 신부의 첫 결혼 연령은 15세 미만보다 10대 후반일 가능성이 컸다. 남성은 다소 늦어서 보통 20대 후반에 결혼한 것으로 밝혀졌다.[44] 따라서 부유한 로마인은 일반적으로 결혼 당시 연령차가 컸겠지만 높은 사망률을 감안할 때 많은 사람이 첫 번째 배우자를 잃은 후 재혼했을 것이다. 다른 계층이나 로마제국에 속한 다른 지역에서는 신랑과 신부 간의 연령차는 더 적었고 결혼은 아마도 더 일찍 했을 것이다.

따라서 적어도 이방인 사회의 일부 지역에서는 사춘기에 아동에서 성인으로 갑자기 넘어가지는 않았다. 많은 소녀가 사춘기가 시작될 때까지 미혼으로 남아 있었다. 마찬가지로 상당수 청년 역시 성인 남성용 토가를 입었으면서도 여전히 결혼할 책임이 없었고 계속 교육과 양육을 받았다.

이방 종교와 어린이

어린이는 로마 세계에 존재한 여러 종파의 신앙생활에서 중요한 역할을 담당했다. 아마도 그것은 부분적으로는 어린이가 인간 세계와 신들의 세계 사이의 중개자 역할에 적합한 주변적 위치 때문이었을 것이다. 어린이의 순수함이 중개자 역할에 적합했기 때문일 수도 있다. 어린이는 성소에서 적극적으로 합창단에 참가해서 지금껏 소아시아에서 전해오는 노래를 신들을 위해 불렀다.[45]

가정에서는 어린이도 종교적 임무를 수행했다. 예를 들어 가장이 식사 중에 제물을 바치면 아이들은 조상신이 그 희생을 호의적으로 바라보는지 선언하는 게 로마의 관습이었다.[46] 아울러서 이미 언급했던 '정화의 날'이나 '성인식'처럼 어린이 중심 가정 의식도 있었다. 그리고 우리는 소년이 집을 나서기 전에 징조를 받은 것도 함께 살펴보았다.

유대인 가정은 물론 이방인 가정에서도 어린이들은 다양한 종교 의식과 활동에 포함되었다. 초기 그리스도인은 유대인이든 이방인이든 예배 행위와 다양한 일상이나 절기 의식에 어린이를 참여시키는 데 아주 익숙했을 것이다.

결론적으로 이 장을 시작하면서 신약시대 어린이에 관한 분명한 그림을 그리는 데 몇 가지 어려움이 있다고 말했다. 여기서 다룬 내용은 기록된 자료를 남긴 부유하고 글을 읽을 줄 아는 사람에게 불가피하게 집중하는 경향이 있었다. 우리는 어떤 내용은 개혁적인 한 이론가의 제안에 불과한데도 자녀 양육의 일상적 관행으로 잘못 간주할 수도 있다.

하지만 우리는 고대 세계에서 어린이를 대하는 부드러움과 잔인함을 동시에 이해할 수 있다. 부모는 분명히 자녀를 사랑하면서도 경제적 필요로 자녀를 죽음에 노출할 수 있었다. 부모는 자녀에게 최고를 바랐으나 자녀를 길들여야 할 동물로 생각해서 양육 방법이 가혹할 수밖에 없었다. 어린이는 소중했다. 그러나 노예 제도가 엄연히 실재하는 사회에서 어린이에 대한 착취와 학대는 모든 연령대의 인간에 대한 광범위한 착취 중 일부일 뿐이었다.

우리는 유대인 사회가 유아의 생명에 대해서 수준 높은 관점을 유지했다는 것을 확인했다. 게다가 남자 어린이의 교육에도 역시 더 큰 비중을 두었다.

기독교 교회는 유대인들 사이에서 출발해야 했다. 이방인들 역시 포용하지 않을 수 없었다. 최초의 그리스도인들이 어린이를 대하는 태도를 살펴보려면 그들이 유대인 가족 배경에서 무엇을 물려받았는지, 그리고 그들이 이방인의 문화적 맥락에서 무엇을 통합했는지 살펴보아야 한다. 하지만 그에 앞서 나사렛 예수의 제자들이 종교적 배경이나 문화가 아니라 스승에게서 어린이에 대해 무엇을 배웠는지 살펴볼 필요가 있다.

1) Quintilian, Institutio Oratori(London: Palala Press, 2015).

2) Chrysostom, On the Vainglory of the World and on the Education of Children in Christianity and Pagan Culture in the Later Roman Empire(New York: Cornell University Press, 1951).

3) Thomas Wiedemann, Adults and Children in the Roman Empire(New Haven: Yale University Press, 1989), p.15 이하.

4) J. M. Riddle, Oral Contraceptives and Early-Term Abortifacients during Classical Antiquity and the Middle Ages, Past and Present 132(1991), pp.3-32.

5) S. Safrai & M. Stern(eds), The Jewish People in the First Century, Compendia Rerum Iudiacarum ad Novum Testamentum 1(Assen: Van Gorcum, 1976), p.764.

6) Philo, Special Laws, 3.110-119; A. Reinhartz, 'Philo on infanticide,' Studia Philonica Annual 4(1992), pp.42–58.

7) Juvenal, Satires, 14. pp.166-172.

8) S. Safrai, The Jewish People in the First Century, p.770 이하.

9) M. Kleijwegt, Ancient Youth: The ambiguity of youth and the absence of adolescence in Greco-Roman Society, Dutch Monographs on Ancient History and Archaeology 8(Amsterdam: J. C. Gieben, 1991), p.58 이하.

10) Quintilian, Institutio Oratori, 1.3. p.16 이하.

11) Plutarch, Consolation to His Wife, Moralia, Loeb edn. 7, pp.575-605.

12) Herbert Musurillo(trans), The Martyrdom of Saints Perpetua and Felicitas 3(Oxford: Oxford University Press, 1972), p.109.

13) Herbert Musurillo(trans), The Martyrdom of Saints Perpetua and Felicitas 3, p.109.

14) Josephus, Against Apion, 2.25. p.204.

15) S. Safrai, The Jewish People in the First Century, p.953.

16) S. Safrai, The Jewish People in the First Century, p.947 이하.

17) M. Wise, Languages of Palestine in J. B. Green and S. McKnight(eds), Dictionary of Jesus and the Gospels(Downers Grove: Inter-Varsity Press, 1992), pp.434-444.

18) S. Safrai, The Jewish People in the First Century, p.752.

19) Philo, De Opificio Mundi p.165.

20) 마카베오1서 1:60 이하.

21) H. L. Strack and P. Billerbeck, Kommentar zum Neuen Testament aus Talmud und Midrasch, 6 vols in 7(Munich: C. H. Beck, 1922-61), p.146.

22) Thomas Wiedemann, Adults and Children in the Roman Empire, p.179.

23) Beryl Rawson, The Roman Family in Beryl Rawson(ed), The Family in Ancient

Rome. New Perspectives(London: Croom Helm, 1986), p.8.

24) Augustine, City of God, 4.11; Suetonius, Nero, 6.1.

25) Beryl Rawson, Adult-Child Relationships in Roman Society in Beryl Rawson(ed), Marriage Divorce and Children in Ancient Rome(Canberra/Oxford: Humanities Research Centre/Clarendon Press, 1991), pp.7-30.

26) Philo, Special Laws, 3. pp.110-119.

27) Rousselle Porneia, On Desire and the Body in Antiquity(Oxford: Basil Blackwell, 1988), pp.52-57.

28) 러셀이 인용하는 갈레누스와 아테나이우스는 Rousselle Porneia, On Desire and the Body in Antiquity, p.58 참조

29) Juvenal, Satires, 14. pp.96-106.

30) H-I. Marrou, A History of Education in Antiquity(London: Sheed and Ward, 1956), p.344.

31) M. Kleijwegt, Ancient Youth, pp.76-83.

32) Quintilian, Institutio Oratori, 1.0.1, 1.2.6; Jerome, Letters, 107.4.2.

33) Georg Goetz(ed), Hermeneumata Stephani, Colloquy 2(1892), pp.379-390; Colloquia Monacensia(1892), pp.644-647.

34) Fragment 702K, J. A. Bowen, History of Western Education, 1: The Ancient World(London: Methuen, 1972), p.77에서 인용.

35) A. K. Bowman and J. D. Thomas, The Vindolanda Writing-Tablets(Tabulae Vindolandenses II), (London: British Museum Press, 1994), p.256.

36) Beryl Rawson, The Roman Family in Beryl Rawson(ed), The Family in Ancient Rome, New Perspectives(London: Croom Helm, 1986), p.18, p.40.

37) M. Laistner, Christianity and Pagan Culture in the Later Roman Empire(New York: Cornell University Press, 1951), pp.10-17; H-I. Marrou, A History of Education in Antiquity, pp.292-307.

38) Lloyd deMause(ed), The History of Childhood(London: Souvenir Press, 1974), p43.

39) H-I. Marrou, A History of Education in Antiquity, pp.61-70.

40) pseudo-Plutarch, The Education of Children, 15.

41) Thomas Wiedemann, Adults and Children in the Roman Empire, p.149.

42) J. Carcopino, Daily Life in Ancient Rome(Harmondsworth: Penguin), 1956, p.179.

43) Seneca, Letter, 4.2; Cicero, Ad Att. 5.20.9; Ovid, Fasti, 777.

44) S. Treggiari, Roman Marriage. lusti Coniuges from the Time of Cicero to the Time of Ulpian(Oxford: Clarendon Press, 1991), pp.398-403.

45) R. L. Fox, Christians and Pagans(Harmondsworth: Penguin, 1986), p.178 이하.

46) Servius, ad Aen. 1.730. Thomas Wiedemann, Adults and Children in the Roman Empire, p.179에서 인용.

SECTION

02

복음서의 어린이는 어떤 모습이었을까?

예수님의 사역을 다루는 복음서 일화에는 어린이가 단연 두드러진다. 고대 세계 사람들은 믿기지 않을 정도로 어린이를 대체로 인정하지 않는 분위기였기 때문이다. 마태는 오천 명을 먹인 기적을 소개하고는 "먹은 사람은 여자와 어린이 외에 오천 명이나 되었더라"라는 말로 이야기를 끝맺는다(마 14:21). 어린이를 숫자에 포함하지 않은 것은 전반적인 풍조를 그대로 요약한 것이다.

하지만 예수님 사역에서는 어린이가 중요한 존재였다. 복음서의 몇몇 치유 사건에는 어린이들이 등장한다. 그뿐 아니라 어린이들은 예수님의 교훈에서도 나름 역할을 담당한다. 예수님의 신랄한 비판 가운데 어린이가 놀이에 사용하는 표현이 등장한다(마 11:16-19). 이것은 어린이들을 눈여겨보았다는 뜻이다. 예수님의 메시지와 사역의 독특한 한 가지 특징은 어린이를 중시한 것이다.

예수님의 사역은 팔레스타인, 그것도 주로 유대 배경에서 이루어졌는데 상황은 대체로 앞 장에서 설명한 유대 문화와 비슷했다. 하지만 신약성경은 복음서와 서신서 모두가 대체로 팔레스타인 외부, 그러니까 유대 문화의 변두리나 심지어 아예 무관한 사람이 대상이었다. 따라서 신약성경의 기록은 전반적으로 앞서 소개한 이방인 문화에서 비롯되었다.

마태, 마가, 누가, 요한은 예수님의 말씀과 일화를 다수 접했지만 이야기의 전달 과정에서 자료를 모두 사용하지 않았을 가능성이 크다(요 21:25). 그들은 예수님에 관해 말하고 싶은 내용을 구성하려고 자료를 뽑아서 순서를 정했다(눅 1:2 이하). 네 명의 복음서 저자는 나름대로 예수님 모습을 구성했다. 그리고 각자 현시점에서 독자에게 예수님이 어떤 의미를 갖는지에 관심을 두었다. 그들은 단순히 과거의 사건을 기록하는 고고학자가 아니었다. 우리가 보기에 저자들은 줄곧 예수님이 독자에게 중요한 인물이라고 강력하게 확신했다.

따라서 복음서를 읽을 때는 마태, 마가, 누가, 요한이 시대와 독자의 요구를 예상하고 자료를 선별하고 순서를 정했다는 것을 염두에 두어야 한다. 알고 있어도 기록하려는 이야기와 어울리지 않는 말씀과 일화는 당연히 생략했을 것이다(누가는 사도행전 20장 35절에 나오는 예수님의 말씀을 복음서에서 생략했다). 복음서에는 일정한 교훈과 이야기가 존재하는데 이것은 관련 주제의 교훈을 한곳에 모으려고 자료를 특정한 순서로 정리했다는 것을 시사한다(예를 들어 마태복음은 18장에는 교회 생활에 관한 내용을 모았다). 복음서 저자들은 예수님에 관해 쓰면서 동시대 사람에게 말을 건다. 복음서에서 예수님 사역에 아이가 등장하는 내용을 읽을 때는 이 이중적 관점을 반드시 고려해야 한다.

복음서에 등장하는 어린이를 살펴보려면 복음서가 소개하는 예수님의 어린 시절에서 출발해야 한다.

어린이 예수님과 탄생 이야기

착하셔라.
어릴 때에 모친 순종하시고
사랑으로 섬기신 것 참된 본이 되셨네.
주님처럼 우리도 순종하며 살리라.
(세실 프랜시스 알렉산더)

복음서를 제대로 읽었다면 세실 알렉산더(Cecil Alexander)가 인기 있는 성탄 캐럴 '옛날 임금 다윗성에' 라는 곡에 시적 표현을 꽤 많이 구사했다고 말할 것이다. 이 캐럴은 단순하면서도 감동적으로 예수님의 탄생, 어린 시절, 재림 장면을 묘사한다. 알렉산더는 첫

째와 마지막 장면을 성경 이미지와 구절에서 가져왔다. 그러나 중심에 해당하는 위의 가사가 묘사하는 어린 예수님 모습은 전체적으로 능숙하게 짜맞춘 추측에 불과하다. 그녀는 누가복음 2장 40절("아기가 자라며 강하여지고 지혜가 충만하며 하나님의 은혜가 그의 위에 있더라")과 2장 51절 이하("순종하여 받드시더라. …예수는 지혜와 키가 자라가며 하나님과 사람에게 더욱 사랑스러워 가시더라")에 나오는 예수님의 어린 시절을 히브리서 4장 15절("우리에게 있는 대제사장은 우리의 연약함을 동정하지 못하실 이가 아니요")로 그림을 완성했다.

그리고 알렉산더가 빅토리아 시대 문화에서 강조한 아동기의 덕목을 캐럴 가사에 정확하게 담아낸 것 역시 인상적이다. 우리가 아는 어린 예수님의 이야기(눅 2:41-51)는 아주 독립적인 행동으로 부모가 힘들어하는 모습을 보여주지만 캐럴의 예수님은 온순하고 순종적이고 선하고 얌전한 아이이다. 이 찬송은 시대와 상관없이 기대하는 내용을 성경에서 찾는 우리의 경향을 고스란히 보여준다.

전기의 내용, 고대 vs 현대

알렉산더처럼 예수님의 어린 모습을 글로 쓰려면 누구든지 곧장 난관에 직면한다. 복음서는 예수님 출생부터 서른 살 무렵 공생애 시작 전까지의 삶을 제대로 소개하지 않기 때문이다. 이것은 현대 독자를 가장 당혹하고 실망하게 만드는 복음서의 특징 중 하나인데 여기에는 설명이 필요하다.

고대 세계 사람들이 아이들에게 무심했다고 말하는 게 부당할 수 있다. 앞 장에서 살펴보았듯이 자식에 대한 부모의 사랑과 미래 구성원에 대한 사회의 관심을 보여주는 증거는 충분하다. 하지만 고대 세계 사람들이 아이들에게 관심은 있어도 아동기는 달랐다.

발달심리학은 아동기에 대한 사고방식에 혁명을 가져왔다. 현대인은 아동기를 양육과 성장의 시기, 즉 사람이 중요한 발달 단계를 통과하는 시기로 간주하도록 배웠다. 고대 세계는 어린 시절에 대해 그렇게 성찰하지 않았고 인간 성품이 동등하게 발달한다고 간주하지도 않았다. 고대 세계 사람들은 걷기, 말하기, 읽기와 쓰기 같은 손기술이나 머리를 쓰는 능력처럼 성장하는 어린이가 습득해야 할 다양한 기술이 존재한다는 것을 알고 있었다. 하지만 일반적으로는 성품과 성격이 처음부터 고정되어 있고 인간은 성장하면서 성격이 드러날 뿐이라고 가정했다.

따라서 어린 예수에 관해 복음서가 답변해야 할 질문은 한둘이 아니다. 예수님은 자라면서 어떤 영향을 받았을까? 정규 교육은 어디까지였고, 가령 앞 장에서 언급한 회당학교는 다녔을까? 우리는 예수님이 가정에서 아람어를 사용했고(마가복음 5장 41절은 예수님이 아람어로 말한 것을 인용한다), 성경의 언어인 히브리어에 능숙했을 가능성이 크다고 가정할 수 있다. 누가복음 4장에서는 예수님이 회당에서 히브리어 성경을 읽는 모습을 볼 수 있고 공생애 내내

서기관과 종교 문제를 히브리어로 토론했다.[1]

그렇다면 무역 언어인 그리스어에는 얼마나 노출되었을까? 예수님의 가정생활은 어땠을까? 성인이 될 때까지 요셉은 여전히 생존했을까? 복음서에 언급된 '형제자매'는 마리아의 자식일까(막 3:31, 6:3), 아니면 여기서 말하는 '형제'는 로마 가톨릭교회가 전통적으로 주장하듯 '사촌'이라는 뜻일까? 이와 비슷한 여러 가지 질문은 현대의 전기 작가라면 누구나 답해야 할 정도로 아주 중요하다. 우리는 어떤 인물이든 성장기에 받은 영향을 파악해야 제대로 이해할 수 있다고 생각하지만 복음서 저자들은 다른 고대 세계 사람처럼 생각했다.

일단 복음서 저자들이 고대의 전기 작가라는 사실을 인정하면 복음서에서 접하는 예수님의 전기는 전혀 문제 되지 않는다. 고대 세계 작가는 두 가지 경로 중 하나를 선택할 수 있었다. 다루는 대상의 어린 시절을 가상의 침묵 속에서 지나치거나, 아니면 성장 과정의 엄청난 성과를 환상적인 이야기로 채우는 것이었다. 복음서 기자들은 예수님의 탄생과 관련된 아주 특별한 이야기를 제시하면서도 누가복음의 이야기를 제외하면 아동기에 관해 일절 언급하지 않았다. 하지만 그들은 어린 예수를 다루면서 전기 작가라면 피할 수 없는 핵심 질문, 즉 그가 어떤 인물이었느냐는 물음에는 대답했다. 그러나 방식은 전혀 달랐다.

예수님의 탄생 이야기

먼저 마태복음을 살펴보자. 마태가 족보처럼 지루한 내용으로 복음서를 시작하는 게 낯설게 느껴질 수 있다. 우리에게 익숙한 성탄절 관련 내용은 마태복음 1장 17절까지 건너뛰고 예수님의 흥미로운 탄생에 얽힌 생생한 이야기에서 출발한다. 그런데 마태의 동시대인들은 생각이 달랐을 것이다. 유대 역사가 요세푸스는 자서전을 집필하면서 역시 족보로 시작했다. 조상을 5대까지 언급했지만 그 정도면 제사장 혈통이라는 주장을 입증하기에 충분했다. 이어서 복음서와 마찬가지로 초기 생애를 사실상 전부 건너뛰었다. 마태와 독자들은 요세푸스처럼 예수님이 누구인지 알려면 성장 과정이 아니라 가족을 알아야 했다.

마태가 이렇게 글을 쓴 데는 또 다른 이유가 있었다. 마태는 복음서를 읽는(또는 읽는 것을 들었을 가능성이 큰) 기독교 개종자들이 예수님은 아브라함과 다윗의 자손이고, 하나님 백성의 역사에서 위대한 전환점이 일정한 간격을 두고 발생했다는 것을 알아야 한다고 생각했다. 예수님의 탄생은 그중 하나인 바벨론 포로기부터 14대가 끝날 무렵 발생했다. 마태는 복음서 서두에 나오는 도식적 계보로 이 목표를 달성했다(마 1:1-17).

마태는 위대한 인물이 탄생할 때 전조와 징조가 따른다고 가정하는 독자를 대상으로 글을 썼다. 이런 이유로 마리아를 아내로 맞이하도록 안심시키고 아이의 장래 사역을 알려주고 성가족의 피신을 지시하는 요셉의 꿈에 주목했다(마 1:20-21, 2:13,19,22). 탄생 이야기의 핵심 주제가 되는 전조는 동방 박사들이 목격한 별(마 2:1-12)이다. 마태복음 독자들은 예수님이 태어날 때도 구약성경의 예언이 어떻게 성취되었는지에 관한 이야기를 기대했을 것이다(마 1:22 이하, 2:4-6,15,17-23). 마태가 이런 특징을 반영했다고 해서 꾸며냈다는 뜻은 아니다. 마태는 하나님의 구원을 위한 목적이 베들레헴의 아기와 나사렛 소년에게 맞추어졌다는 것을 독자에게 알리도록 영감을 받고서 그것들을 포함한 것이다.[2)]

누가는 복음서를 쓸 때 다소 다른 청중을 염두에 두었다. 복음서를 시작하며 누가는 수신자 데오빌로(출판 비용을 후원한 것으로 보이는 인물)의 이름을 밝히고 작업 방향을 제시했다. "…차례대로 써 보내는 것이 좋은 줄 알았노니 이는… 알고 있는 바를 더 확실하게 하려 함이로라"(눅 1:3-4).

마태는 구약성경의 내용과 의미에 친숙한 독자를 예상했고, 그 때문에 적어도 유대교 주변 청중까지 염두에 두었던 것 같다. 반면에 누가는 이방인을 대상으로 글을 쓴 것으로 보인다. 이방인 독자들도 위대한 인물의 탄생을 둘러싼 징조와 예언을 접할 수 있기를 바랐다. 앞 장에서 살펴본 교육자 출신 로마의 작가 퀸틸리아누스는 한 사람의 생애를 기록할 때는 탄생을 알리는 신탁이나 예언을 작품 앞에 배치하도록 조언했다. 누가 역시 비슷하게 생각한 것 같고, 그래서 예수님과 그의 사자 요한의 탄생을 둘러싼 사건에 상당한 지면을 할애했다. 누가는 구약성경의 예언과는 무관하게, 태어날 아기를 중심으로 새롭게 생겨난 예언(눅 1:30-37, 42-45, 46-55, 67-79)과 갓 태어난 아기의 위대함을 가리키는 신탁(눅 2:10-12, 28-32, 34-38)을 제시했다.

어린이 예수와 복음서

예수님의 탄생에서 어린 시절로 넘어가면 고대와 현대 관점 간의 차이를 또다시 마주하게 된다. 현대 독자는 복음서가 예수님 탄생을 기대와 다르게 제시해도 놀라지 않는다. 하지만 정체성이 형성되는 어린 시절을 사실상 거의 언급하지 않는 것은 의아해할 수 있다. 마태는 성가족이 이집트에서 나사렛으로 이주한 것(예언의 이중 성취 때문에 마태가 주목하는 부분이다. 마 2:15, 23)이나 요한이 세례 활동을 시작한 것에는 관심이 없다. 누가는 예수님의 성장에 대한 요약(눅 2:40)과 소년 시절(눅 2:41-52)을 단독으로 제시한다,

더 놀라운 사실은 마가와 요한이 예수님 탄생과 어린 시절을 모두 생략한 것이다. 마가는 세례 요한의 설교로 이야기를 시작하고 요한은 태초에 하나님과 함께한 말씀으로 시작해서 요한의 사역으로 넘어간다. 마가복음과 요한복음에서 예수님을 이해하는 데 필요한 배경은 어린 시절이 아니라 세례 요한의 사역이었다.

우리는 복음서 저자들이 오늘날의 발달심리학적 용어로 설명하지는 않았어도 예수님의 모습과 활동을 소개했다는 사실에 주목할

필요가 있다.

마태는 예수님의 탄생 이야기로 독자에게 필요한 모든 내용을 제시했다. 마태복음 1장과 2장을 찬찬히 읽으면서 예수님을 언급한 것과 거듭되는 예언의 성취 사례가 갖는 의미에 주목하면 마태의 의도처럼 예수님이 누구인지 아주 확실하게 알게 된다. 예수는 예언의 성취를 위해 하나님에 의해서 잉태되고 태어난 다윗의 자손이었고 이미 적대적 세력으로부터 위협을 받는 연약한 아이였다. 어린 시절을 굳이 거론해야 할 이유가 없었을 것이다.

사도 누가 역시 독자에게 그 아이를 메시아, 주님으로 소개했다(눅 2:11). 그러면서도 아이가 하게 될 일을 암시하는 신탁을 강조했다. 예수님이 태어나기 전 가브리엘의 예언(1:30-33)과 마리아의 노래(1:46-55)가 있었다. 예수님이 태어나자, 천사들은 아기를 구원자와 메시아, 주님으로 선포했다(2:10-12). 하나님에게 아기를 바치러 성 가족이 성전을 방문하자(2:22-24) 시므온(2:28-32,34)과 안나(2:38)가 신탁했다.

아울러서 누가는 예수님의 소년 시절, 즉 생일에 종교 공동체에서 성인 역할을 준비하는 13세 유대인 소년을 배경으로 이야기 하나를 끄집어낸다.[3] 이 일화는 듣는 사람에게 예수님이 이미 어린 나이에 위대함을 드러냈다고 설득하려고 꾸며낸 경건한 허구로 치부하기 쉽다. 그런데 교회의 창작이라면 그 정체가 밝혀지지 않은 이야기가 마리아를 그렇게 형편없이 묘사하는 게 이상하다. 신약의 저자들 가운데 예수님의 어머니에게 존경과 관심을 가장 많이 기울이는 누가가 직접 이 일화를 지어냈다고 가정하는 게 더 어렵다.

누가는 이 일화(2:41-52)에서 예수님이 종교적으로 성인이 되기 전에 이해력이 놀라웠다고 소개한다. 아직 토라의 멍에를 메지도 않은 소년 예수는 가장 지혜로운 율법 교사들을 당황하게 했다(2:46 이하). 대체로 고대 세계의 전기는 위인이 보여준 어린 시절의 비범한 자질을 강조했다. 요세푸스는 으스대는 투로 열네 살 무렵의 자신을 약간 비슷하게 소개했다. 예루살렘의 지도자들이 율법 문제 때문에 의견을 구하러 찾아왔다는 주장이었다.

누가의 아주 간단한 일화는 예수님의 어린 시절에 관한 언약이 소년 시절에도 성취되고 있었음을 보여준다. 거기에는 조숙한 이해력에 주목하는 것 이상의 의미가 존재한다. 이 일화는 예수님이 나사렛의 한 가정에 속했으나 인간 가족보다 더 중요한 아버지가 존재한다는 것을 암시한다(2:49). 나중에 예수님은 팔레스타인 농경 사회에서 아주 강력한 혈족 관계의 요구와 하나님 나라의 요구 간의 잠재적 갈등을 자주 언급한다. 이 일화에서 열두 살 예수는 이미 사회의 기대를 따르는 것과 '내 아버지의 일에 관계'하는 것 사이에 긴장이 존재한다는 것을 보여주기 시작했다. 이 이야기에서도 그 아이에 얽힌 예언이 성취되기 시작한다. 시므온의 예언처럼(2:35) 마리아는 근심했다(2:48).

어린이 예수 이야기의 의미

그렇다면 복음서가 어린 예수에 접근하는 방식은 무슨 의미가 있을까? 첫째, 예수님의 어린 시절에 대한 완벽에 가까운 침묵이 눈에 띈다. 그리스도인들의 애정과 호기심은 마침내 예수님의 어린 시절에 관해서 정경 복음서보다 더 많은 이야기, 특히 초기의 이적과 특출난 어린 시절 일화를 요구하게 되었다. 그래서 2세기부터 소위 '유아 복음서', 특히 도마복음과 야고보복음이 등장해서 소년 예수에 관해 더 많은 이야기를 제공했다.

우리는 이런 후대 작품들에서 어린 예수에 관한 정확한 정보를 기대할 수 없다. 가령 도마복음에는 예수님이 요셉의 목수 일을 도우려고 나무 기둥을 잡아 늘이는 것 같은 다소 기괴한 일화가 나온다. 지나다가 실수로 어린 예수와 부딪친 어느 소년의 일화처럼 어두운 측면을 드러내는 사건도 있다. 이 이야기에서 어린 예수는 아이를 저주해서 쓰러져 죽게 만든다. 실제로 어린 예수를 건드리거나 괴롭히면 똑같은 결말을 맞을 가능성이 컸다. 이야기 후반에 저주받은 대상이 모두 회복되었다는 사실은 이런 유아 복음서에 등장하는 어린 예수가 강력한 마법사에 불과했다는 인상을 지우기 어렵다.

분명히 이것은 일부 초기 그리스도인들이 예수님을 어떻게 이해했고, 또 유아 복음서 저자들이 일부는 독자를 즐겁게 하고 또 일부는 자신의 믿음을 반영해서 어떻게 이야기를 꾸며냈는지를 보여준다. 독자들에게 이야기하려는 관심이 지나쳐서 역사적 실체로서의 예수님 생애에 관한 관심을 완벽하게 가리고 말았다.

우리는 이런 과도한 유아 복음서 덕분에 오히려 정경 복음서 저자들이 얼마나 절제된 자세로 글을 썼는지 알게 된다. 영웅이 어린 시절에 벌이는 엄청난 이야기는 고대 전기물의 자산이었다. 정경 복음서를 보면 누가가 소개한 12세 예수와 얽힌 단 한 가지 일화를 제외하고는 그런 이야기를 전혀 찾아볼 수 없다. 이런 절제된 서술은 그들이 전하려는 이야기의 현재 관련성에 관한 관심이 예수님의 진짜 삶을 오염시키지 않았다고 믿을 수 있는 근거가 된다.

둘째, 마태와 누가가 예수님의 탄생을 복음서에 포함하기로 한 바로 그 결정은 중대한 결과를 가져왔다.

두 사람이 소개한 유아기 이야기는 그리스도에 대한 기독교적 이해에 영향을 미쳤다. 초기 그리스도인 가운데 일부는 예수님이 늘 그리스도이고 하나님의 아들이라는 사실을 믿는 게 쉽지 않았다. 일각에서는 예수님이 성인이 되고 난 어느 시점, 그러니까 어쩌면 세례를 받고 성령이 임하는 순간에 하나님의 아들이 되었다고 생각했다. 이것이 바로 '양자론'(Adoptionism)으로 알려진 견해로, 어린 예수는 그저 신적 본성이 들어오는 인간일 뿐이었다고 주장한다. 예수님의 세례 이전의 삶에 침묵한 마가복음은 여기에 대응할 수 없었다. 그러나 마태복음과 누가복음은 어린 시절의 이야기를 비롯한 예수님에 관한 모든 게 생애를 시작할 때부터 그랬다고 분명하게 제시했다. 그들은 어린 예수가 성인 예수와 본래 다르다고 생각할 만한 여지를 거의 남기지 않았다.

탄생 일화는 아동기에 관한 기독교적 이해에도 역시 영향을 끼쳤다. 베들레헴 구유의 아기가 완전한 하나님이고 완전한 인간이라는 사실을 누구나 쉽게 받아들이지는 않았다. 5세기 초 철학자 네스토리우스(Nestorius)는 "나는 하나님의 나이가 기껏 두세 달이라는 것을 부정한다"라고 말했다. 네스토리우스를 비롯한 사람들은 거친 양자론자는 아니었지만 그리스도 내부의 신적 본성은 인간 본성과 분리되어서 유아기를 겪지 않았다고 생각했다. 교회 전체가 네스토리우스를 정죄했다. 구유에 누었고 나사렛에서 자란 그리스도는 하나의 인격체로서 완전한 하나님이고 완전한 인간이었다. 교회가 이런 결론에 도달한 유일한 이유가 탄생 이야기는 아니었지만 하나님이 그리스도 안에서 인간의 경험 안으로 직접 완전히 들어왔다는 것을 교회에 설득하는 데 한몫했다. 성육신한 그리스도가 성인기는 물론 아동기까지 거쳤다면 아동기 자체는 당연히 새로운 존엄성과 중요성을 가졌다.

하나님 나라, 예수님과 어린이

어린이에 관한 예수님의 말씀과 행동을 이해하려면 그것들이 그저 우발적이지 않다는 것을 전제해야 한다. 모두가 하나님 나라의 도래라는 핵심 주제를 중심으로 구성된 예수님 사역의 전반적인 형태와 일치했다. 따라서 우리는 일차적으로 예수님이 말씀한 '하나님 나라' 가 무엇을 뜻하는지, 그리고 어린이는 그 하나님 나라에서 어떻게 이해되는지 살펴볼 필요가 있다.

어린이와 하나님 나라

'왕국' (나라)이라고 하면 일반적으로 영국처럼 군주가 통치하는 영토를 가리킨다. 예수님과 동시대인들에게 '왕국' 은 왕의 활동, 즉 '통치' 또는 '다스림' 을 뜻했다. 따라서 '하나님 나라' 는 '하나님이 왕으로서 통치하는 나라' 라는 뜻이었다.

물론 예수님 당시 유대인들은 하나님이 직접 만드신 세상을 다스린다고 믿고 있었다. 성경도 그렇게 말한다(사 6:5, 시 29:10, 99:1-4). 그런데 예수님 시대에는 하나님이 역사에 최종적으로 개입해서 구속의 목적을 성취한다고 믿게 되었다(단 7장 참조). 하나님의 통치 또는 하나님 나라가 이 세상에 임하면 현재의 죄와 고통의 질서는 사라지고 죄가 처벌받고 하나님 백성이 대접받는다고 믿었다. 예수님의 사역이 특별한 것은 하나님 나라가 사람들 사이에 이미 존재한다고 선포했기 때문이다. 하나님은 이미 예수님 안에서, 그리고 예수님을 통해 자신의 통치를 실행하는 결정적 단계를 진행했다.

하나님의 통치는 사실 여전히 완벽하게 이루어지지 않았다. 이 세상이 끝나고 하나님 나라가 본격적으로 시작되는 날은 아직 임하지 않았다(막 13:24-37). 하지만 예수님의 사역에서 하나님 나라는 이미 현존하고 활동 중이었다. 예수님은 치유와 귀신을 쫓아내는 것으로 하나님 나라의 임재를 증명했다(마 12:28). 예수님의 다양한 비유는 청중들이 이미 임재한 나라가 어떻게 세상에서 작동하는지, 또 일부는 인정하고 대부분은 어떻게 간과하는지 가늠하도록 초대한다(막 4:26-32, 마 13:33).

하나님 나라는 들어가야 하는 곳이다. 예수님은 하나님 나라를 말씀하면서 사람들을 그 나라에 초대했다. 예수님의 동시대인들은 그런 나라가 있다면 경건하고 존경받는 율법 교사, 서기관과 바리새인이 제일 먼저 들어가는 것으로 예상했다. 하지만 예수님은 하나님 나라는 인간의 예상과 전혀 다르다고 말씀하셨다. 하나님 나라는 놀라운 곳이었다. 수수께끼 같은 말씀을 하면서 예수님은 이렇게 말했다. "먼저 된 자로서 나중 되고 나중 된 자로서 먼저 될 자가 많으니라"(마 19:30, 참조 막 10:31, 눅 13:30, 마 20:16). 아마도 예수님은 심판의 날이 가져올 놀라움을 언급한 것 같다(마 25:31-46).

그런데 이 말씀은 현재와 관련이 있다. 하나님 나라에는 서기관이나 존경받는 다른 사람이 아니라 사회에서 멸시받는 사람이 제일 먼저 들어간다는 게 밝혀졌다. "내가 진실로 너희에게 이르노니 세리들과 창녀들이 너희보다 먼저 하나님의 나라에 들어가리라"(마 21:31).

예수님의 사역은 당시 사회에서 누구보다 소외된 사람들을 상당

수 포용했고, 그래서 하나님 나라의 도래는 그들에게 기쁜 소식(복음)이었다. 세리나 창녀처럼 직업 때문에 따돌림을 받은 사람들이 있었다. 문둥병자나 귀신 들린 사람처럼 고통의 원인 덕분에 사회 변두리로 밀려난 사람들까지 있었다(막 1:40-45, 5:1-20). 예수님은 이들에게 하나님 나라의 새로운 삶을 제공했다. 용서와 치유, 구원은 하나님 나라에서 주어질 축복이었다.

그렇다면 어린이는 하나님 나라에서 어느 자리에 배정받았을까? 앞 장에서 살펴보았듯이 어린이는 어쨌든 주변부에 해당했다. 어린이에게 하나님 나라는 어떤 의미가 있었고 예수님은 어린이에 대해 무슨 말씀을 했을까?

어린이는 하나님 나라의 제자직을 상징하는 모범이었다. 예수님이 보기에 어린이는 어른이 하나님 나라에 들어가는 길을 제시하고 어른이 하나님 나라에서 예수님을 어떻게 따라야 할지 보여준다.

하나님 나라에 들어가기

예수님은 사람들을 불러 하나님 나라에 들어가는 법을 알려주었다. 그렇다면 어떻게 들어갈 수 있을까? 어떤 사람이 들어갈 수 있을까? 예수님은 수수께끼 같은 말씀에서 하나님 나라에 들어가는 이 중대한 문제를, 어린이를 모범으로 제시하면서 다룬다.

"사람들이 예수께서 만져 주심을 바라고 어린아이들을 데리고 오매 제자들이 꾸짖거늘 예수께서 보시고 노하시어 이르시되 어린 아이들이 내게 오는 것을 용납하고 금하지 말라. 하나님의 나라가 이런 자의 것이니라. 내가 진실로 너희에게 이르노니 누구든지 하나님의 나라를 어린아이와 같이 받들지 않는 자는 결단코 그곳에 들어가지 못하리라 하시고 그 어린아이들을 안고 그들 위에 안수하시고 축복하시니라"(막 10:13-16, 참조 마 18:3, 19:13-15, 눅 18:15-17).

예수님의 교훈 가운데 무엇보다 특이한 점은 호기심을 자극하고 직접 의미를 찾게 만드는 수수께끼 같은 말씀을 한 것이다. 위 구절들이 바로 거기에 해당한다. 예수님의 말씀은 하나님 나라와 어린이에 대해 무엇을 암시하고 있을까? 그것은 하나님 나라에 들어가는 게 공로나 특권, 지위와 무관하다는 점을 강조한다. 하나님 나라는 세상의 가치를 뒤집는다. 세상에서는 높은 사람이 우선하지만 하나님 나라에서는 쓸모없는 사람이 먼저다(마 21:31).

일반적으로 어린이의 모범은 어른이다. 하지만 하나님 나라에서는 어른이 어린이를 뒤따라야 한다. 사도 마가는 예수님이 말과 행동으로 제자직의 의미를 설명하는 이 이야기와 앞으로 살펴볼 이야기(막 8:27-10:45)를 복음서의 중심부(막 9:33-37)에 배치했는데 이것은 무척 의미심장하다.

앞 장에서 우리는 유대인 사회에서 어린이의 사회화, 특히 토라의 소년 교육을 집중적으로 살펴보았다. 유대 사회는 조상의 길을 따르는 새로운 세대를 배출하는 데 높은 가치를 부여했고 아이는 어른의 방식으로 조율되었다. 그런데 하나님 나라에 들어갈 때는 방향이 바뀐다. 어린이가 어른의 모범이 된다. 어른은 결정적으로 중요한 것을 어린이에게 배워야 한다.

이 이야기 자체는 예수님이 어린이에게 얼마나 개방적이었는지를 보여준다. 마가는 어떤 사람들이 아이들을 예수님에게 데려왔는지 제대로 말하지 않는다. 아마도 자녀들("심지어 어린 아기들까지" 눅 18:15, 저자 번역)을 위해 이 거룩한 교사의 축복을 기대한 부모들이었을 것이다. 제자들은 아마도 아이들이 스승의 관심을 받을 가치가 없다고 여겨서 막으려고 했을 것이다. 이 이야기에서 부모와 제자의 역할은 잠시 뒤에 다시 설명하겠다. 그런데 예수님에게 시선을 돌려보면 예수님은 아이들이 어른들처럼 자신에게 온전히 다가오기를 바랐다는 것을 알 수 있다. 예수님은 말 그대로 두 팔 벌려 아이들을 받아들였고 부모는 요청했으나 제자들이 거부했던 축복을 허락했다.

복음서의 다른 사건처럼 우리는 예수님의 사역에서 접촉이 얼마나 중요한지 알 수 있다. 여기서 예수님은 아이들을 품에 안았는데 이것은 보호와 보살핌을 상징하는 몸짓이었다. 마가복음에만 '안고'라는 표현이 나온다(막 10:16). 마태복음은 축복을 위해 안수하는 것만 언급하고 누가는 예수님의 몸짓을 모두 생략한다. 마태와 누가는 마가복음의 그림 같은 세부 묘사를 생략하는 경우가 잦은데 아마도 이 경우에는 안아주는 게 이야기에 불필요하거나 품위 없다고 느꼈을지 모른다. 나중에 어떤 사본 필사자가 '안고'를 '자기에게로 부르시니'로 바꾼 것으로 보아서(헬라어에서 약간의 변화만 있었음) 초기 그리스도인 가운데 일부는 예수님이 아이들을 안아주는 모습을 품위 없게 생각했을 가능성이 크다. 마가가 전하는 그림은 예수님이 아이들과 접촉했던 기억, 그러니까 예수님의 말씀은 물론 행동에 대한 기억까지 보존하고 있을 가능성이 크다.

어린이에 대한 예수님의 접근 방식은 독특하고 유별났을까? 그렇게 보였어도 동시대인들과 달리 예수님만 어린이를 중요하게 대한 건 아니다. 앞 장에서 유대인 교육을 검토했듯이 유대인 사회는 어린이를 소홀히 상대하지 않았다. 오히려 그 반대였다. 어린이를 하나님의 축복으로 높게 평가했다. 유대인 어린이는 유대 법률과 관습에 따라서 위험으로부터 보호받았다. 출생 때 유기되는 이방인 어린이와 달랐다. 랍비는 어린이를 가르치고 조상이 살아온 방식을 철저히 배울 수 있게 준비시켰다. 하지만 예수님이 개방적 태도를 보인 것은 어린이의 잠재력 때문이 아니라 그들 자신을 위해서였는데, 그게 바로 예수님만의 독특한 사역이었다.

마가의 이야기에 포함된 예수님의 말씀으로 다시 돌아가서 "하나님의 나라가 이런 자의 것이니라"는 것은 무슨 뜻이었을까? 우리는 예수님이 어린이를 이상화해서 어른보다 도덕적으로 우월한 순수함이나 드러나지 않는 현실에 훨씬 잘 반응하는 해맑은 영적 감각 같은 특별한 자질을 어린이에게 부여했다고 생각할 수도 있다. 워즈워스(William Wordsworth)는 불멸을 깨닫는 노래(Ode on Intimations of Immortality from Recollections of Early Childhood)에서 어린 시절에 대한 이런 식의 이해를 설득력 있게 그려냈다.

완전히 잊지도 않고
아주 벌거벗지도 않은 채
영광의 구름자락을 끌며 우리는
우리 고향인 하나님에게서 온다.
우리 유년기는 천국으로 둘러싸여 있다.

복음서에 나오는 일부 말씀에 따르면 예수님은 어른보다 어린이가 진리의 계시에 한층 더 개방적이라고 간주한 것 같다(아래 말씀 마 11:25, 18:10의 설명 참조). 그런데 말씀과 행동을 종합하면 예수님은 인간 본성에 현실적이었다. 어린이 놀이에 대한 관찰을 놓고 보더라도 어린이 본성에 관해서도 역시 현실적이었다.

"이 세대를 무엇으로 비유할까. 비유하건대 아이들이 장터에 앉아 제 동무를 불러 이르되 우리가 너희를 향하여 피리를 불어도 너희가 춤추지 않고 우리가 슬피 울어도 너희가 가슴을 치지 아

> 니하였다 함과 같도다. 요한이 와서 먹지도 않고 마시지도 아니하매 그들이 말하기를 귀신이 들렸다 하더니 인자는 와서 먹고 마시매 말하기를 보라 먹기를 탐하고 포도주를 즐기는 사람이요. 세리와 죄인의 친구로다 하니 지혜는 그 행한 일로 인하여 옳다 함을 얻느니라"(마 11:16-19, 참조 눅 7:31-35).

이 간단한 놀이의 본질이 무엇인지 우리는 제대로 알지 못한다. 한쪽은 연기자이고 나머지는 청중이거나, 또는 부적절한 반응까지 모두 포함한 정형화된 놀이는 아니었을까? 그게 아니라면 놀이가 잘못 흘러가는 것에 예수님이 주목했고, 아이들은 규칙을 어긴 친구들에게 불만을 터뜨린 게 아닐까? 어느 쪽이든 해석은 가능하다. 하지만 핵심은 놀이에 참여한 아이들이 권력을 행사하는 역할을 어떻게 해야 하는지 알고 있다는 것이다. 이와 비슷하게 예수님은 자신과 요한에 대한 어른들의 반응에서 아이들의 역할 놀이와 비슷한 특징을 찾아낼 수 있었다. 어쨌든 어린이에 대한 예수님의 관점에서 감정이입을 찾을 수 없었다.

예수님은 하나님 나라에 들어가는 방법을 구체적으로 소개했다. 그리고 어린이를 주관적 특징이 아니라 객관적으로 사회적 처지를 고려해서 제자직의 모범으로 제시했다. 예수님은 어린이가 사회적으로 열등하고 다른 사람에게 의존하고 다른 사람의 손짓과 부름을 받듯이 제자들 역시 하나님 나라에서 종으로 살아야 한다는 뜻으로 말씀했다. 하나님 나라에 들어가는 것은 자기 자신과 이익을 포기하고 낮아지는 것을 의미한다. 예수님이 구사한 아람어와 복음서를 기록한 헬라어에서 '아이'와 '종'은 같은 낱말이다. 하나님 나라의 삶은 섬김과 겸손의 삶이라서 가족이나 사회의 권력 구조에서 가장 영향력이 작은 어린이가 차지하는 자리와 다르지 않았다.

따라서 "하나님의 나라가 이런 자의 것이니라"라는 예수님의 말씀은 하나님 나라에 들어가는 사람의 유형을 말한 것이었다. 그렇다면 예수님은 어린이를 직접 거론했을까? '하나님 나라는 어린이들처럼 겸손한 자리를 차지하는 사람의 몫(그렇다고 어린이들의 소유는 아니다)'이라는 뜻이었을까? 일부 주석가는 예수님의 말씀을 이런 식으로 이해하기도 했다. 하지만 우리는 이 말씀을 전체 사건에서 드러난 예수님의 행동에 비추어서 해석해야 한다. 예수님은 어린이들을 맞아주었다. '하나님 나라가 이런 어린이들의 것(그들을 너희의 모범으로 삼아라)'이라는 뜻으로 행동한 것이다. 예수님은 말과 행동으로 어린이는 물론 하나님 나라에서 그들이 차지하는 중요성을 언급했다. 그리고 이것은 제자가 되려는 어른을 염두에 두고 있었다.

그렇다면 계속해서 "누구든지 하나님의 나라를 어린아이와 같이 받들지 않는 자는 결단코 그곳에 들어가지 못하리라"는 예수님의 말씀은 무슨 뜻일까? 일부는 "누구든지 어린아이를 받들듯이 하나님 나라를 받들지 않으면 결코 그곳에 들어가지 못한다"는 뜻으로 해석했다. 이것도 가능하지만 하나님 나라는 어린아이와 같은 방식으로 받아들여야 한다는 주장에 비해 설득력이 떨어진다. 이것은 또 다른 질문으로 이어지는데 여기서 말하는 어린아이 같다는 것은 무엇을 가리킬까?

예수님은 다른 교훈에서 두 마음을 품는 것과 자신을 따르는 데 필수적인 한 가지에 집중하지 못하는 것을 비판했다. 어쩌면 이 경우에 예수님이 어린이를 모범으로 제시하면서 칭찬한 자질은 그 반대, 그러니까 무슨 일에든 주저하지 않고 전적으로 집중하는 어린아이와 같은 능력일 것이다. 마태복음에는 이런 말씀이 없지만 마태복음 18장 3절에 비슷한 내용이 나온다.

복음서 저자들은 이 사건을 자신들이 서술하는 일화의 맥락에 배치해서 해석한다. 공관복음서에는 이 장면 바로 뒤에 계명을 지켰다고 확신하면서도 잃을 게 너무 많아 예수님을 따르지 못하는 어느 부자 이야기가 나온다(마 19:16-30, 막 10:17-31, 눅 18:18-30). 이 사내는 재산, 소유, 권력에 얽매이지 않는 어린이들과 대조적이다. 따라서 예수님의 축복을 받는 어린이들과 예수님을 따르지 못하는 부자라는 두 장면은 서로 강조하고 대조하는 역할을 한다.

게다가 마태와 마가는 이 이야기 초반에 결혼과 이혼에 관한 예수님의 말씀(마 19:1-12, 막 10:1-12)을 소개한다. 이것은 가정(결혼-자녀-소유)에 대한 예수님의 교훈을 요약하려고 했기 때문일 수 있다. 이런 식으로 예수님의 가르침을 함께 엮은 것은 초기 그리스도인들이 교회 안에서 어린이에게 독립적인 지위를 부여하지 않고 기독교 공동체의 구성원 가운데 일부로 간주했다는 뜻일지 모른다.

마태와 마가는 '어린이' 라는 주제를 '가정과 가족' 이라는 제목 밑에 배치한다. 이것은 초대 교회의 일반적인 접근 방식이었던 것 같은데 다음 장에서 다시 살펴보게 된다. 반면에 누가는 바리새인과 세리 비유(눅 18:9-14)로 이야기를 시작한다. 누가의 말대로 "자기를 의롭다고 믿고 다른 사람을 멸시하는 자들"을 겨냥했다. 예수님은 이런 방식으로 바리새인과 다르게 어린이는 세리처럼 다른 사람에게 내세울 선행이나 장점이 없다는 사실에 주목하게 만든다.

적어도 2세기 말부터 이 구절, 특히 "어린아이들이 내게 오는 것을 용납하고 금하지 말라"는 말씀은 유아 세례를 정당화하는 근거로 받아들여졌다. 예수님 사역에서는 맥락상 거의 무관하다. 하지만 마가복음과 다른 복음서 저자들이 기록으로 남길 때 이미 유아 세례의 관습을 염두에 두었고 그 말씀을 유아 세례를 정당화하는 근거로 받아들였을 수도 있다. 물론 복음서 저자들이 예수님의 말씀을 이런 식으로 받아들일 수 있었는지에 대한 우리의 결정은 유아 세례의 기원에 대한 견해, 그러니까 교회가 시작될 때부터 유아 세례가 존재했는지 아니면 훨씬 뒤에 생겨났는지에 따라 달라진다. 이 주제는 나중에 4장에서 검토할 것이다.

하나님 나라의 삶

예수님이 하나님 나라에서 차지하는 어린이의 중요성을 언급했던 또 다른 내용은 다음과 같다.

> "가버나움에 이르러 집에 계실새 제자들에게 물으시되 너희가 길에서 서로 토론한 것이 무엇이냐 하시되 그들이 잠잠하니 이는 길에서 서로 누가 크냐 하고 쟁론하였음이라. 예수께서 앉으사 열두 제자를 불러서 이르시되 누구든지 첫째가 되고자 하면 뭇 사람의 끝이 되며 뭇 사람을 섬기는 자가 되어야 하리라 하시고 어린아이 하나를 데려다가 그들 가운데 세우시고 안으시며 제자들에게 이르시되 누구든지 내 이름으로 이런 어린아이 하나를 영접하면 곧 나를 영접함이요. 누구든지 나를 영접하면 나를 영접함이 아니요. 나를 보내신 이를 영접함이니라. …또 누구든지 나를 믿는 이 작은 자들 중 하나라도 실족하게 하면 차라리 연자 맷돌이 그 목에 매여 바다에 던져지는 것이 나으리라"(막 9:33-37,42, 참조 마 18:1-7, 눅 9:46-8, 17:1-2).

여기서 쟁점은 예수님 제자 가운데 누가 가장 높은가 하는 것이다. 마가는 이것을 우선순위에 대한 직접적인 다툼으로 표현하지만 마태는 '천국에서'라는 표현을 추가해서 조금 더 영적인 어조로 표현한다. "천국에서는 누가 크니이까"(마 18:1). 현재 지위(마가)와 다가오는 나라에서의 지위(마태)에 대한 첨예한 관심은 명예에 대한 일반인(어쩌면 특히 남성)의 관심뿐 아니라 특히 1세기 초 팔레스타인의 종교 생활이라는 맥락에서 이해할 수 있다.

사해 부근 쿰란에서 문서 기록이 발견된 예수님 시대에 번창한 종교 공동체는 구성원 간의 계급과 지위 문제에 아주 관심이 많았다. 이 공동체는 상당히 체계적이고 위계적인 조직이었고 문서 하나에는 "누구도 제비뽑기로 배정된 자리보다 높아질 수 없다"라는 기록이 있다. 공동체 규칙은 그들이 현재의 위계질서를 다가올 왕국의 위계질서에 대한 기대감으로 여겼음을 시사한다. 따라서 지위에 관한 제자들의 질문은 그들이 현재와 도래하는 왕국에서도 예수님 중심으로 형성되는 공동체 내부에 유사한 위계적 순위가 있다고 가정했다는 것을 보여준다.

예수님의 대답은 이런 추측을 확실하게 일축하고 전혀 다른 유형의 위대함에 대한 비전을 제시한다. 그런데 마가와 마태는 이 말씀에서 상호보완적인 의미를 끄집어낸다. 마가는 지극히 보잘것없는 사람을 대할 때 위대함이 어떻게 드러나는지, 마태는 어린이가 제자들에게 어떻게 모범이 되는지 집중해서 거론한다. 따라서 둘의 설명을 개별적으로 검토할 필요가 있다.

마가복음의 경우에 이 말씀은 제자직의 의미에 관한 예수님의 교훈 안에 들어가 있다. 예수님은 하나님 나라에서 첫째가 되려면 끝이 되어야 한다고 말씀하시고 나서 아이를 데려왔다. 그러고는 아이를 껴안으면서 자기 이름으로 그런 아이를 영접하는 것을 놓고 계속 말씀하셨다. 주제는 여전히 하나님 나라에서 누가 높은가 하는 것이지만 마가는 이 말씀을 통해 진정한 위대함은 세상이 볼 때 중요하지 않은 사람을 그리스도의 이름으로 영접하는 데 있음을 강조한다. 여기서 '영접하는 것' 은 누군가를 섬기고 필요를 살핀다는 것을 뜻하고 아이를 약하고 무력한 자의 전형적 사례로 간주하는 것 같다. 예수님은 자신의 이름으로 아이를 영접하면 자기를 영접하는 것이고 예수님을 영접하는 것은 자신을 보낸 하나님을 영접하는 것이라고 말씀의 의미를 확장했다.

우리는 이 말씀을 유대인의 중재법에 비추어서 이해할 수도 있다. 랍비의 속담에는 "어떤 사람의 대리인은 그 자신과 같다"라는 말이 있다. 권한을 위임받은 대리인이나 대표자를 위임한 사람처럼 대접하고 대우해야 했다. 이것은 유대인 사회에서 오랫동안 발전하고 널리 인정된 측면이었던 것 같다. 먼 거리에 소식을 주고받기 어려울 때 주인 대신 권한을 전적으로 위임받아 행사한 고대 셈족의 풍습에서 발전했다. 아브라함의 종이 주인 대신 이삭의 약혼을 처리했던 게 한 가지 사례다(창 24장). 대리인에게 보여준 존경은 위임한 인물에게 보여준 것이었다. "누구든지 내 이름으로 이런 어린아이 하나를 영접하면 곧 나를 영접함이요. 누구든지 나를 영접하면 나를 영접함이 아니요. 나를 보내신 이를 영접함이니라"는 말씀을 통해 예수님은 이 중재법 또는 풍습을 묘사한 것이다.

여기서 우리가 검토하는 구절을 이런 관점에서 보면 예수님 자신의 신분, 즉 자기를 보낸 분의 대리인이나 대표자로서 역할이 확연해진다. 그러면서 그 구절은 예수님이 어린이들에게 부여했던 중요성을 함께 강조한다. 제자들은 어린이를 (그들의 생각처럼) 사회에서 가장 작은 존재가 아니라 스승이 선택한 대리자로 상대해야 한다는 게 드러난다. 예수님은 여기서 주인을 대신하는 대리인의 권한에 주목하지 않는다. 오히려 자기 이름을 대표하도록 주인이 선택한 이들을 대할 때 보여주어야 할 명예, 존중, 보살핌의 의무를 지적한다.

제자들은 그리스도의 이름으로 한 아이를 맞이할 때 마치 그리스도를 직접 영접하듯 존경과 관심으로 대해야 했다. 위임받은 대리인을 당사자처럼 명예롭게 영접하듯이 제자들은 어린이를 그리스도의 위임받은 대리인으로 간주하고 영접하지 않으면 안 된다. 양과 염소의 비유(마 25:31-46)에서도 약자를 섬기는 게 갖는 심오한 중요성을 비슷하게 강조한다. 마지막 날에는 약하고 궁핍한 이들을 섬긴 게 예수님을 직접 섬긴 것으로 밝혀질 것이다.

예수님의 '이런 어린아이'로 시작해서 '믿는 이 작은 자들'로 끝나는 마가복음 9장의 본문은 복음서에서 어린이와 관련해서 가장 첨예한 질문 하나를 제기한다. 예수님이 문자 그대로 어린이에 대해 어느 정도까지, 어떤 장소에서 말씀했고, 그리고 또 다른 집단에 해당하는 사회적으로 가난하거나 약하고 보잘것없는 추종자들에게 '아이'의 이미지를 얼마나 구사했을까? 우리는 이 구절이 제기하는 중요한 질문에 주목해야 한다.

일부 학자는 예수님이 어린이에 대해 이런 식으로 말씀한 것 같지 않다고 생각한다. 특히 어린이를 '영접' 하거나 '어린아이' 를 걸려 넘어지게 한다는 말씀에서 예수님은 아이의 이미지를 빌려서 성인 제자들을 은유적으로 말한 게 분명하다. 신학자들은 초대 교회에서 제자들을 '어린이' 라고 부른 것에 주목했다(children, 요일 4:4, 5:21, NIV 영어성경).

마태복음 10장 42절에서 '어린아이' 라는 표현이 성인을 특정하듯이 사용된 사실 역시 관심을 끌었다. "또 누구든지 제자의 이름으로 이 작은 자 중 하나에게 냉수 한 그릇이라도 주는 자는 내가 진실로 너희에게 이르노니 그 사람이 결단코 상을 잃지 아니하리라." 이 구절에서 예수님은 선교를 지시했기 때문에 '영접' 은 '순회하는 제자를 집으로 데려가는 것' 을 의미해야 한다. 따라서 이 '작은 자' 가 어린아이일 가능성은 거의 없다. 이러한 관찰을 통해 학자들은 '작은 자', 그리고 어쩌면 어린이에 대한 말씀의 주된 관심은 제자나 예수님의 사역에 반응하는 가난한 사람이 대상이지 신체적인 아이가 전혀 아니라는 결론을 도출했다.

따라서 마가복음 9장과 마태복음 18장의 도입부에 등장하는 특정한 아이는 곧장 배경으로 사라지고 '소자' 는 성인 제자들이었다는 게 주석가들의 공통된 의견이다. 복음서의 '어린이' 는 사실 '어른' 을 의미한다는 학자들의 확신은 다른 구절의 해석에도 영향을 미쳤다. 마태복음 11장 25절과 누가복음 10장 21절에서 영어 성경 번역자들은 문자적으로 '어린아이들' 을 뜻하는 그리스어 네피오이

(nepioi)를 '순진한 사람들'로 옮겼다. "천지의 주재이신 아버지, 이것을 지혜롭고 배운 자들에게는 숨기시고 순진한 자들에게는 나타내심을 감사하나이다." 이 번역자들은 주석가들 대부분이 예수님의 의도라고 간주하는 것, 그러니까 중요한 진리('이것')가 지혜롭고 배운 사람에게는 감추어지고 지혜나 학식이 없는 이들에게는 드러나 있음을 부각하려고 했다. 아마도 유대와 갈릴리 사회에서 명성을 누린 율법 교사들과 대조를 이루려는 의도였을 것이다.

하지만 "하나님의 나라가 이런 자의 것이니라"라는 말씀에서 우리는 사실 예수님이 누구보다 어린이를 염두에 두고 거론했을 가능성을 인정해야 한다. 그 이유는 이야기의 맥락에 맞추어 해석해야 하기 때문이다. 따라서 진리를 '어린아이들'에게 드러냈다는 말씀과 함께 예수님이 성전에 들어가 장사꾼과 환전상을 쫓아냈을 때 대제사장들과 서기관들은 분개했지만 "호산나 다윗의 자손이여"라고 외치며 환호했던 게 아이들이었다는 것을 알 수 있다(마 21:15). 마태는 지혜롭고 배운 자들에게는 진리를 숨겼으나 어린아이들에게는 드러낸 사건, 그러니까 마태복음 11장 25절에서 제기한 문제를 신중하게 연결한다.

예수님 말씀과 일화에서 어린이가 약함, 연약함 또는 무기력의 상징으로만 등장했었다면 어린이에 대한 주요 관심을 성인 제자의 삶을 강조하는 비유의 수단으로 간주한 어떤 강력한 사례가 존재했을 것이다. 그런데 어린이가 예수님 말씀에 다수 등장했어도 실제로는 관심의 초점이 아니었다. 이미 설명했듯이(마 11:16-19) 예수님은 아이들 놀이의 분위기에 주목했다.

누가복음 11장 7절에서는 밤중에 문에 다가가지 않으려는 집주인의 말씀으로 몸을 부대끼며 살아가는 가난한 가정의 친밀함을 보여준다. "문이 이미 닫혔고 아이들이 나와 함께 침실에 누웠으니." 기도에 관한 말씀 역시 그렇다. "너희 중에 누가 아들이 떡을 달라 하는데 돌을 주며 생선을 달라 하는데 뱀을 줄 사람이 있겠느냐. 너희가 악한 자라도 좋은 것으로 자식에게 줄 줄 알거든 하물며 하늘에 계신 너희 아버지께서 구하는 자에게 좋은 것으로 주시지 않겠느냐"(마 7:9-11과 눅 11:11-13은 다르지만 병행 구절이다).

아이와 부모의 가족 관계는 예수님이 제자직의 삶을 제시하는 데 있어서 핵심이었다. 예수님이 기도에 가족의 용어를 구사한 것은 우연이 아니다. 하나님을 '아바'(Abba)라고 불렀고 제자들에게도 그렇게 하도록 가르쳤다. 이것은 영어로 '아빠'라고 부를 때 느껴지는 유치함과는 전혀 달랐고 가족의 친밀감을 아주 확실하게 담고 있는 낱말이었다.[4] 제자들은 그런 기도의 표현을 통해 스스로 하나님의 자녀로 행동했다.

어린이들은 예수님의 관심을 사로잡았다. 어린이에 대한 언급, 어린이와의 만남, 어린이 세계에서 끌어낸 이미지는 예수님의 사역을 놀랍도록 완성했다. '소자'와 '어린아이'라는 용어는 성인 제자들까지 포함한 의미일 수 있지만 예수님은 실제 어린이들을 간과하지 않았다. 복음서에서 어린이에 대한 예수님의 말씀을 제시하는 방식을 보면 복음서 저자들이 예수님의 말씀을 전하면서 주로 어른의 생활방식에 관심을 가졌다는 인상을 준다. 하지만 예수님 자신은 어린이들에게 특별한 의미를 부여했다.

따라서 우리는 '소자'와 실제 어린이를 연결할 이유가 있다면 그렇게 하는 게 당연하다고 생각할 수 있다. 마가복음 9장이 거기에 해당한다. 사도 마가는 아이를 영접하는 이야기를 하고 나서 제자가 아니면서 예수님의 이름으로 귀신을 내쫓는 사내의 일화를 이어간다(막 9:38-41). 예수님의 이름을 사용하고 그 이름으로 사람들을 영접하는 주제를 전개한다.

그런데 42절에서 마가는 어린이에 대한 주제로 되돌아와 '작은 자들 중 하나라도 실족하게' 만드는 것을 거론하는 예수님 말씀에 주목하는데 이것은 믿음과 제자직에서 걸려 넘어지거나 흔들리는 것을 가리킨다. 예수님은 이것이 심각한 문제라고 강조하고는 제자의 실족에 대한 책임을 놓고 일련의 경고를 계속한다(막 9:43-50). 우리는 예수님이 어린이를 전체적으로 진지하게 대했고 어린이와 어린이의 신앙에 일어나는 일이 하나님 나라에 속한 사람에게 중대한 문제인 것을 거듭 알 수 있다.

누가는 어린이 하나를 '자기 곁에'(눅 9:47) 세웠다는 말씀을 가지고서 서로의 일체감을 강조했다. 아울러서 누가는 "누구든지 나를 영접하면 곧 나를 보내신 이를 영접함이라"(눅 9:48)라는 예수님의 말씀으로 특정 어린이를 지칭했다는 것 역시 분명히 했다.

마태는 자료를 달리 구성했다. 마태복음에서는 예수님이 말씀에 앞서 아이를 제자들 앞에 세운다. 아이는 일종의 시각적 보조 장치 역할을 한다.

> "이르시되 진실로 너희에게 이르노니 너희가 돌이켜 어린아이들과 같이 되지 아니하면 결단코 천국에 들어가지 못하리라. 그러므로 누구든지 이 어린아이와 같이 자기를 낮추는 사람이 천국에서 큰 자니라"(마 18:3-4).

마태는 이 말씀을 그리스도인 공동체의 내부 규율 맨 앞에 배치했다(마 18장). 이 맥락에서 어린이는 모든 제자, 특히 리더로 부름을 받은 제자들에게 귀중한 모범이 된다. 제자직은 종과 비슷한, 어린이 같은 사회적 역할을 자발적으로 맡는 것을 포함한다. 이렇게 하려면 우리 삶의 일반적인 가치관을 뒤집을 필요가 있다. 어린이는 제자들이 하나님 나라에서 가장 큰 자가 되고자 하면 가장 작은 자가 되어야 한다는 역설적 삶을 깨닫게 도와준다.

그래서 제자들은 하나님 나라에서 누가 가장 큰 사람인가에 대한 그들의 첫 질문이 얼마나 어리석은 것인지도 알 수 있다. 이 역설은 "누구든지 첫째가 되고자 하면 뭇 사람의 끝이 되며 뭇 사람을 섬기는 자가 되어야 하리라"(9:35)는 마가복음의 구절이나 "모든 사람

중에 가장 작은 그가 큰 자니라"(9:48)는 누가복음의 구절에 잘 드러나 있다. 마태가 공동체에 대한 예수님의 가르침을 설명한 것과 쿰란 공동체는 확연하게 대조적이다. 예수님의 제자는 지위와 위계로 생각할 게 아니라 돌이켜 어린아이처럼 되는 것이다.

마태는 귀신을 내쫓는 사람의 일화를 다루지 않는다. 제자직에 관한 가르침의 목적과 어울리지 않기 때문이다. 그래서 예수님의 이름으로 '어린아이 하나를 영접' 하는 것(마 18:5)에서 '믿는 이 작은 자 중 하나를 실족하게' 만드는 것(마 18:6-9)으로 교훈을 이어나간다. 그런 다음에 마태는 자신의 복음서에만 등장하는 구절을 소개한다. "삼가 이 작은 자 중의 하나도 업신여기지 말라. 너희에게 말하노니 그들의 천사들이 하늘에서 하늘에 계신 내 아버지의 얼굴을 항상 뵈옵느니라"(마 18:10).

예수님 당시 유대 사회에서 천사에 대한 믿음은 흔한 일이었다. 여기서 언급한 특정 신앙은 저마다 자신과 닮은 천사가 있다는 생각을 가리키는 것 같다(행 12:15 참조). 그렇다면 마태복음 18장 10절에 나오는 예수님의 말씀은 어린이의 천사가 하나님을 직접 바라보는 가장 높은 지위에 있다는 뜻이다. 어린이의 가치와 존귀함은 어린이를 대표하는 천사들의 고귀한 지위에서 알 수 있다. 그들을 경멸하거나 거의 무가치한 존재로 간주해서는 안 된다. 어린이에 대한 진실은 정반대이다. 하나님의 관점에서 그들의 가치는 과장할 수 없다.

어린이와 제자

어린이는 하나님 나라에 속한 제자직의 모범을 상징했다. 소유나 편견에 구애받지 않으니 지혜로운 사람에게 숨겨진 것을 볼 수 있었고(마 11:25, 21:15), 사회적 지위가 낮아서 하나님 나라에서의 삶의 모범을 보여주었으며(마 18:1-4), 약하고 연약했기 때문에 무엇보다도 제자들이 갖는 관심의 초점이 되어야 했다(막 9:36 이하, 마 18:10).

제자들은 어린이에 대한 예수님의 생각을 공유할 수 없었다. 아이들을 예수님에게 데려오는 것을 막으려 했고, 아이들을 데려온 사람들을 책망했다(막 10:13). 여기에는 어린이의 사회적 지위를 낮게 평가하는 제자들 주변의 문화가 반영되었다. 제자들이 예수님에게 배운 것 중 하나는 어린이를 대하는 태도였다.

어린이에 대한 상당히 긍정적인 예수님 말씀에 주목하면 놀랍게도 어린이와 제자직에 관한 훨씬 더 강력한 교훈을 발견하게 된다. 앞서 살펴보았듯이 하나님 나라를 어린이처럼 받아들이라는 말씀에 이어서 재산에 짓눌려 예수님을 따르지 못한 부자의 일화가 나온다(막 10:17-22, 마 19:16-22, 눅 18:19-23). 그 사내가 떠나고 난 뒤에 부유함과 제자직에 관한 대화가 계속된다. 베드로는 제자들이 예수님의 교훈을 어떻게 감당했는지 요약한다.

"베드로가 여짜와 이르되 보소서 우리가 모든 것을 버리고 주를 따랐나이다. 예수께서 이르시되 내가 진실로 너희에게 이르노니 나와 복음을 위하여 집이나 형제나 자매나 어머니나 아버지나 자식이나 전토를 버린 자는 현세에 있어 집과 형제와 자매와 어머니와 자식과 전토를 백 배나 받되 박해를 겸하여 받고 내세에 영생을 받지 못할 자가 없느니라(막 10:28-30, 참조 마 19:27-9, 눅 18:28-30).

여기서 자식(아이들)은 예수님과 복음 때문에 '포기할' 수 있는 관계와 책임 안에 등장하는데 더 이상한 것은 현세에서 백 배로 되돌려받는다는 점이다. 마태와 누가는 이 말을 다소 달리 표현하고 있지만 세 복음서 저자들의 포기를 주제로 한 목록마다 한결같이 '자식' 이 등장한다.

이것은 복음서 저자들이 그 직전에 어린이에 대해 언급한 내용을 냉담하게 거부했다는 게 아니다. 일부에서는 실제로 예수님이 가족과 친밀하지 않았다고도 생각하지만 이런 식의 결론은 이 구절을 비롯한 몇 가지 두드러진 말씀을 따로 고려해야 가능하다. 예수님의 사역, 말과 행동, 비유에서 선택한 이미지, 자식과 부부의 도리에 대한 강조를 전체적으로 고려하면 다른 그림이 등장한다. 복음서의 전반적인 내용에 비추어 볼 때 우리는 예수님이 가족을 파괴하거나 자녀를 가족이라는 삶의 틀에서 추방하려고 하지 않았다는 것을 인정하지 않을 수 없다.[5]

그렇다면 우리는 이 말씀을 어떻게 받아들여야 할까? 예수님의 사역이라는 더 광범위한 맥락에서 읽으면 예수님이 마지막 날에 있을 무서운 재난의 징조 중 하나로 거론했던 자녀와 부모의 불화를 부추기려는 의도가 아니었다는 결론을 내릴 수밖에 없다(막 13:12). 이와는 대조적으로 누가복음의 탄생 일화에서 천사는 세례 요한의 아버지 사가랴에게 요한이 아버지와 자식을 화해시켜 말라기의 예언을 성취할 것이라고 말하고(눅 1:17), 예수님은 마가복음(7:9-13)에서 성인 자녀가 부모를 돌보는 효도의 의무를 회피할 수 있게 허용했던 바리새인들을 책망한다. 오히려 마가복음 10장 28절부터 30절은 예수님을 뒤따르라는 가장 중요한 명령을 강조한다.

이 명령은 누구에게 주어진 것일까? 이것은 제자 전부가 아니라 베드로처럼 예수님의 순회 사역을 따르기 위해 문자 그대로 집과 소유를 포기한 사람들을 안심시키기 위한 것일 수 있다(베드로는 생계를 오래전에 포기했다, 막 1:18). 그런데 주어가 '우리'에서 '누구든지'로 바뀌었으니 어쩌면 예수님을 따르는 추종자 모두를 고려한 것일 수 있다.[6] 아마도 여기서 부름은 잠재적인 제자가 안전과 안녕을 위해 자신에게 의존하는 사람들을 버리기보다는 그가 의존하는 안전한 자원과 관계망을 떠나라는 것일지 모른다.

우리는 자녀를 주로 의존자로 생각하지만(예수님 시대에도 그랬던 것처럼, 마 7:9-11), 자녀는 미래의 부양자이기도 하고, 심지어 부모를 위한 현재의 부양자가 될 수도 있다(막 7:9-13 참조). 예수님을 따르기 위해 이 시대의 자원을 전부 포기하면 현세에서 역시 보상받을 수 있다(마태복음은 이 세상의 보상에 대해서는 덜 구체적이지만 다가올 세상에서 열두 제자의 처지에 대해서는 한층 생생하게 묘사한다).

누가복음 14장에는 비슷하지만 조금 더 급진적인 말씀이 나온다. “무릇 내게 오는 자가 자기 부모와 처자와 형제와 자매와 더욱이 자기 목숨까지 미워하지 아니하면 능히 내 제자가 되지 못하고”(26절) 여기서 언급된 ‘미워하다’는 강한 선호를 표현하는 것으로 하나를 사랑하면 다른 것을 미워하게 된다는 뜻이다. 마태는 이 말씀의 의미를 아주 정확하게 파악했다. “아버지나 어머니를 나보다 더 사랑하는 자는 내게 합당하지 아니하고 아들이나 딸을 나보다 더 사랑하는 자도 내게 합당하지 아니하며”(마 10:37)

이 말씀의 급진적인 주장은 어쩌면 마가복음 3장 31~35절과 비교해 보면 가장 잘 드러난다.

“그때에 예수의 어머니와 동생들이 와서 밖에 서서 사람을 보내어 예수를 부르니 무리가 예수를 둘러앉았다가 여짜오되 보소서 당신의 어머니와 동생들과 누이들이 밖에서 찾나이다. 대답하시되 누가 내 어머니이며 동생들이냐 하시고 둘러앉은 자들을 보시며 이르시되 내 어머니와 내 동생들을 보라 누구든지 하나님의 뜻대로 행하는 자가 내 형제요 자매요 어머니이니라”(막

3:31-35, 참조 마 12:46-50, 눅 8:19-21).

예수님은 단순한 개인의 모임이 아니라 새로운 공동체를 창조하고 있다. 예수님 자신이 그랬듯이 그를 따르는 이들은 그 공동체 안에서 자신이 떠난 가정보다 더 크고 새로운 가족을 발견하게 될 것이다. 그들이 거처할 집도 많을 것이고(일시적일지라도, 막 6:10 참조), 그들이 먹을 음식은 여러 밭에서 나올 것이다(눅 10:7 이후 참조). 어린이들은 그 새로운 공동체의 일부다.

여기서 우리는 예수님 사역의 중요하면서도 어려운 한 가지, 그러니까 가족이 차지하는 위치의 상대화를 접하게 된다. 예수님 사역의 배경이 된 유대 환경에서는 가족과 친척의 권리가 무엇보다 중요했다. 개인은 삶의 자리를 규정하는 관계망에 편입되어 있었다. 사람들은 인생을 자유롭게 떠다니지 않고 태어난 친족 관계의 틀 안에 자기 자리를 배치했다.

예수님은 이런 사회에서 생활하는 사람들에게 도전했다. 만연한 개인주의가 아니라 일반적으로 인간의 삶을 지배하는 다양한 의무와 보상이 주어지는 가족보다 훨씬 더 중요하고 새로운 집단의 창조를 선포했다. 결국 예수님은 결혼하거나 자녀를 갖지 않음으로써 당시 유대 사회의 거의 보편적 관습을 깨뜨리면서 사역을 개척했다. 유대 사회에서 이런 포기는 전례가 없지 않았으나 확실히 급진적이었다.[7)]

예수님의 추종자들은 여기서 도전에 직면했다. 그들은 새로운 공동체에 대한 비전을 어느 정도나 현실화할 수 있을까? 삶을 구성하는 친족 집단과 가정을 얼마나 유지하고 이런 사회 단위를 어떤 방식으로 활용할 수 있을까? 이런 질문에 대한 대답은 다음 장에서 또다시 다루게 될 초대 교회 이야기에서 확인할 수 있다.

어린이와 부모

이미 우리는 이 장에서 예수님의 말씀을 복음서 일화를 중심으로 다양하게 해석했다. 예수님이 가족을 상대화한 것의 실제적인 중요성을 고려해서 다시 한번 이런 작업을 시도해 볼 필요가 있다. 예수님은 어린이를 환영하고 모범으로 칭찬하고 돌봄의 대상으로 거론하기는 했어도 어린이들에게 직접 말을 걸어본 기록이 복음서에 없기 때문이다. 야이로의 딸에게 했던 두 마디의 치유 말씀(막 5:41)을 제외하고 복음서 저자들은 누구도 예수님이 어린이에게 건넨 말이나 가르침을 기록하지 않았다. 예수님이 아이들과 관계를 맺는 일반적인 방법은 부모를 통해서였다.

부모들은 예수님의 축복을 기대하고 아이들을 데려온 사람들로 추정된다(막 10:13, "사람들이 예수께서 만져 주심을 바라고 어린아이들을 데리고 오매"). 그리고 예수님은 어린이를 상대할 때마다 언제나 부모에게 말했다. 예수님은 친족이나 가족의 요구를 상대화했음에도 불구하고 어린이를 가족 환경과 분리하지 않았다.

복음서의 일화에서 부모의 관심은 주로 어린이에게 집중한다. 앞 장에서 살펴본 것처럼 1세기 사회에 만연한 높은 유아 사망률과 질병을 고려하면 이것은 당연한 일이다. 능력 있는 치유자이면서 귀신을 내쫓기로 이름난 거룩한 교사를 찾아다닌 사람이 많았을 것이다.

마가복음에서 곤경에 처한 아이가 처음 등장하는 것은 야이로의 딸 이야기이다. 회당장 야이로는 예수님에게 어린 딸을 고쳐 달라고 간청했다(막 5:21-24, 35-43, 마 9:18 이하, 23-26, 눅 8:40-42, 49-56). 예수님이 집에 도착하자 곡하는 사람들은 아이가 죽었다고 확신했으나 복음서 기자들의 이야기처럼 독자는 "이 아이가 죽은 것이 아니라 잔다"라는 예수님의 말씀을 문자 그대로 받아들이는 것 역시 가능하다.

예수님은 아이의 아버지에게 믿음을 요구하고, 이어서 부모와 베드로, 야고보, 요한과 함께 아이가 있는 방으로 들어갔다. 아이를 일으키는 것(또는 치유하는 것)은 간단하게 이루어졌다. 예수님은 아이의 손을 잡고 말했다. 마가는 아람어 '달리다굼'을 기록한 다음에 독자들이 일종의 마법 주문으로 생각할 경우를 대비해서 곧장 번역했다. "소녀야 일어나라." 소녀는 일어나서 부모에게 안겼다.

얼마 뒤 마가복음에는 어린 딸이 부모의 요청에 다시 등장한다. 이번에 예수님에게 도움을 요청한 것은 이방인 어머니였는데 소녀는 '더러운 귀신'(막 7:24-30, 마 15:21-28) 때문에 고통을 겪고 있었다. 야이로의 사건과 달리 예수님은 기꺼이 도와주기는커녕 꺼리는 모습을 보였다. 예수님이 '배불리 먹게' 할 '자녀들'은 이스라엘 사람이었다. 예수님은 아주 구체적으로 표현했다. "자녀로 먼저 배불리 먹게 할지니 자녀의 떡을 취하여 개들에게 던짐이 마땅치 아니하니라"(막 7:27). 그런데 괴로움을 겪는 어머니는 준비된 답변을 제시했다. "주여… 상 아래 개들도 아이들이 먹던 부스러기를 먹나이다"(막 7:28). 이 믿음의 간구 덕분에 예수님은 요청을 들어주었고 소녀는 고통에서 풀려났다.

마가복음에 나오는 세 번째 어린이 치유 사건은 더러운 귀신에게서 구해달라고 아버지가 예수님의 제자들에게 접근한 소년의 이야기이다(막 9:14-29, 마 17:14-21, 눅 9:37-43). 예수님은 또다시 부모에게 믿음의 고백을 끌어낸 후(막 9:24) 소년을 곤경에서 구해주었다(막 9:25-27). 야이로의 딸과 마찬가지로 사람들은 그 아이가 죽었다고 생각했으나 예수님은 손을 잡고 일으켜 세웠다.

마태복음(8:5-13)과 누가복음(7:1-10), 요한복음(4:46-54)에는 가버나움의 어느 장교의 가족 한 명을 치유한 이야기가 나온다(실제로 요한복음의 경우에는 같은 이야기의 다른 형태이지 일부 학자의 결론처럼 전혀 다른 이야기가 아닐 수도 있다). 누가복음은 병자를 '종'으로, 요한복음은 '아들'이지만 마태복음은 하인이나 아이를 의미하는 파이스(pais)라고 애매하게 부른다. 요한과 마태는 이것을 아이의 치유로 확신하거나 가능성이 있는 것으로 보았다. 다시 말하지만 마가복음의 사건처럼 아이를 대변하고 아이를 대신해서 믿음을 행사하는 것은 어른, 즉 가장이다.

마지막으로 복음서에 나오는 어린이와 관련된 사건 목록에는 나인 성의 과부 아들을 살린 사건이 있다. 이 일화는 누가복음에만 나오고 가버나움의 '종' 이야기 다음에 곧장 등장한다(눅 7:11-17). 이 사건에서 아들이 믿음을 발휘하는 게 분명하지만 예수님이 소년이 아닌 과부(눅 7:13)를 불쌍하게 여기고 있는 게 중요하다.

치유나 귀신을 내쫓는 이런 사건에서 복음서 저자들은 어린이들이 예수님과 만나 직접 말하기보다는 누군가 대신 말하는 것으로 묘사한다. 어른이 귀신을 내쫓거나 치유를 위해 예수님을 만나는 일반적인 형태에서는 치유를 구하는 당사자가 예수님에게 말한다(항상 그런 것은 아니지만, 막 2:1-5 참조). 하지만 어린이들과 예수님의 만남은 예외 없이 부모가 대신해서 접근하고 예수님은 어린이를 위해 부모에게 응답한다. 복음서에서 예수님은 여러 차례 어른에게 믿음을 보이라고 요구하거나 믿음이 있다고 칭찬하거나 아니면 믿음이 없다고 비난했다. 어떤 경우에도 어린이에게 또는 어린이에 관해 이렇게 말한 적이 없었다.

예수님과 어린이 사역

따라서 우리는 어린이를 상대로 한 예수님의 사역에서 균형 잡힌 두 가지 특징을 확인할 수 있다. 한편으로 아주 놀랍게도 예수님은 하나님 나라가 어린이들의 몫이고 어른들은 어린아이처럼 되어야 하나님 나라에 들어갈 수 있다고 말했다. 반면에 부모를 배제한 채 어린이들만 따로 접촉한 기록은 아예 없다.

여성과 어린이에 대한 예수님의 접근 방식은 비슷하다. 예수님은 두 집단 가운데 사회적으로 소외된 사람들을 만났다("먹은 사람은 여자와 어린이 외에", 마 14:21). 예수님은 여성이나 어린이를 비하한 적이 없었고 복음서에서도 유대인과 이방인을 막론하고 동시대 많은 사람이 자주 사용했던 여자나 어린이를 비하하는 말을 찾아볼 수 없다. 하지만 예수님이 여성과 어린이를 대하는 태도에는 차이가 있다. 예수님은 남자들과 마찬가지로 여자들에게도 말씀하셨고 제자들 가운데 여자를 포함하고 제자로 불렀다. 어린이에 대해서는 이런 언급을 하지 않았다. 어린이에게 직접 말하지 않았고 제자로 부르지도 않았다. 하나님 나라의 도래는 아이들을 어른으로 만든 게 아니라 그들의 어린 시절을 긍정했다.

자기 자신과 소유를 포기하도록 요구받고, 믿음이 부족하거나 영적으로 눈이 멀었다고 책망받고, 믿음을 갖도록 요구받고, 십자가를 지라는 도전을 받은 것은 어른들이었다. 우리가 개인적으로 모두 성장했다고 간주할 수 있는 어른들은 하나님 나라에서 제자, 그러니까 '학습자' 로 부름을 받았다. 어린이는 하나님 나라의 학습자가 되도록 부름을 받은 게 아니라 성인 학습자들이 배워야 할 모범이었다. 예수님은 어린이의 모습을 긍정했지만 어른에게는 어린이가 따라야 할 사람이 되도록 도전했다.

예수님 당시 사회에서 어린이는 가정에 종속된 존재로 인식되었다. 예수님은 그런 인식이나 어린이의 사회적 지위를 변경하려 하지 않았다. 하나님 나라는 어린이가 어른 역할을 맡아야 하는 일종의 어린이 십자군을 의미하지 않았다. 어린이는 하나님 나라에서도 여전히 어린이였고 예수님도 있는 그대로 인정해서 어린이를 가족으로부터 불러내거나 어린이라는 신분에 맞지 않는 제자직을 강요하지 않았다. 예수님은 제자들에게 어린이에 대한 특별한 관심과 배려를 당부했다(막 9:42). 예수님은 어린이들에게 놀라울 정도로 관심을 보였고 제자들도 그렇게 하도록 분명히 기대했다.

예수님을 따르는 제자들이 교회를 형성하고 제자 집단이 제도적 형태를 갖추면서 직면한 가장 큰 과제 가운데 하나는 어린이를 상대하는 태도였다. 제자들은 예수님이 어린이를 받아들였던 방식에 어떻게 충실할 수 있었고 어린이에 대한 예수님의 확실한 지지를 어떻게 표현할 수 있었을까? 이 질문에 대한 답변은 초기 교회 어린이들의 이야기에서 확인할 수 있다.

1) M. O. Wise, Languages of Palestine in J. B. Green and S. McKnight(eds), Dictionary of Jesus and the Gospels(Downers Grove: Inter-Varsity Press, 1992), p.442.
2) 이 이야기의 역사적 근거는 B. Witherington, Birth of Jesus in J. B. Green and S. McKnight(eds), Dictionary of Jesus and the Gospels, pp.60-74; R. E. Brown, The Birth of the Messiah(London: Geoffrey Chapman, 1993), pp.503-562 참조.
3) S. Safrai & M. Stern(eds), The Jewish People in the First Century, p.772.

4) James Barr, Abba isn' t Daddy, Journal of Theological Studies, 39(1988), pp.28-47 참조.

5) I. Ellis, Jesus and the Subversive Family, Scottish Journal of Theology 38(1985), pp.173-188.

6) S. C. Barton, Discipleship and Family Ties in Mark and Matthew, Society for New Testament. Monograph Series 80(Cambridge: Cambridge University Press, 1994), pp.105-107.

7) S. C. Barton, Discipleship and Family Ties in Mark and Matthew, pp.23-25.

SECTION

03

초기 교회는 어린이 교육을 어떻게 했을까?

S·E·C·T·I·O·N·3

초기 교회는 어린이 교육을 어떻게 했을까?

예수님의 추종자들은 처음 수십 년간 교회로 존재하면서 눈에 띌 정도로 조직적으로 운동을 형성하면서 아주 중대한 문제들과 맞닥뜨렸다. 신흥 종교인 자신들과 유대교의 관계, 이방인의 참여 조건, 지도력의 형태와 지위, 잘 알려진 특정 인물의 수용 가능성 등이 그랬다. 갓 출발한 교회가 직면한 현안에는 어린이를 어떻게 대해야 하는가에 관한 것도 있었다. 그런데 신약성경의 서신서와 처음 몇 세기에 걸친 문헌에서 접하는 자료의 분량을 보면 어린이와 관련된 문제는 초기 그리스도인들에게 그다지 부담되지 않은 것 같다. 그리스도인의 모임에서 어린이들과 그들의 지위는 특별한 관심사나 논읫거리가 아니었다.

따라서 초기 교회에서 어린이의 지위에 대한 그림을 재구성하려면 다양한 분야에서 대답보다는 궁금한 게 더 많다는 사실을 인정하지 않을 수 없다. 신약성경의 서신서와 2, 3세기 그리스도인의 작품을 비롯해 지금껏 존재하는 초기 교회의 문헌은 대체로 문제 중심적이다. 기독교 공동체에서 논란이 되거나 어려운 내용에 집중한다. 초창기 세대 누구도 기독교 신앙을 완벽하게 설명하거나 그리스도인의 삶과 예배의 균형 잡힌 내용을 작성하려고 하지 않았다. 따라서 어린이가 교회에서 차지하는 지위를 묻는 경우 초기 그리스도인에게는 문제가 되지 않은 것으로 보이는, 그래서 현존하는 문헌이 다루지 않았던 문제를 제기하는 것이라서 우리가 기대하는(가령, 유아 세례에 관한) 답변을 남김없이 확인하는 게 불가능하다.

그렇다고 해서 초기 교회의 어린이에 관해 도무지 파악할 수 없다는 뜻은 아니다. 본문을 추론하거나 간단히 언급한 자료를 검토하는 것은 가능하다. 여기서는 복음서를 제외한 신약성경을 중심으로 초기 교회에서 어린이의 지위를 확인할 수 있는 내용을 검토한다.

앞에서 이미 다루었듯이 가족과 친족 집단의 절대적 강조에 의문을 제기한 예수님의 새로운 공동체 선언에서 이미 암시했던 가정과 교회의 관계를 살펴본다. 우리는 추론 가능한 수준에서 사람들이 어린이를 어떻게 생각했는지, 그리고 초기 교회의 삶에서 어린이가 무슨 역할을 했는지 짚어본다. 교회가 어린이를 어떻게 상대했는지, 기독교 신앙 교육을 위해 어떤 조항을 마련했는지, 예배와 세례 및 성찬식에 얼마나 참여했는지 살펴본다. 증거 확보를 위해 신약성경의 범위를 벗어나 신약시대 이후 그리스도인의 첫 세대로 범위를 확대해서 초기 그리스도인들이 어린이를 어떻게 대했는지 검토한다. 이것은 그 자체로도 흥미로울뿐더러 신약성경의 증거 역시 일부 확인할 수 있다.

신약성경 서신과 어린이

'아이' 또는 '유아'라는 낱말은 복음서 이외에도 신약성경에 꽤 자주 등장한다. 그러나 서신서의 저자 대부분은 기독교 신자를 묘사할 때 이 용어를 썼고 권위에 대한 복종을 강조하거나 신앙이 미성숙하다는 뜻으로도 종종 사용했다.

부모와 자녀라는 표현은 편지 작성자와 수신자의 관계를 설명하는 데 이따금 썼다. 바울의 경우에는 이것을 통해 편지를 받는 대상인 회중이 자신의 선교에 따른 결과물이라는 사실을 강조했다(고전 4:14 이하, 갈 4:19, 살전 2:11). 바울의 사역으로 고린도에서 교회가 시작되었으니 그는 고린도 교인들의 '아버지'였다. 그들을 양육하는 데 아무리 많은 사람이 관여해도 이런 근본적인 사실은 바뀔 수 없었다. 바울은 다른 교사와 지도자를 노예 출신으로 어린이를 돌보는 파이다고고이(paidagogoi)라고 묘사한다. 마찬가지로 바울은 주인에게서 도망친 노예 오네시모를 자신이 갇혀 있는 동안 얻은 회심한 '아들' 이라고 부른다(몬 10절).

사도 요한은 편지 수신자를 지칭할 때 '자녀들'(헬라어로 서로 다른 두 낱말인 '테크니온'과 '파이디온')이라는 애칭을 구사한다(요일 2:1,18,28, 3:7,18, 5:21). 이런 애칭을 선택한 것은 편지를 받는 사람들에 대한 따뜻한 애정을 표현한 것이다. 요한3서 4절의 '내 자녀들'은 개종자를 의미하거나 단순히 독자들에 대한 목회적 돌봄을 의미할 수 있다. 이런 식으로 사용된 그리스도인의 자녀 이미지는 교회의 권위와 돌봄의 형식에 집중했다. 바울이나 요한은 글을 보내는 교회와의 관계에서 보면 부모와 같은 위치였다. 초기 그리스도인들 역시 관련 교인의 미숙함을 강조하면서 제자들을 아이들과 비교했다.

예를 들어 바울은 무엇보다 어린이의 이런 측면에 크게 충격을 받은 것 같다. 그는 가장 유명한 한 구절에서 어린이의 모습을 이렇게 언급한다. "내가 어렸을 때에는 말하는 것이 어린아이와 같고 깨닫는 것이 어린아이와 같고 생각하는 것이 어린아이와 같다가 장성한 사람이 되어서는 어린아이의 일을 버렸노라"(고전 13:11).

고린도전서 13장에서 바울이 주제로 삼은 것은 지금 이곳에서 겪는 놀라운 현실의 불완전한 이해와 오로지 다가오는 시대에만 주어지는 완전한 장면 간의 대조다. 이런 맥락에서 바울은 어린 시절을 불완전한 삶, 성인이 되어야 도달하게 되는 온전함과 성숙의 도래를 기다리는 단계로 묘사하고 있다.

신약성경의 서신서는 미숙함과 미발달의 개념을 연결하는 유용한 은유로 유아기를 사용하기도 한다. 아기 또는 유아는 완전히 성숙한 이상적 모습과 대조할 수 있었고, 그리스도의 이상적인 제자들이 목표로 삼아야 했다. 에베소서가 설정한 제자직의 목표는 "온전한 사람을 이루어 그리스도의 장성한 분량이 충만한 데까지" 이르는 것이다. 반대는 "사람의 속임수와 간사한 유혹에 빠져 온갖 교훈의 풍조에 밀려 요동"하는 어린아이의 상태이다(엡 4:13 이하). 기독교적 성숙의 기준은 눈으로 드러나는 어른의 특징인 안정된 삶이다.

고린도전서 3장 1절에서 바울은 기대하던 영적 성숙에 도달하지 못한 고린도 교인들을 꾸짖는다. 그들은 '그리스도 안에' 있는 어린아이들로서 밥이 아닌 젖을 먹어야 했다. 나중에 같은 편지에서 바울은 그 주제로 되돌아간다. "형제들아 지혜에는 아이가 되지 말고 악에는 어린아이가 되라. 지혜에는 장성한 사람이 되라"(고전 14:20). 히브리서의 저자는 같은 비유를 들어 수신자들이 기독교 신앙에 대한 이해가 성장하지 않은 것을 비판했다. 그들은 젖 떼지 않은 갓난아기와 같았다. 따라서 더 높은 수준의 교훈에 해당하는 단단한 음식이 아니라 아주 기본적 수준의 젖을 먹어야 했다(히 5:12-14).

고린도전서와 히브리서의 저자들은 수신자들의 영적, 인격적 발달(고린도전서) 또는 신앙에 대한 이해(히브리서)에 실망스러운 점이 있음을 분명하게 지적한다. 유아나 아기와의 비교에는 비판이 담겨 있다. 그런데 베드로전서의 경우에는 비판적이지 않다. "갓난아기들같이 순전하고 신령한 젖을 사모하라. 이는 그로 말미암아 너희로 구원에 이르도록 자라게 하려 함이라. 너희가 주의 인자하심을 맛보았으면 그리하라"(벧전 2:2-3).

베드로전서의 저자는 그리스도인 신자와 아기를 아주 긍정적으로 비교한다. 여기서 말하는 '젖'은 히브리서처럼 기독교 개종자가 한층 강한 수준으로 빨리 넘어가는 어떤 초등교육의 형태가 아니다. 오히려 그리스도인이 그리스도를 위해 살도록 힘을 북돋는 유익한 교훈, 예배, 격려이다. 베드로전서는 아기에 대해 곧(그리고 당연히) 벗어나야 할 인생의 단계가 아니라 자연스럽고 만족할 줄 모르는 식욕을 예로 들어서 설명한다.

흥미롭게도 신약성경의 어떤 저자도 주변 문화에서 무엇보다 좋아하는 주제이면서 특히 무덤의 비문이 자주 언급한 어린이의 순수함을 일절 언급하지 않는다. 2세기의 기독교 작가들은 그리스도 안에서 용서라는 절대적 정화의 과정을 어린 시절의 순수함으로 되돌아가는 것에 비유하거나 도덕적 완전을 성취한 신자는 삶의 순수성이 어린아이와 같다고 주장했다. 신약의 서신서에서는 그와 같은 개념을 찾을 수 없다. 바울이 '자녀'를 '거룩하다'고 표현한 것은 기독교 공동체와의 관계에서 자녀(및 배우자)에게 부여하는 어떤 특성을 가리키는 게 분명하다. 신약성경은 어린 시절의 도덕 수준을 이상화하지 않았다.

따라서 우리는 신약성경의 서신서에서 어린이와 제자직에 대한 예수님의 교훈과 대조적인 내용을 접하게 된다. 예수님은 어린이를 제자의 본보기로 삼을 뿐 아니라 제자들에게 어린이를 각별하게 돌보라고 권했다. 예수님은 제자들에게 새로운 눈으로 어린이를 바라보도록 당부했다. 서신서 저자들은 제자직을 설명할 때 한층 더 전통적 방식으로 어린이의 이미지를 구사했다. 그들에게 어린이는 부모의 권위에 속한 사람, 미성숙함과 성장 가능성을 보여주는 준비된 사례였다. 이 모두가 어린이를 바라보는 아주 정당한 방식이지만, 그런 인식에 예수님처럼 도전하기보다는 어린이에 대한 사회 통념을 조금도 벗어나지 않는다.

초기 교회와 어린이

초기 교회의 예배에 참석하는 게 정확히 어떤 모습이었는지 파악하는 것은 간단하지 않다. 고린도전서 14장 26~40절에 나오는 고린도 교인의 자유로운 모습이나 사도행전 20장 7~12절에 나오는 드로아 교회의 야간 집회처럼 여기저기서 조금씩 확인이 가능하다. 약간의 정보에 기초해서 회당에서 진행한 예배, 또는 성만찬 순서를 가늠해 볼 수도 있다. 가끔 우리는 소아시아 비두니아의 총독으로서 112년경 황제 트라야누스(Traianus, 98-117 재위)에게 속주 지역의 그리스도인들에 관한 보고서를 제출했던 작은 플리니우스(Plinius,

61-113) 같은 외부인의 증언을 접한다.[1]

아마도 예배는 서로 다른 장소에서 제각각 진행했고 어느 때든지 예배는 자유와 질서가 다양하게 뒤섞였을 것이다. 그리스도인이 함께 모일 때 하는 일 역시 처음 몇 세대에 걸쳐 아주 급격하게 바뀌었을 것이다. 따라서 우리는 기독교의 예배 형식이 고정적이라거나 장소마다 또는 시간이 흘러도 변하지 않았다고 생각하면 안 된다.

1세기 후반 기독교의 예배 모임을 엿볼 수 있다면 장소마다 다르고 다양해도 어린이가 참석했을 가능성은 아주 커 보인다. 누가가 사도행전에서 거론하는 내용 역시 다르지 않다. 사도행전 20장 7~12절에는 드로아에서 진행한 성찬식 예배에 엉뚱한 곳에 앉았던 유두고라는 불운한 청년의 일화가 나온다. 성찬식 예배는 한 주의 첫날 저녁(누가가 유대력이나 로마력을 사용했는지에 따라서 토요일 또는 일요일)에 다락방에서 열렸다.

유두고에게는 안타까운 일이었으나 이날은 바울이 드로아를 마지막으로 방문하는 날이었다. 많은 회중이 사도에게 듣기 위해 모이는 바람에 유두고는 창문에 걸터앉았다. 누가에 따르면 예배가 결국 밤새도록 계속되었다고 하니 바울이 저녁 시간을 최대한 활용한 게 아주 분명했다. 잠에 취한 유두고는 창문에서 떨어져 죽었다. 바울은 엘리야처럼 그에게 몸을 엎드렸다가 살아있다고 회중을 안심시켰다. 누가는 유두고를 '청년'과 '소년'으로 묘사한다(행 20:9,12 한글 개역개정판은 두 구절 모두 '청년'으로 번역–옮긴이). 누가가 유두고의 나이를 얼마로 보았는지 구체적으로 말하기는 쉽지 않다. 어쩌면 '청년' 이라는 말에 누가가 염두에 둔 나이가 포함되었을 것이다.

두로에서도 아이들이 언급되었다(행 21:5). 바울이 그 도시를 떠날 때 남성 제자들과 바닷가에서 무릎을 꿇고 함께 예배하는데 그들의 부인들과 아이들이 동참했다. 예루살렘에서 처음 생겨난 교회를 묘사한 초기 필사본(5세기의 베자사본)은 어린이들을 덧붙인다. 사도행전 1장 14절에 이렇게 기록되어 있다. "이 모두가 한마음으로 여자들 그리고 아이들과 함께 쉬지 않고 기도하더라." '그리고 아이들' 이라는 표현은 누가의 것으로 보이지 않는다. 아마도 초창기에 어느 필경사가 추가했을 것이다. 이 구절은 그 필경사처럼 초기 교회 그리스도인들은 어린이들의 예배 참석을 기대했다는 사실을 보여준다.

플리니우스는 총독 재임기간(112년경)에 비두니아 사람들에 관해 '모든 연령대의 상당수 사람' 이 기독교라는 위협적 존재로부터 전염될 위험에 처해 있다고 말했다.[2] 그는 자신의 다스리는 속주에서 근절하려는 기독교 예배에 어린이들이 참여한다는 사실을 분명히 파악하고 있었다. 카르타고의 주교 키프리아누스(Cyprianus, 200?-258)는 「배교자에 관하여」에서 성찬식에 아이를 데려온 어느 어머니의 일화를 소개했다.[3]

신약시대 예배에 어린이가 참석했고, 그리고 다음 세대 교회에서도 줄곧 참석했다는 사실에는 의심의 여지가 없다. 어린이들의 지위가 정확히 어땠고 그들에게 무슨 의미를 부여했는지는 확실하지 않다. 그들은 어디까지 회중의 일부로 인정받았고, 또 얼마나 필요로 했을까? 이런 질문은 다음 장에서 살펴볼 세례와 성찬을 통해 부분적으로 해소할 수 있다. 하지만 성례전과 관련된 것 이외에도 몇 가지 증거가 더 있다.

바울은 부부 가운데 한쪽이 그리스도인이고 나머지는 그렇지 않은 가정에 속한 어린이의 지위를 언급한다. 바울은 고린도전서 7장 14절에서 "너희 자녀(아마도 전체 기독교 공동체의 자녀들)는 하나님에게 속한"(문자적으로는 '거룩한') 것이라고 말한다. 그는 이것을 문제가 아니라 이미 확립되고 합의한 것으로 언급하는데 이는 어느 한쪽만 그리스도인일 경우에도 적용된다. 부모 한쪽이 '거룩한' 것이(그리스도인) 자녀나 다른 배우자의 지위에까지 영향을 미치는 것은 가족 간의 연대와 관련된 문제로 보인다("믿지 아니하는 남편이 아내로 말미암아 거룩하게 되고 믿지 아니하는 아내가 남편으로 말미암아 거룩하게 되나니").

이것은 현대 독자가 이해하기 쉽지 않은 구절이다. 그러나 요점은 바울이 자녀를 신앙 공동체 밖이 아니라 공동체 안에 있다고 간주한다는 것이다. 따라서 어린이가 예배하러 왔을 때 부모 중 한쪽만 믿는 가정 출신이라도 단순한 참관자가 아니라 예배에 참석하는 교회의 일원으로서 온 것이 된다.

그런데 신약시대의 예배가 오늘날처럼 연령대 전부를 포괄한다는 의미에서 '나이와 무관한 예배'였는지는 의문이다. 바울이 드로아에서 주관한 성찬식 예배는 청년들에게 양보하지 않았다! 오천 명을 먹인 사건을 마무리하기 전에 마태복음 14장 21절은 이렇게 말한다. "먹은 사람은 여자와 어린이 외에 오천 명이나 되었더라." 여기에서도 어린이들은 자리를 지켰고 요한은 예상 밖으로 빵과 물고기의 출처를 '한 아이'(요 6:9)라고 밝혀서 그들의 존재에 주목한다.

하지만 마태의 경우에는 어린이에 대한 태도를 노출한다. 그러니까 기적의 '진정한' 참여자는 남성이고 여성과 어린이는 주변부 존재로 간주하는 것이다. 이 점에서 마태는 의심할 여지 없이 당시의 사회적 인식을 반영한다. 마태는 자신이 속한 교회의 시각도 함께 드러내고 있을 가능성이 크다. 오천 명을 먹인 사건은(요한이 자신의 복음서 6장에서 가장 확실하게 활용한) 성찬식 분위기를 살린 일화이다. 예수님에게 음식을 받으려고 사내들이 여자와 어린이와 함께 모이는 것과 빵을 떼려고 교회가 모이는 것을 비슷하게 바라보지 않을 수 없다. 그 기적에서 어린이가 처한 위치(존재하지만 주변부에)는 마태가 알고 있었던, 교회 안에서 그들이 차지한 위치를 간접적으로 전달할 수 있다.

우리는 처음 그리스도인에게는 모일만한 교회 건물이 따로 없었다는 사실을 기억해야 한다. 모임은 교회 구성원 집에서 진행했다(브리스가와 아굴라를 언급하는 로마서 16장 5절 참조. "저의 집에 있는 교회에도 문안하라"). 교회가 예배와 교육으로 모일 때는 불가피하게 주인집 자녀도 함께했다. 상당수 그리스도인이 사회적 지위가 낮다 보니 이른 아침이나 늦은 저녁을 예배 시간으로 선택했는데 그때가 일에서 벗어나는 유일한 시간이었다. 그런 사람들이 온 가족과 함께 예배하러 집에 모이는 모습은 충분히 상상할 수 있다.

따라서 초기 기독교의 예배에 어린이가 참석하는 것은 어느 정도 불가피했다. 하지만 바울이 교회에 함께한 어린이들을 '하나님에게 속한 자' 또는 '거룩한 자'로 받아들인 것은 그들이 그곳에 있을 수밖에 없기 때문이 아니라는 것을 암시한다. 어린이는 소속되어 있는 그 자리에 있었다. 어린이가 있다고 해서 예배 형식을 따로 변경하지 않았고 오히려 가장자리에 존재했다는 인상을 받게 되지만 그 모습이 전부는 아니다. 이제 우리는 초대 교회가 어린이를 위해 또는 어린이와 함께 무엇을 했는지, 기독교 신앙에 대한 가르침이나 교육을 위해 어떤 준비를 했는지 조금 더 적극적으로 질문을 던질 필요가 있다. 지금부터는 그것을 다루게 된다.

어린이를 위한 기독교 교육

어린이를 위한 초기 교회의 신앙 훈련이나 교육의 장소였던 교회와 가정 사이에는 어떤 긴장 상태가 존재했다. 우리는 얼마 되지 않는 증거에 매달리지 않으면서도 최초의 기독교 세대에게서 기독교적 방식으로 자녀를 양육하는 임무를 가족, 그중에서도 아버지에게 위임하는 경향을 추적할 수 있다.

우리는 이미 고린도전서 7장 14절에서 바울이 믿음을 가진 부모의 자녀는 '하나님에게 속한' 또는 '거룩한' 존재라고 주장했다는 것을 확인했다. 이것의 당연한 결론은 어린이가 어른과 더불어 교회에서 나름의 지위를 확보했다는 것이다. 그게 사실이라면 신약의 다른 서신서도 어린이를 어른과 함께 언급했을 것으로 기대할 수 있다. 일부 서신서에는 실제로 그런 사례가 존재한다.

요한이 '자녀들'에게 보낸 요한1서 2장 12절은 이렇게 진행된다. "자녀들아 내가 너희에게 쓰는 것은 너희 죄가 그의 이름으로 말미암아 사함을 받았음이요… 아이들아 내가 너희에게 쓴 것은 너희가 아버지를 알았음이요." 문맥상 모든 그리스도인을 '자녀들'로 묘사하는 편지에서 요한은 이 구절에서도 모든 그리스도인 또는 특별히 신앙을 가진 젊은이들을 의미했을 가능성이 크다.

그런데 서로 긴밀한 관계에 있는 골로새서와 에베소서에는 어린이를 언급하는 두 개의 중요한 구절이 있다.

> "자녀들아. 주 안에서 너희 부모에게 순종하라 이것이 옳으니라. 네 아버지와 어머니를 공경하라. 이것은 약속이 있는 첫 계명이니 이로써 네가 잘되고 땅에서 장수하리라. 또 아비들아 너희 자녀를 노엽게 하지 말고 오직 주의 교훈과 훈계로 양육하라"(엡 6:1-4).
>
> "자녀들아 모든 일에 부모에게 순종하라. 이는 주 안에서 기쁘게 하는 것이니라. 아비들아 너희 자녀를 노엽게 하지 말지니 낙심

할까 함이라"(골 3:20 이하).

이 가르침의 내용은 자녀의 정상적인 사회적 위치를 강화하면서 부모에 대한 순종과 존경을 지시한다. 그런데 더 놀라운 사실은 이런 가르침이 실제로 존재했다는 것이다. 서신서마다 가정에서 서로 다른 위치의 사람들을 위한 윤리적 가르침을 담은 목록이 등장한다. 이런 목록은 신약성경의 다른 서신서에도 존재하고 실제로 신약성경 외부에도 존재한다. 목록은 윤리적 가르침의 일반적 형태였다. 에베소서와 골로새서에 등장하는 이 목록의 특이한 점은 가르침을 받는 집단에 어린이가 등장한다는 것이다.

"이 편지를 너희에게서 읽은 후에 라오디게아인의 교회에서도 읽게 하고 또 라오디게아로부터 오는 편지를 너희도 읽으라"(골 4:16)는 구절에서 알 수 있듯이 신약성경의 서신서는 개인의 학습을 위한 게 아니라 회중이 읽을 수 있게 기록한 것이다. 이 윤리적 목록이 각각의 집단(남편, 아내, 자녀, 노예)을 언급한 것은 이 사람들이 예배 모임에 참석해서 편지의 낭독을 들을 수 있었기 때문이다.

따라서 골로새서와 에베소서가 어린이를 언급한 것은 다른 증거들처럼 어린이가 예배에 참석했다는 사실을 인정하는 것일 뿐만 아니라 그들을 위한 가르침과 교육이 따로 있었다고 인정하는 것이기도 하다. 골로새서와 에베소서에서 언급한 것을 회중을 가르치는 사람들(에베소서 4장 11절에 언급된 선지자, 전도자, 목사, 교사)이 다른 기회에 그대로 반복했을 수 있으니 우리는 그 사역자들이 어린이들에게 메시지 일부를 전달하는 모습을 상상하는 것도 가능하다.

적어도 일부 교회에서는 어린이들이 단순히 예배의 가장자리에 있는 수동적 관중이 아니라 예배 모임에서 어른들과 함께 가르침과 격려를 받았다. 기독교 신앙의 양육은 대부분 가정에서 이루어졌다고 알려졌는데, 에베소서는 이와 관련해서 아버지의 역할을 따로 언급한다. "또 아비들아 너희 자녀를 노엽게 하지 말고 오직 주의 교훈과 훈계로 양육하라"(엡 6:4). 그러면서도 회중 교육에 어린이를 위한 자료를 포함해서 예배에서 그들의 존재를 인정했다.

게다가 골로새서와 에베소서는 부모와 자녀의 상호적 책임을 강력하게 규정한다. 자녀가 부모에게 존경의 의무를 지면 부모 역시 자녀에게 배려의 의무를 갖는다. 이것은 일방의 관계가 보편적이던 당시 문화에서는 상당히 급진적인 발상이었다. 에베소서 6장 2절이 인용한 "네 아버지와 어머니를 공경하라"는 계명은 부모에 대한 일반적인 사회적 존경을 강조한다. 에베소서는 이런 존경을 훼손하지 않은 채 그리스도 안에서의 삶이 생생하게 표현된 가족에 대한 보다 폭넓은 장면에 배치한다. 따라서 여기서 부모와 자녀의 관계는 모든 그리스도인이 서로 관심을 두는 삶의 특징에 해당한다.

에베소서는 윤리적 목록의 맨 앞에 나오는 경구로 심오하고 단순하게 설명한다. "그리스도를 경외함으로 피차 복종하라"(엡 5:21). 일부 사본은 에베소서 6장 1절에 '주 안에서'라는 표현을 덧붙인다.

현대 번역가들은 이 표현의 진위를 놓고 의견이 갈려서 일부는 번역에 포함하고, 또 일부는 제외한다. 그런데 만일 원본이 맞다면 "주 안에서 너희 부모에게 순종하라"는 구절은 전체 내용의 주제, 즉 가족 구성원의 상호 복종이 그들 모두가 '그리스도 안에' 있을 때만 실현된다는 사실을 강조하는 게 분명하다.

앞 장에서 살펴보았듯이 예수님은 사역을 통해 가정생활의 요구와 기대가 더는 절대적이지 않은, 하나님 나라의 요구에 따라 형성되는 새로운 공동체로 제자들을 초대했다. 1장에서 우리는 1세기 가정의 엄격한 규율을 살펴보았다. 골로새서와 에베소서는 부모의 역할이 자녀를 상대로 무한한 권위를 갖는다는 광범위한 억측에 도전했다. 기독교의 제자직은 부모의 권위와 훈육을 행사하는 데 제한을 두었다. "아비들아 너희 자녀를 노엽게 하지 말고."

우리는 골로새서와 에베소서에서 가족과 하나님 나라에 대한 예수님의 비전을 실질적으로 표현하는 내용을 확인할 수 있다. 여기서 가족은 더는 독재적 제도가 아니라 모든 구성원이 그리스도 안에서 함께 생활하고 성장하는 공간이다. 골로새서와 에베소서가 주인과 노예의 쌍방적 관계를 거론한 것도 이것과 유사하다(골 3:22-4:1, 엡 6:5-9).

골로새서와 에베소서가 언급한 교회에서는 분명히 어린이가 교인의 일원이었다. 하지만 다른 교회는 어린이가 교회의 예배 활동에 그렇게 확실하게 포함되지 않은 것 같다. 목회서신으로 알려진 세통의 서신(디모데전후서와 디도서)은 기독교 공동체에서 어린이가 차지하는 위치에 대해 일부 다른 접근 방식을 취하는 듯하다. 디도서 2장 1절부터 10절은 골로새서와 에베소서와 비슷한 윤리적 지침을 나열하지만 일부 차이점과 함께 어린이가 누락된 게 무엇보다 눈에 띈다. 어린이가 시야에서 사라진 이유를 묻는다면 그들이 가정의 영역으로 밀려났다는 것과 교육의 책임이 부모, 그중에서도 어머니에게 위임되었기 때문이라는 게 답이 될 수 있다.

디모데전서 3장 4절은 감독(또는 주교)은 품위를 잃지 않고 자녀를 다스려야 하고 가정을 관리하는 방식이 교회를 관리하는 능력의 척도라고 말한다. 집사(딤전 3:12)에게도 비슷한 자질을 요구하고 디도서의 경우처럼 장로(딛 1:6) 역시 마찬가지다. 여기서는 골로새서나 에베소서보다 아버지가 다스리는 가정과 가장의 통제 대상인 자녀를 한층 강조하는 것 같다. 이 두 서신서는 신앙의 가정이 전체 사회에서 체면을 잃지 않게 어린 자녀를 통제하는 데 중점을 둔다. 후대의 기독교 문헌은 같은 주제를 반복하면서도 젊은이들의 구원에 관한 관심으로 강조점이 옮겨간다.

디모데전후서와 디도서는 교회를 가정으로 강조하는 독특한 특징을 갖고 있다. 디모데전서 3장 15절은 교회를 '하나님의 집' 으로 묘사한다. 목회서신은 질서 있는 가정 형태를 근거로 조직된 어떤 교회, 즉 능숙하게 관리되는 가정을 토대로 구축된 교회 생활을 일관되게 요구한다.[4] 교회를 구성하는 그리스도인의 가정과 교회는 젊은이가 노인에게, 여성이 남성에게, 노예가 주인에게 복종하도록 권면을 받았다. 이런 이상적 상태를 유지하기 위해 목회서신은 주로 관리의 문제에 집중한다. 나이 든 사람은 젊은 사람의 행동을, 남성은 여성을, 성인은 어린이를, 교회 지도자는 교인을 책임져야 했다. 서신서 자체가 전체 회중이 아닌 교회 지도자들에게 보내는 연설 형식으로 이루어져 있다는 게 중요하다.

목회서신에서 남성은 말하자면 가정의 공적인 면, 그리고 여성은 내적인 삶을 책임지게 되어 있다. 젊은 여성에게는 모성애를 권면했다(딛 2:4). 디모데전서는 이렇게 말한다. "그러나 여자들이 만일 정숙함으로써 믿음과 사랑과 거룩함에 거하면 그의 해산함으로 구원을 얻으리라"(딤전 2:15). 신약에서 가장 수수께끼 같은 구절에 해당하지만 아마도 여자가 아이를 낳는 본연의 역할에 온전히 집중하면 유혹과 타락으로 아담을 덩달아 타락시킨 하와(딤전 2:12절)나 '이미 사탄에게 돌아' 가서(딤전 5:11-15) '쓸데없는 말을 하며 일을' 만드는 젊은 과부들보다 영적으로 더 안전한 위치에 있게 된다는 뜻일지 모른다. 디모데전서는 젊은 과부의 올바른 길은 재혼해서 자녀를 낳고 가정을 꾸리는 일이라고 말한다(딤전 5:14). 목회서신에서 자녀는 여성의 주된 업무에 해당한다.

자녀에 대한 여성의 책임은 자녀를 믿음으로 양육하고 성경을 알고 사랑하도록 가르치는 것까지 확대할 수 있는데, 특히 남편이 불신자라면 더욱 그랬다. 어렸을 때부터 어머니와 할머니의 영향으로 성경에 익숙했던 디모데가 거기에 해당했다(딤후 1:5, 3:14 이하. 아버지는 어머니와 신앙이 달랐다. 행 16:1).

골로새서와 에베소서에서 나름의 자리를 차지한 어린이를 위한 제자 훈련은 목회서신에는 존재하지 않았다. 자녀는 부모의 제자직 가운데 일부였으나 통제 대상이나 적절한 관리가 필요한 문제로만 살짝 등장할 뿐이다. 목회서신은 사회적으로 우월한 사람(연장자, 남성, 주인)이 열등한 사람(어린아이, 여성, 노예)의 행동을 책임지는 일방적 관계를 주로 상정한다. 골로새서와 에베소서에서 보았던 관계의 상호성이 여기서는 관계의 관리로 대체된다.

성경 주석가들은 목회서신이 당시 주변부 문화에서 통용된 윤리적 견해와 지배적인 사회적 기대에 부합한다고 종종 언급한다. 이것은 서신서의 내용과 그것들이 묘사하는 어린이들의 위치와도 일치하는 것으로 보인다. 에베소서와 목회서신의 차이점은 목회서신이 고대의 이상적 가정을 교회의 모델로 삼았던 반면에(딤전 3:15) 에베소서는 그리스도의 몸인 교회를 가정과 가족의 모델로 삼고 있다고 할 수 있다(엡 3:14-19). 그리스도인 가족을 이해하는 두 가지 방법 중 목회서신의 관점이 초기 기독교를 지배했다. 그 결과 어린이는 교회의 관심에서 대부분 사라졌다. 골로새서와 에베소서 이후로는 어린이에 관해서 가끔 언급하기는 해도 직접 상대하는 일은 없었다.

신약시대 이후에는 자녀의 신앙 교육을 가족에게 위임하는 경향이 계속되었다. 96년경 로마에서 고린도로 보낸 서신에서 클레멘스

(Clemens, 30?-101)는 남성 교인들에게 그 책임에 관해 직접 언급한다. "하나님을 경외함으로 젊은이들을 가르치고 아내들을 선한 일로 인도합시다. …우리 자녀들이 그리스도 안에 있는 교훈에 참여하게 합시다." 여성과 어린이 모두 교회에서 직접 교육받지 않고 아버지와 남편의 가르침과 지도를 받아야 했다.

디다케(Didache), 즉 사도들의 가르침(연대는 확실하지 않지만 어쩌면 2세기 초반 무렵)은 부모에게 자녀를 (처벌할 때) '손을 거두지 말고' 주님을 경외하는 마음으로 양육하라고 말한다. 서머나 주교 폴리카르푸스(Polycarpus, 69?~155?)는 빌립보 교인에게 보낸 편지에서 클레멘스의 편지와 마찬가지로 남성들에게 아내를 어떻게 가르쳐야 할지를 놓고 도덕적으로 교훈했다. 아내의 의무는 '하나님을 경외하는 법을 자녀에게 교육하는 것' 이었다. 이 신약 이후의 자료에서 우리는 가정을 기본적인 구성요소로 삼은 교회의 모습을 보게 된다. 이런 가정에서는 남편이나 아버지가 책임을 맡았고 이들을 통해 도덕 및 기타 지침이 나머지 가족에게 전해졌다.

이런 위계질서는 당시 문화적인 기대와 일치했다. 아리스티데스(Aristides)가 2세기 중반에 그리스도인들을 변호하면서 지적했던 교회의 장점 중 하나였다. "그리스도인들은 하인이나 하녀 또는 그들이 자녀가 있는 경우 그들을 사랑해서 그리스도인이 되도록 설득하고 그렇게 되면 차별 없이 형제라고 부른다." 동시대인들이라면 가장이 노예와 그들의 자녀까지 챙기는 목회적 돌봄이라는 이 장면을 이해할 수 있었다. 아리스티데스는 그리스도인들이 위험하고 반사회적 급진주의의 혐의를 벗을 수 있게 기독교 가정생활의 이런 측면을 부각했다. 외부인들은 이 '형제' 공동체를 두려워했다,

이교도가 아닌 기독교 가정에서 자라는 게 어린이나 젊은이에게 무슨 차이가 있는지 궁금할 수 있다. 1장에서 확인했듯 그리스도인의 자녀는 출생 직후 유대인 자녀와 마찬가지로 고대 세계에 널리 유행한 유아살해의 위험에서 더 강력한 보호를 받을 수 있다. 기독교 개종자에게 새롭게 입문한 신앙의 기본 도덕적 기대를 교육하려고 집필한 디다케는 이 주제에 대한 교훈을 간결하게 설명한다. "너희는 아이를 태중에 있을 때나 태어났을 때 죽이지 말라." 2세기 중반의 순교자 유스티누스(Justinus Martyr, 100?-165?)는 신생아를 유기하지 않는 게 그리스도인의 미덕이라고 주장하면서 영아 유기와 거기에 수반하는 해악을 격렬하게 비난했다.[5] 유스티누스는 필로와 마찬가지로 이교 세계의 입에 담을 수 없는 불안을 이용했다.

그리스도인 자녀들은 훈육에 관해서 아주 엄격하거나 관대한 제도를 모두 경험했다. 그런데 일부 기독교 작가는 징계의 개념을 흥미롭게 재해석해서 물리적 구타를 인격 형성의 문제로 받아들이고, 또 심한 말을 교정이나 지도의 수단으로 바꾸어 표현했다. 다음은 3세기 초 시리아 기독교 교회의 문서인 「사도들의 교훈」에 나오는 자녀 훈육에 관한 조언이다.

여러분은 그들(자녀)을 책망하기를 주저해서는 안 된다. 타이르고 징계하고 설득해야 한다. 그들을 징계하는 것은 그들을 죽이지 않고 생명을 주는 것이다. 하나님도 지혜로 이렇게 교훈하신다. '네 자식을 징계하라. 이것이 그의 소망이다. 막대기로 자식을 때리면 그의 영혼은 지옥을 벗어나게 된다' (잠 29:17, 25:14). 우리의 '막대기'는 예레미야가 살구나무 가지를 본 것처럼(렘 1:11) 예수 그리스도의 말씀이다. 그러므로 자식에게 징계의 말을 주저하는 자는 누구든 자식을 미워하는 것이다.[6]

초기 기독교 작가들은 독자에게 부모는 청소년기까지 자녀에게 의무적으로 통제권을 행사해야 한다고 강조했다. 반면에 이교 문화에서는 거짓 플루타르코스가 청소년의 낭비벽을 적당히 넘기라고 조언했다.

나는 그들(아버지들)의 성격이 아주 모질고 엄해야 한다고 생각하지 않으며 많은 경우 젊은이의 단점을 어느 정도 인정하고 한때 자신도 그런 시절이 있었음을 떠올릴 필요가 있다. …단점을 모르는 척하고 그들이 하는 일에 노인의 어두운 눈과 귀로 대하고 때로는 무슨 일이 일어나는지 보지 않고 듣지 않는 것 역시 좋은 일이다. …이렇게 하면 드센 젊은이는 서서히 달라진다.[7]

하지만 어떤 기독교 작가도 젊은이의 양육에 대해 그런 식으로 느긋한 태도를 보이지 않았다. 그들은 젊은이의 행복뿐 아니라 영원한 운명까지 너무 많은 게 위험에 처해 있다고 믿었다. 목회서신에서 이미 살펴본 것처럼 부모에게 자녀를 엄하게 통제하도록 일관되게 촉구했다. 요한 크리소스토무스(St. Johannes Chrysostomus, 349-497)는 아름다운 조각상을 제작하는 이미지를 활용했다. 그리스도인 부모는 가장 아름다운 예술 작품보다 훨씬 중요한 은혜의 작품을 책임지고 있고 자녀를 돌보는 일은 조각가가 작품에 쏟는 사랑보다 더 커야 한다. 크리소스토무스는 특히 사춘기 소년(그의 주된 관심사는 아니었지만)은 공공장소, 목욕탕, 극장을 멀리하라고 구체적으로 말했다.[8] 사도들의 교훈 역시 단순히 함께 돌아다니는 젊은이 특유의 행동을 영적으로 위험하게 평가했다.

> 그리고 그들(젊은이들)은 여러분의 동의 없이는 아무것도 하지 말고 또래와 함께 어울리고 즐기려고 나가면 안 된다. 그들이 어리석음을 배우고 음행에 사로잡혀 타락하기 때문이다.[9]

평신도를 대상으로 집필한 3세기의 사도들의 교훈과 사회의 엘리트를 위해 4세기에 기록한 크리소스토무스 모두 죄의 유혹을 피하도록 조혼을 권했다.[10]

그리스도인과 이교의 교육

초기 그리스도인은 여러 측면에서 상반된 가치관을 가진 사회에서 생활했다. 주변의 이교도 사회는 악마는 아니어도 거짓으로 간주되는 종교가 뒤를 받쳤고 이교 철학에 물든 교육이 들어와 있었다. 따라서 우리는 초기 그리스도인들이 이교 세계의 유혹과 올무를 벗어날 대안적인 형태의 교육을 제공해서 젊은이를 보호하려고 했다고 충분히 예상할 수 있다. 그들에게는 사실 유대인 회당학교의 모범이 있었다. 그런데 놀랍게도 그리스도인들은 몇 세기 동안 그 길을 따르지 않았다. 이교도에 대해 테르툴리아누스(Tertullianus, 160?~225?)보다 격렬하게 비판한 인물이 없었지만 그조차 젊은이들이 이교도 학교에서 제공하는 교육에 참여해야 할 필요성을 인정했다. 그리스도인 학생이 고대의 교육내용을 채운 이교도 작가들의 작품을 읽는 상황을 설명하려고 그가 택한 것은 독약을 마시라고 권유하면서도 마시기를 거부하는 사람의 모습이었다.

교회에서 가장 탁월하고 논쟁적인 신학자로 성장하게 될 어린 오리게네스(Origenes, 185?-253?)는 세속적인 학교 교육을 받기 전에 매일 아버지 레오니데스(Leonides)에게 성경 교육을 추가로 받았다고 한다. 2세기가 끝나갈 무렵의 이런 기독교 교육은 흥미롭다. 이 일화가 경건한 전설이라고 해도 양심적인 그리스도인이 자녀 교육을 어떻게 생각했는지 잘 보여준다. 독실한 기독교 신자였던 아버지는 나중에 복음을 위해 순교했지만, 그런데도 아들은 학교에 다니고 이교도 고전으로 구성된 일반적인 교육과정을 따르기를 원했다.

오리게네스의 고향은 대도시 알렉산드리아였지만 그곳에서도 그리스도인 자녀를 기독교 학교에서 따로 가르쳐야 하는 규정은 없었던 것 같다. 200년경 알렉산드리아에는 기독교 교리문답 학교가 유일하게 있었고 오리게네스는 나중에 이 학교에 다녔다. 그러나 기독교적 관점에서는 교리문답 학교의 수준 높은 교육에 도달하기 전에 일찍부터 어린이들이 받았던 이교도의 고전 교육은 해로웠다. 오리게네스 자신도 성경 공부를 위해 세속 교육을 강력하게 지지했고, 말년에 가르침을 받으러 오는 이들에게 세속 교육을 촉구했다.[11]

우리는 기독교의 학교 교육이 초기에는 가정 외부에 존재하지 않았다고 알고 있다. 클레멘트가 고린도의 아버지들과 남편들에게 "하나님을 경외함으로 젊은이들을 가르치라"고 편지를 보낸 지 한 세기가 지나고 나서 오리게네스의 알렉산드리아에서도 같은 형식의 가족 책임을 확인할 수 있다. 그리스도인 부모는 여전히 자녀가 이교도 이웃과 공동의 교육기관을 공유하는 것에 만족했고 교회는 회당을 모방해서 학교 교육의 대안을 제공하는 데 소극적이었다. 크리소스토무스가 그리스도인 최초로 어린이 교육에 관한 논문('세상의 허영심과 어린이 교육에 관하여')을 썼을 때도 부모를 대상으로 했고, 특별히 기독교 학교에 자녀를 보내는 것에 대해서는 언급하지 않았다. 최초의 기독교 학교는 4세기 이후 수도원에서 설립한 것으로 추정된다.[12]

어째서 그리스도인들이 학교를 직접 운영할 기회를 얻지 않았는지 질문하는 것은 중요하다. 유대인 공동체와 비교해 보면 기독교 가정의 어린이들이 신성한 언어를 배울 필요가 없었다는 게 한 가지 이유였을 것이다. 동시대 유대인들은 히브리어를 반드시 익혀야 했다. 그리스어를 구사하는 사람은 처음 기록한 언어로 신약성경을 읽고 구약성경은 그리스어 번역본으로 읽을 수 있었다. 그리고 신약성경은 지중해의 다양한 언어로 빠르게 번역되었다. 게다가 그리스도인들은 자신들을 문화적으로는 이웃과 다른 존재로 여기지 않았다. 2세기 후반의 한 익명의 작가는 그리스도인들이 세상에 존재하지만 세상에 속하지 않은 모습을 설득력 있게 표현했다.

> 그리스도인들은 지역이나 말투나 옷차림으로 다른 사람과 구별되지 않는다. 그들은 자신들의 도시에 살거나 다른 언어를 구사하거나 특이한 삶을 살지 않기 때문이다. …그러나 그들은 저마다 제비뽑기를 한 것처럼 그리스인이나 야만인의 도시에 거주하면서 의복과 음식, 기타 일상생활에서 그 땅의 관습을 따르지만, 그들이 보여주는 시민권의 조건은 놀랍고 아주 낯설다. …그들에게는 모든 외국 땅이 조국이고 모든 조국은 외국 땅이다.[13]

고유한 교육 제도를 확보하려면 이교도 이웃과 공유하는 공동생활에서 물러나야 했을 것이다. 초기 그리스도인들은 이교도의 위험과 매력을 인식하면서도 그렇게 할 필요가 없다고 생각했다. 그들은 자녀들이 '그리스도 안에 있는 가르침에 참여' 하게 했고 더 넓은 이교도 사회를 위한 교육을 받을 수 있게 허용했다. 그들은 기독교적 게토를 만들지 않고 세상에서 빛과 소금이 되려고 했다. 자녀 교육에 대한 이런 태도는 개방적이면서도 비판적인 태도의 표현이었다.

그리스도인 가정의 자녀

2세기의 교회는 아리스티데스가 묘사했던 가부장적 유형의 가족 네트워크였다. 안디오크의 이그나티우스(Ignatius of Antioch, ?-108?)는 100년 무렵 이런 글을 남겼다. "나는 아내와 자녀를 둔 형제들의 가족(또는 가정)과 과부라고 불리는 독신 여성들에게 경의를 표한다." 이그나티우스는 당시 상황을 있는 그대로 요약했다. 교회의 상위에는 가족 구성원들이 따르는 '형제들' 이 자리했다. 그 아래 여성과 어린이가 있었는데, '과부들' 은 별도의 범주(어쩌면 교회의 계급)로 구분했다. 교회는 당시 사회에서 생존하고 심지어 번영할 수 있는 형식을 발견했으나 골로새서와 에베소서가 말하는 것처럼 상호 복종과 책임의 일부 측면을 희생하지 않을 수 없었다.

오늘날에는 2세기의 교회가 여성과 어린이 교인들을 대했던 방식에 거의 공감하지 않을 가능성이 크다. 사도 교부(클레멘스, 폴리카르푸스, 이그나티우스)의 글에서 접하는 가부장적 구조의 등장은 예수님의 가르침과 모범, 하나님의 백성에 어린이를 포함했던 바울의 통찰을 근거로 평가하면 마치 쇠퇴한 것처럼 보일 수 있다.

하지만 교회가 뒤따른 경로를 외면하기 전에 우리는 두 가지 사실을 염두에 두어야 한다. 첫째는 교회가 1장에서 확인했듯이 압도적으로 가부장적인 주변 문화의 흐름에 맞춘 존재 방식을 채택했다는 것이다. 목회서신을 작성할 무렵에는 그 과정이 상당히 진행된 것처럼 보이는데 선교를 위한 교회의 불가피한 변화였다. 게다가 예수님의 어린이 사역은 원칙상 부모를 통해 이루어졌다는 사실을 우리는 기억하고 있다. 따라서 2세기의 교회는 예수님 사역의 선례를 좇아 발전하고 있었다.

두 번째로 염두에 두어야 할 점은 적어도 처음 몇 세대 동안 교회가 어린이의 훈계와 교육을 중요하게 간주한 것이다. 초기 기독교 문헌에서 어린이에 관한 언급은 신앙 안에서 자녀를 양육하는 맥락에서 비교적 자주 등장한다. 따라서 우리는 교회가 어린이의 신앙 양육을 어떻게 시작했는지 잘 몰라도 초창기 자료가 침묵하는 주제, 예를 들어 어린이의 세례 여부에 관해서는 조금 더 많은 것을 알고 있다. 그리고 우리는 그 제도가 효과적이었다고 말해야 할 것 같다.

교회는 복음 전도뿐만 아니라 다음 세대들이 그리스도에 대한 신앙을 받아들이면서 생물학적으로 성장했다. 155년경에 기독교를 옹호하는 글을 쓴 순교자 유스티누스는 '어린 시절부터 그리스도의 제자가 된 60세와 70세의 많은 남녀'를 일일이 확인할 수 있었다. 폴리카르푸스는 순교할 때(155년?) 자신도 어려서부터 그리스도인이었던 사람 중 하나라고 선언했다. "나는 86년 동안 그리스도의 종이었고, 그분은 내게 어떤 잘못도 하지 않으셨는데 어찌 나를 구원하신 나의 왕을 모독할 수 있겠는가?"[14] 유스티누스는 165년에 순교했다. 그는 성인이 되어 개종했으나 에우엘피스투스와 파콘과 함께 세상을 떴다. 두 사람 모두 부모로부터 기독교 신앙, 즉 '선한 고백'을 전달받았다고 공개적으로 고백했다.[15] 2세기 중엽에는 교회 안에서 성장한 남녀가 많았다. 개종자뿐 아니라 교회의 요람에서 자라난 그리스도인들 역시 순교자 대열에서 찾을 수 있었다.

1) Pliny, Letters, 10.96; NE, pp.18-20.
2) Pliny, Letters, 10.96.9; NE, p.19.
3) Cyprian, On the Lapsed, p.25.
4) D. C. Verner, The Household of God, The Social World of the Pastoral Epistles, Society of Biblical Literature, Dissertation Series 71(Chico: Scholars Press, 1983) 참조.
5) Justin Martyr, 1 Apology, p.27.
6) Didascalia Apostolorum, 4.11; F. X. Funk, Paderborn, 1906, 1. p.230, p.232.
7) pseudo-Plutarch, Education, p.18.
8) John Chrysostom, Vainglory, pp.56,60,77-9.
9) Didascalia Apostolorum, 4.11.4; F. X. Funk, Paderborn, 1906, 1. p.232.
10) Didascalia Apostolorum, 4.11; F. X. Funk, Paderborn, 1906, 1. p.232; Vainglory, p.81 이하.
11) Eusebius, Ecclesiastical History, 6.18.4: NE, p.192.
12) H-I. Marrou, A History of Education in Antiquity(London: Sheed and Ward, 1956), pp.472-484.
13) Epistle to Diognetus, 6.1-5: NE, p.55.
14) Martyrdom of Polycarp, 9.3: NE, p.25.
15) Acts of St. Justin and his companions, 4: NE, p.33.

SECTION

04

어린이는 언제부터 세례를 받았을까?

우리는 초기부터 어린이가 예배에 참석했다는 것, 그리고 어린이를 양육하고 신앙을 가르치는 데 얼마나 관심을 기울였는지 살펴보았다. 그렇다면 어린이의 지위는 어땠을까? 그들은 세례를 받았을까? 주님의 만찬에는 참여했을까?

수수께끼 같은 어린이 세례

특히 세례 문제는 오늘날 그리스도인들을 분열시킬 수 있는 엄청난 잠재력이 있다. 그것은 신약시대의 교회에서 어린이가 차지한 위치와 관련해서 오늘날의 그리스도인들에게 실질적인 관심을 불러일으킨 유일한 측면이기 때문이다.

이 주제가 폭발적 잠재력을 가진 이유는 역설적으로 초기 교회에서는 그다지 중요하지 않았기 때문이다. 처음 두 세기 동안 교회에서 누가 되었든지 간에 어린이나 유아가 세례받는 게 적합한지 설명하는 수고를 했다면 엄청난 양의 종이를 절약하고 분열이나 번거로운 논쟁을 피했을 것이다. 그러나 '어린이의 숫자를 세지 않는' 정책이 이 중요한 입교의 영역까지 확대되는 바람에 오늘날 우리는 유감스럽게도 초기 그리스도인들이 어린이에게 세례를 베풀었는지 잘 알지 못한다.

최근 수십 년간 세례에 관한 주요 저서들이 서너 권 출판되었다. 일부는 유아 세례가 신약성경에서 유래했다고 열정적으로 주장했다.[1] 또 일부는 역사적으로 유아 세례는 3세기의 혁신이었고 신학적으로는 세례의 의미를 신약성경에서 찾는 것은 오해라고 단호하게 주장했다.[2] 반면에 이런 논쟁의 심판을 자처하는 견해도 있었다.[3] 많은 교회와 교단들은 어쩔 수 없이 기독교의 입문 과정을 다루는 보고서를 작성할 수밖에 없었다. 하지만 이 주제에 대한 모든 관심에도 불구하고 16세기에 재세례파가 츠빙글리, 칼뱅 및 기타 종교개혁자를 상대로 논쟁을 벌일 때보다 해결될 기미가 보이지 않는다.

증거가 아주 미미한 경우 독단적으로 행동하는 것은 분명히 잘못이다. 이제부터는 초기 교회의 어린이 교육과 교훈에 대해 우리가 확인한 내용을 바탕으로 증거를 살펴보고 역사적, 신학적 질문 모두에 대해 답변을 찾아보려고 한다. 초기 교회는 유아에게 세례를 주었을까? 그리고 세례에 관한 신약성경의 증거는 어린이나 유아의 세례를 배제할까, 아니면 장려할까?

교리 없는 실천

이 주제를 역사적 측면에서 시작하면 확실한 증거가 거의 없어서 어린이와 관련된 세례의 발전을 자세히 다룰 수 없다는 사실을 인정해야 한다. 따라서 처음의 처음으로 돌아가야 한다는 식의 일반적 경구는 여기에 해당하지 않는다. 이 경우는 우리가 분명하게 확인할 수 있는 시대의 알려진 것에서 출발해서 미지의 초기 역사로 거슬러 올라가는 게 더 나을 수 있다.

3세기 초반은 어린이 세례와 관련해서 무슨 일이 있었는지 알 수 있는 첫 시점이다. 200년 이전까지는 어린이가 세례받았는지 판단하는 데 도움 될 만한 언급이 전혀 없다. 2세기의 가장 분명한 증거는 그리스도인 변증가 아리스티데스(Aristides, 아마도 2세기 중반)가 남긴 다음의 글에서 찾을 수 있다.

> 이제 그들(그리스도인들)은 하인이나 하녀 또는 그들이 자녀가 있는 경우 그들을 사랑해서 그리스도인이 되도록 설득하고, 그렇게 되면 차별 없이 형제라고 부른다.[4)]

아리스티데스의 글은 기독교 가정의 자녀들이 '설득' 될 만큼 충분히 자랐을 때만 세례를 받고('그리스도인이 되도록'), '형제' 라고 불렸다는 의미일 수 있다. 그렇지만 여기서 '어린이' 를 언급하는 것은 다소 논란거리가 된다. 그리스도인 부모가 자녀를 '형제' 라고 불렀다고 간주해야 할까? 그리고 아리스티데스는 어째서 노예의 뒤를 이어서 기독교 가정의 자녀를 어설프게 언급해야 할까? 예레미아스(Joachim Jeremias)가 여기서 '자녀' 는 노예의 자녀들이고, 남녀 가정 노예들이 그리스도인이 되도록 '설득' 되는 중이었으며, 일단 설득이 되어 그리스도인이 되면 형제라고 부르는 게 맞는다고 주장한 것은 어쩌면 옳을 수 있다.[5]

2세기는 거의 정보가 없지만 3세기 초부터 소수 자료가 유아 또는 어린이 세례를 언급하기 시작한다. 그 가운데 가장 오래된 자료는 200년경 북아프리카에서 집필한 테르툴리아누스의 작품이다. 테르툴리아누스는 유아 세례를 알고 있었으나 불만이 있었다. 유아 세례를 찬성하는 사람들은 마태복음 19장 14절("어린아이들을 용납하고 내게 오는 것을 금하지 말라")에 호소했던 것 같다. 테르툴리아누스는 그런 주장을 반박하고 그들과 이 본문을 분리하려고 했다.

> 주님은 참으로 "그들이 내게 오는 것을 금하지 말라"고 말씀하셨다. 그러니 그들이 배우는 동안에, 그들이 와서 가르침을 받는 동안에 오게 하라. 그들이 그리스도를 알 수 있을 때 그리스도인

이 되게 하라. 어째서 무죄한 나이에 죄 사함의 시기로 넘어가도록 서두르는 것일까?[6]

우리는 테르툴리아누스의 글을 대하는 순간 난관에 직면한다. 테르툴리아누스의 행동은 무슨 의도였을까? 유아 세례라는 혁신에 반대해서 시간을 두고 나중에 적당한 나이가 되면 어린이에게 세례를 베푼 기존의 관습을 옹호했던 것일까? 아니면 반대로 기존의 유아 세례라는 관습에 도전해서 세례를 평소보다 뒤로 연기하도록 교회에 촉구한 것이었을까? 테르툴리아누스는 초기 기독교 세례 정책의 옹호자인가 아니면 급진적 혁신가인가? 불행히도 그의 말은 이 점이 불분명해서 현대 해석자들은 두 가지 방향으로 의견이 갈린다.

이런 문제의 해답은 더 많은 퍼즐 조각을 확보한 이후에 다시 검토해야 할 것 같다. 하지만 발언의 맥락상 세례 후보자들이 지속 불가능한 삶의 기준에 뛰어드는 것을 테르툴리아누스가 두려워했다는 사실에 주목해야 한다. 초기 그리스도인이라면 누구나 그렇듯이 테르툴리아누스는 세례 이후에 범하는 죄의 용서 문제를 아주 심각하게 여겼다.[7]

따라서 그는 「세례론」에서 세례를 성급하게 시행하면 안 된다고 주장했다. 자기주장을 입증하려고 사도행전 8장에서 빌립이 에티오피아 사람에게 세례를 준 것 같은 신약성경의 성급한 세례의 사례를 다루었다. 테르툴리아누스는 자신의 견해에 대한 성경의 반박 가능성을 검토하고는 어느 집단이 세례를 받기에 부적합한지 거론하는 것으로 넘어갔다. 우리가 확인했듯이 어린이들도 거기에 해당했지만 미혼자에게 세례를 주는 것까지도 우려했다. 생활방식이 결혼으로 귀결하거나 순결을 확인하기 전까지는 불확실한 상태라서 세례 받기에 적절한 대상은 아니었다.[8] 테르툴리아누스가 미혼자의 세례를 뒤로 미루는 기존의 관습을 옹호했다고 볼 이유는 없다. 오히려 세례 이후 죄의 심각성을 고려해서 정책 변화를 촉구하는 것처럼 보인다. 어린이 세례를 반대한 그의 주장 역시 당시 교회의 관행과 상치되지 않았을까? 어쨌든 테르툴리아누스는 자신의 해석처럼 원칙을 지적한 것이지, 그가 아는 관행에 대한 것은 아니었다.

테르툴리아누스가 알고 있던 세례의 관행에는 유아 세례가 일종의 혁신이었다는 전제를 설명하기 어려운 측면이 있다. 그는 유아 세례 후보자의 '후원자'가 영적으로 미지의 존재인 유아에게 헌신할 때 직면하는 영적 위험을 다루었다. 그래서 테르툴리아누스의 세례에는 유아 세례 후보자를 위한 후원자 또는 대부모가 등장하는데 덕분에 그들이 누구이고, 무엇을 하는지 자신의 논증에 설명을 달지 않고 끌어들일 수 있었다. 유아 세례가 실제로 테르툴리아누스 시대의 혁신이었다면 그것은 몇 가지 면에서 잘 확립되어 있었다. 누구든지 테르툴리아누스의 글을 읽으면 말하지 않아도 '후원자'가 누구인지 알 수 있을 정도였다.

게다가 테르툴리아누스와 동시대의 북아프리카에서는 이미 1장에서 언급한 「페르페투아와 펠리치타스 성녀의 순교록」에 등장하는 증거가 있다. 황제에게 바치는 제사를 거부했다는 이유로 투옥되어 처형을 기다린(203년 무렵) 젊은 그리스도인 여성 페르페투아는 자신의 고난과 환상에 얽힌 일화를 현재 순교록으로 알려진 작품에 기록했다. 페르페투아는 이미 아기를 낳았고 자신은 감옥에서 세례를 받았으나 아이의 세례는 언급이 없다. 펠리치타스도 마찬가지로 감옥에서 아기를 낳았지만 역시 아기의 세례에 대해서는 거론하지 않는다. 앨런드(Kurt Alland)는 이것을 3세기 초 아프리카 교회에 유아 세례가 아직 알려지지 않은 증거로 간주했다.

하지만 초기 교회의 유아 세례에 관한 다양한 논쟁처럼 우리는 여기서도 침묵의 논증을 마주한다. 두 아이는 세례에 대한 언급 없이 세례받았을 수도 있다. 그런데 우리가 본문의 침묵을 아이들이 세례받지 않았다는 의미로 받아들인다고 가정하면 그것이 갖는 의미는 무엇이었을까?

가장 최근의 순교록 편집자는 글의 저자와 그녀가 속한 집단이 몬타누스주의 운동으로부터 강하게 영향받았고 테르툴리아누스 역시 그랬다고 주장했다.[9] 그렇게 본다면 순교록은 독자적 증언이 될 수 없다. 그것은 테르툴리아누스가 유아 세례에 유보적 의견을 밝히고 단지 자신을 대변한 게 아니라 북아프리카의 더 넓은 기독교계의 견해를 제시한 증거로 간주해야 한다. 순교록은 테르툴리아누스와 동료가 유아 세례에 대해서 혁신가였는지, 아니면 보수주의자였는지를 결정하는 가장 중요한 질문에 별다른 도움이 되지 않는다.

테르툴리아누스 이후의 증거는 200년 직후 로마에서 글을 남긴 히폴리투스(Hippolytus, 170?-235?)이다. 「사도 전승」은 그가 알고 있는 3세기 초 로마교회의 예배에 대해 흥미롭고 중요한 그림을 제공한다. 그는 세례를 설명하면서 세례 후보자 집단 중 어린이가 가장 먼저 세례받아야 한다고 말한다.

> 먼저, 어린이들이 세례받아야 한다. 스스로 말할 수 있는 사람은 모두 말해야 한다. 그러나 말할 수 없는 사람은 부모나 가족 중 한 사람이 말해야 한다.[10]

이 글의 내용은 아주 명확해 보인다. 하지만 불행히도 이 명백한 증거에도 난점은 존재한다. 히폴리투스 작품의 그리스어 원본은 사라졌고 현재는 라틴어와 다른 언어로 번역된 형태로 존재한다. 가장 오래되고 신뢰할 수 있는 것으로 보이는 라틴어 판본에는 어린이 세례에 관한 이 부분이 빠졌다. 따라서 앨런드는 이 구절이 히폴리투스가 저술할 때 본래 있었던 게 아니라 유아 세례 관습에 익숙한 후대의 사본가들이 추가했고 본문에는 어떤 식으로든지 그것을 언급했어야 한다고 생각했다.[11]

그러나 유아 세례에 관한 이 구절은 사도 전승의 다른 판본에도 존재하고 상당수 학자는 그것을 원본으로 받아들이는 데 동의한다.

따라서 히폴리투스는 아마도 3세기 초 로마에서 유아 세례를 목격한 증인일 수 있지만, 그의 증거는 신중하게 사용해야 한다.

다음 증거는 이집트에서 나왔다. 오리게네스(Origenes, 185?-254?)는 유아 세례가 사도들에게 물려받은 교회의 전통(레 8:3)이라고 소개했다.[12] 이것은 아주 의미심장한 증언이다. 오리게네스는 테르툴리아누스와 달리 단순히 자신의 견해를 소개하지 않고 교회의 관습을 증언한다. 그의 말이 갖는 신빙성은 히폴리투스와 달리 의심할 여지가 없다.

물론 오리게네스가 제시한 유아 세례의 사도적 기원이 오류일 수도 있다. 글을 작성할 때는 사도 시대 이후 거의 2세기가 흐른 뒤였고 당시 사람들이 사도들에게 물려받았다고 주장하는 모든 의식은 실제로 사도적 기원과 무관했다는 것을 염두에 두어야 한다.

그런데 오리게네스는 여행을 자주 다녔다. 오리게네스는 유아 세례를 사도들에게 물려받았다고 로마서 주석에 기록할 무렵까지 고향 이집트와 팔레스타인에서 거주했고 로마와 아테네를 모두 방문한 상태였다. 그는 교회를 광범위하게 경험하는 과정에서 이 진술을 반증할 만한 것을 전혀 보지 못한 게 분명하다. 유아 세례가 직전에 도입되었거나 친숙한 교회의 특정 지역에서만 시행되었다면 오리게네스가 그렇게 전면적으로 주장했을 가능성은 거의 없어 보인다. 오리게네스는 초기 교회에서 가장 예리하고 학구적인 인물 가운데 한 명이었다.

만약 그가 유아 세례를 사도들에게 물려받은 관습이라고 의심 없이 확고하게 말할 수 있었다면, 적어도 3세기 초에는 유아 세례가 아주 철저하게 확립되고 널리 확산해서 사도적 기원에 대한 믿음을 의심 없이 받아들였다는 결론을 내릴 수밖에 없다.

앨런드는 오리게네스가 여행하다가 상반된 증거를 발견했더라면 유아 세례를 이런 방식으로 기록하지 않았을 것이라는 주장을 일축했다.[13] 앨런드는 이와 같은 주장이 본문에 유아 세례를 지시하는 내용이 없다는 사실을 따져보는 것과 무관하게 논쟁에 관여한 교부들의 정신과 방법을 무시하는 일이라고 주장했다. 앨런드에 따르면 오리게네스가 유아 세례를 옹호한 것은 의문을 제기한 사람들이 존재했다는 것을 보여줄 따름이다. 물론 유아 세례의 적절성에 의문을 품은 사람도 있었다. 하지만 그들의 호소는 원칙에 대한 것이지만, 오리게네스의 호소는 실천에 대한 것이라는 게 핵심이다. 이런 식으로 논쟁을 바라보면 현상 유지를 옹호하는 보수주의자와 개혁을 주장하는 급진주의자를 구분하는 게 어렵지 않다.

2세기 후반에 교회가 유아 세례를 도입했다면 교회 지도자들의 신학이 유아 세례에 우호적일 수밖에 없다고 예상할 수 있지만, 만일 그게 아니라면 유아 세례는 어떻게 발판을 확보할 수 있었을까? 그래서 오리게네스 역시 이유는 다르지만 테르툴리아누스처럼 신학적으로 유아 세례를 놓고 고민했다는 것은 중대한 의미가 있다.

「누가복음 설교집」에서 오리게네스는 자신이 속한 집단에서 '형제들이 자주 묻는' 질문, 즉 "어째서 아이들이 죄 사함을 받기 위해 세례를 받아야 하는가, 또는 어느 시점에 그들은 죄를 범했는가?"라는 질문을 다루었다. 이것을 혼란스러워하는 이들에게 오리게네스는 모두에게 달라붙은 '부정함'(그가 '죄'라고 말하지 못한)에서 깨끗해지기 때문이라고 대답했다. 유아 세례는 이미 테르툴리아누스에게서 확인한 어린이의 '무죄성'에 대한 일반적 가정과 상반된다. 오리게네스는 이 의식이 역사적으로뿐만 아니라 신학적으로도 근거가 있음을 독자들에게, 그리고 어쩌면 자신까지 확신시키려고 고군분투했던 것으로 보인다. 그는 유아 세례가 이미 존재하지 않았다면, 그리고 그 배후에 강력한 무게의 전통이 존재하지 않았다면 자신과 동시대 사람들이 유아 세례를 발명하지 않았을 것이라는 강력한 인상을 풍긴다.

3세기의 마지막 증인은 카르타고에서 주교를 지낸 키프리아누스이다. 키프리아누스는 이전 세대의 테르툴리아누스처럼 유아 세례로 어려움을 겪는 동료 주교 피두스(Fidus)의 질문에 답하면서 잠시 언급했다. 그런데 피두스의 문제는 과거와 달랐다. 키프리아누스는 할례와 마찬가지로 8일째 되는 날 세례를 베풀라고 제안했다. 출생 후 둘째 날이나 셋째 날에 세례를 꺼린 이유로 추정되는 또 다른 문제는 평화의 입맞춤이었다. 그는 갓 태어난 아기는 '여전히 부정한 흔적이 남아 있어' 혐오했다. 그러니 주교가 아기들과 그렇게 가깝게 접촉하는 것을 어떻게 기대할 수 있었을까?

키프리아누스는 북아프리카의 주교들과 상의하고 나서 아기에게 입 맞추는 것은 새로운 창조를 완성한 하나님의 손길에 입맞춤하는 것이라고 피두스에게 상당히 직접적으로 대답했다. 키프리아누스는 어린이는 가능한 한 빨리 세례의 은총을 받아야 해서 출생 후 2, 3일 안에 세례받아야 한다고 결정했다.

세례를 늦추려는 피두스의 바람은 구약성경에 대한 노골적 호소에 근거할 뿐 아니라 1장에서 확인했듯이 로마에서 여자아이가 태어난 지 8일, 남자아이는 9일에 실시한 '정화의 날'이라는 관습을 반영한 게 아닌가 하는 의문이 든다. 키프리아누스는 신생아에 대한 기독교적 태도를 확실하게 옹호하는 것 같다. 기독교의 세례는 유대인 사회의 할례나 로마의 세례와 달리 아이가 생후 첫 주에 생존할 수 있는지 증명될 때까지 기다리지 않았다. 키프리아누스의 주장에 따르면 세례받는 것은 생존 여부와 무관하게 사실상 즉각적으로 이루어진 것이었고 갓 태어난 아이는 생명이 시작될 때부터 인간으로 대우받아야 했다. 그렇지만 세부 문제에 대한 차이가 무엇이든지 키프리아누스와 피두스 모두 유아 세례를 교회생활의 정상적 일부로 받아들였다.

이제 우리는 앞서 테르툴리아누스에게 던졌던 질문, 그러니까 유아 세례의 관행에 그가 보수주의자였는지 아니면 혁신가였는지에 관한 질문으로 돌아갈 수 있다. 우리가 검토한 3세기 목격자들은 유아 세례가 광범위하고 잘 정립된 관습이었다고 시사하는 것 같다.

오리게네스는 이것을 사도들에게까지 거슬러 올라갔고 누구도 반박할 것으로 생각하지 않았다. 실제로 테르툴리아누스를 포함한 어떤 자료도 오리게네스의 주장과 모순되지 않는다.

테르툴리아누스는 자신이 반대하는 혁신을 도입한 사람들을 압도적으로 비난했다(그리고 자신이 승인한 사도적 기원이 의심스러운 관행에 대해서는 놀라울 정도로 관대했다).[14] 유아 세례가 한두 세대 전에 교회에 도입된 새로운 것이라고 말하는 게 테르툴리아누스가 할 수 있는 최선의 주장이었을 것이다. 그가 그런 주장을 활용하지 않았다는 사실은 그럴 수 없었다는 것을 강하게 시사한다.

테르툴리아누스나 피두스처럼 그 관습이 정당한지 묻거나 관습을 바꿔야 한다고 요구하기 시작한 사람들은 혁신가처럼 보인다. 그들은 가장 강력한 카드인 사도의 권위를 주장할 수 없었다. 그들은 테르툴리아누스와 함께 세례 이후에 범하는 죄의 위험성을 지적하거나, 아니면 피두스와 더불어 의식을 수행하는 자신의 존엄성에 호소할 수 있었을 뿐이다.

이 주제를 연구했다고 해서 3세기 초까지 유아 세례를 확실하게 정착된 관습이라고 여기서 주장했던 사례를 누구나 지지하지는 않는다. 유아 세례를 반대하는 대표적인 주장 중 하나는 처음부터 세례 대상이 유아가 아닌 성인 후보자였다는 사실이다. 예를 들어 세례의 진행 과정을 최초로 목격한 히폴리투스는 어린이가 아닌 성인에게 적합한 의식을 분명하게 묘사한다.[15] 후보자에 대한 심문, 공개적인 신앙 선언, 축마(exorcism) 의식은 모두 초기 세례의 일부였고 후보자는 언제나 자발적으로 신앙을 행사할 수 있는 것처럼 취급받았다. 부모나 후원자가 대변할 수도 있겠지만 그 이외의 세례 후보자가 어린이였을 가능성에는 일체 양보가 없었고 갓 태어난 아기의 경우에는 더더욱 그랬다.

이런 연구 덕분에 본래 모든 세례는 성인을 위한 것이었으나 2세기 후반에는 유아 세례에 대한 압력이 증가했다는 주장이 제기되었다. 이런 압력은 자녀를 염려하는 부모에게서 비롯되었지만 이미 세례 형식이 확정되어 있었기에 어린이는 세례 후보자로 간주하기 이전의 의식으로 세례받았다. 어린이가 처음부터 세례를 받았다면 초기 교회는 어째서 그들에게 어울리는 의식을 개발하지 않았을까?

이 주장은 생각만큼 강력하지 않다. 일차적으로 3세기의 교회에 제기할 수 있는 질문은 1세기나 2세기 교회의 그것만큼 간단하다. 3세기에 들어서서 의식을 다른 방향으로 상당히 혁신했다면 어째서 교회는 그 시기에 유아 세례 후보자라는 새로운 상황에 대처하도록 의식을 변경하지 않았던 것일까? 하지만 진짜 답은 다른 곳에 존재한다. 답은 초기 교회가 어린이를 대하는 방식에 대해 우리가 이미 들여다본 것에서 확인할 수 있다. 우리가 확인했듯이 어린이들은 초기부터 예배에 참석했으나 기독교 의식은 그들의 존재에 양보하지 않았다. 인간 성장에 대한 고대 세계의 발달적 관점이 달랐다는 사실을 고려하면 초기 그리스도인들이 어린이를 위해 따로 의식을 만들었다면 믿기 어려울 것이다. 그러니 어린이를 위해서 세례를 개발하지 않은 게 당연했다.

어린이의 신앙 교육 영역으로 가정을 강조한 것을 감안하면 유아 세례를 전적으로 부모의 책임으로 간주하는 것 역시 당연하다. 초기 교회가 유아를 한 사람의 인격체, 또는 어린이를 별도로 제작한 자료가 필요한 인격의 발달 단계로 취급했을 것이라고 기대하면 시대착오다.

세례가 성인 개종자의 준비 과정을 모델로 삼은 것에는 의심의 여지가 없다. 교회 설립 초기에는 성인 개종자와 그 가족만 공동체에 받아들였다. 하지만 교회는 어린이들이 공동체에서 태어나서 세례를 받을 때 의식을 변경할 이유가 없다고 생각했다. 우리는 그런 의식을 유아나 어린이에게 어울리지 않는 것으로 생각하지만 3세기의 교회는 어린이에게 이런 의식을 집행하는 데 어려움이 없었다. 2세기나 심지어 1세기 교회까지도 이것을 문제로 간주했다고 가정할 이유는 없다.

아울러서 부모가 자녀에게 세례를 베풀라고 압력을 가했을 것이라는 가정은 전적으로 가설에 불과하다는 점 역시 덧붙여야 한다. 유아에게 세례를 주라는 압력을 가했다는 증거는 존재하지 않는다. 우리가 확보한 자료가 알려주는 압력은 전적으로 반대 방향, 그러니까 유아 세례를 중단하라는 것이었다(테르툴리아누스, 그리고 오리게네스에게 의문을 제기했던 '형제들').

아우구스티누스의 유아 세례

우리는 테르툴리아누스처럼 유아 세례의 관습에 의문을 제기하기 시작한 이들을 3세기의 혁신가들이라고 불렀다. 혁신가들은 어느 정도 성공을 거두었다. 3, 4세기 그리스도인 부모들은 자녀가 상당히 성숙한 나이가 되기 전까지는 세례받지 않게 했다는 증거가 남아 있다. 이 시기의 몇몇 기독교 무덤의 비문에는 중병에 걸리기 전까지 세례를 받지 못한 어린이들이 임종 순간에 받았다는 이른바 '임상 세례' (clinical baptism)에 관한 일화가 기록되어 있다.

임상 세례를 문헌에서 최초로 언급한 것은 세례를 받지 않은 성인 개종자로서 축마의식을 치르다가 중병을 앓은 노바티아누스(Novatianus, 200?-240?)의 세례이다. 그는 생존 가능성이 희박해서 흔히 수반되는 의식 없이 물에 들어가지 않고 약식으로 서둘러 세례를 받았다. 그런데 노바티아누스는 살아남아서 골치 아픈 분열주의자가 되었다. 이렇게 급하고 긴박한 형태의 세례는 유아 세례를 받지 않고 질병으로 긴급한 조치가 필요한 어린이들에게도 사용되었다.

그 사례 가운데는 1년 9개월 6일의 나이로 죽기 직전 세례받은 아프로니아누스(Apronianus), 1년 10개월 15일의 나이로 죽는 날 세례받은 티케(Tyche), 11개월 6일의 나이로 죽기 일주일 전 세례받은 이레네(Irene), 죽기 하루 전 세례받은 열두 살의 마르키아누스(Marcianus)가 있었다.[16] 무덤의 비문들은 3세기에 제작된 것으로 보이고(마르키아누스 비문에는 268년이라고 기록되어 있다), 로마

지역 것들이었다.

예레미아스는 이 비문들을 3세기 유아 세례의 증거로 간주했다. 앨런드는 같은 자료를 놓고 상반된 주장을 제기했다. 그는 세례를 명확하게 언급하고 세례 당시 어린이의 나이를 기록한 무덤의 비문이 있는 경우(위의 사례처럼)는 엄밀히 말하면 유아가 아니라 나이를 많이 먹은 어린이라고 지적했다. 이 어린이들은 이전에 유아 세례를 받은 적이 없으니 비문들은 3, 4세기에 유아 세례를 실시했다는 증거가 된다. 앨런드는 세례 날짜를 가리키는 이 비문들이 자녀의 기독교 세례를 극단적으로 수용한 이교도 가정에서 의뢰한 것이라는 예레미아스의 제안을 일축했다. 그는 마르키아누스 비문이 갖는 기독교 예술적 디자인과 표현은 기독교 가정에서만 나올 수 있다고 주장했다.[17]

3세기에는 교회 신학자나 평신도 모두 유아 세례에 대해 어떻게 생각하거나 행동해야 할지 몰랐던 것 같다. 무덤의 비문에 대한 가장 가능성이 높은 설명은 그것을 통해 테르툴리아누스가 제기했던 주장의 결과를 평범한 그리스도인들의 삶에서 확인할 수 있다는 것이다. 테르툴리아누스는 유아나 어린이가 세례받을 수 있다는 것을 부정하지 않았다. 단지 세례받은 그리스도인의 고된 삶에 어린이가 헌신하게 하는 게 현명한 것인지 의문을 제기했을 뿐이다.

「세례론」에서 테르툴리아누스는 긴급한 경우(예를 들어 중병에 걸렸을 때) 어린이도 세례를 받을 수 있고, 또 그렇게 해야 마땅하다고 암시한다. 그러면서도 그는 "그다지 필요하지 않다면"(si non tam necesse est) 어째서 후원자들이 직접 위험에 처해야 하는지 의문을 제기했다. 세례 이후 저지르는 죄의 용서가 그렇게 심각한 문제라면 세례를 가능한 한 늦게까지 연기하는 게 무엇보다 지혜로운 방법이었다. 무덤의 비문은(신자의 세례를 실시하는 대부분의 현대 교회와 달리) 어린이도 세례받을 수 있는 기독교 공동체를 보여준다. 그래서 그들은 죽기 전에 세례받았다. 그러나 오늘날 유아에게 세례를 베푸는 대부분 교회와 달리 세례 이후에 저지르는 죄를 아주 심각하게 취급했던 공동체는 생존할 것으로 예상되는 어린이가 세례받은 그리스도인의 고된 길을 선택하지 않도록 했다. 따라서 이 아이들은 중병에 걸리기 전에는 세례를 받을 수 없었다.

이런 테르툴리아누스의 주장이 거둔 성공은 4세기 교회의 일부 유명한 지도자들의 전기에서도 볼 수 있는데 나지안주스의 그레고리오스(Gregorios, 328/330년 출생, 그리스도인 부모의 장남으로 어려서 세례를 받지 못했다고 알려졌다), 대(大) 바실리우스, 요한네스 크리소스토무스, 아우구스티누스는 적어도 한 명 이상의 그리스도인 부모 사이에서 태어났고 모두가 유아(또는 적어도 어린이) 세례를 가르치고 옹호하면서도 성인이 되어 세례받았다고 주장했다.

그들이 태어나고 자란 교회는 유아 세례를 허용하면서도 필수는 아니었다. 아우구스티누스의 어머니 모니카는 아우구스티누스가 유아였을 때 세례를 줄 수도 있었지만 세례 이후 범하는 죄에 대한 무거운 죄책감이 두려워 연기하는 것을 선호했다고 한다. 모니카는 아우구스티누스가 어려서 중병을 앓을 때는 포기할 뻔했으나 견뎌냈다. 아우구스티누스는 나중에 이렇게 기록했다. "어머니는 내가 자라기 전에 얼마나 많은 유혹의 파도가 나를 위협하는지 잘 알고 있어서 세례의 도장을 받은 완성된 형상보다는 아직 성형되지 않은 진흙 위에 그 파도가 치도록 내버려두었습니다."

4세기 그리스도인 부모들은 옛 관습대로 자녀가 세례받게 허용하거나, 아니면 종교적 신념에 따라 자녀가 조금 더 안정된 시기에 세례받을 때까지 내버려둘 수 있는 선택권이 있었다. 모니카는 아들에게 세례를 주지 않기로 했고, 의심할 여지 없이 당시의 상당수 독실한 부모들이 그렇게 선택했다. 하지만 아우구스티누스 시대에는 변화가 일어나고 있었다. 그의 강력한 신학적 사고가 힘찬 추동력이 되었다.

아우구스티누스는 '심지어 요즘에도'(etiam nunc) 사람들이 아이에 대해 "그냥 내버려두고 알아서 하도록 내버려둬라. 아직 세례를 받지 않았다"라고 말하는 것을 듣게 된다고 지적했다.[18] '심지어 요즘에도'라는 문구는 태도의 변화가 진행 중이었음을 암시한다. 아우구스티누스 자신도 존경하는 어머니를 비판하는 게 싫었지만 어머니의 결정이 현명했는지 의문을 품고 유아기에 세례받았더라면 좋았을 것으로 생각했다. 그는 세례를 연기하는 습관이 더 이상 일반적이지 않은 다른 세대에 속해 있었기 때문이다.

아우구스티누스의 공헌은 교회 역사상 최초로 유아 세례에 대한 신학적 근거를 제시한 것이다. 아우구스티누스는 원죄에 대한 믿음, 즉 모든 인간은 태어날 때부터 하나님을 멀리하려는 선천적 경향을 지니고 있을 뿐 아니라(모든 기독교 사상가가 동의한 것처럼) 이미 죄지은 상태로 태어났다는 확신을 분명하게 밝혔다. 아우구스티누스는 시편 51편 5절 "내가 죄악 중에서 출생하였음이여 어머니가 죄 중에서 나를 잉태하였나이다"와 로마서 5장 12절 "한 사람(즉, 아담)으로 말미암아 죄가 세상에 들어오고 죄로 말미암아 사망이 들어왔나니 이와 같이 모든 사람이 죄를 지었으므로 사망이 모든 사람에게 이르렀느니라"와 같은 성경 구절에서 이러한 확신을 끌어냈다. 아우구스티누스는 아담이 범한 죄의 죄책감이 갓 태어난 유아에게 전가되고 태어날 때부터 각 사람은 '죄의 덩어리'라고 표현한 인류의 일부라고 주장했다.

유아 세례는 지금껏 갖지 못했던 아우구스티누스라는 신학적 옹호자를 만났다. 원죄에 대한 그의 견해는 교회가 신생아에게 세례를 베푸는 관행에 근거를 제공했다. 세례가 죄의 용서를 부여한다면 원죄나 출생에 따른 죄가 아니라면 신생아가 무슨 죄를 저지를 수 있는가?[19] 우리는 아우구스티누스에게 익숙한 세례는 성령의 임재와 모든 악령의 추방을 상징하는 축마 의식, 즉 세례 후보자 얼굴에 숨을 불어넣는 것(exsufflation) 같은 정교한 의식이 포함되었다는 것 역시 알고 있어야 한다. 아우구스티누스는 이 관습에 호소해서 아이

초기 교회의 어린이 세례와 입교 의식 장면. 한쪽에서는 흐르는 물로 어린이가 세례를 받을 때 천사가 축복하고, 또 다른 쪽에서는 증인 앞에서 주교가 큰아이의 머리에 손을 얹고 입교를 확인한다(4-5세기 상아 패널).

가 처음부터 사탄의 권세 아래 있지 않다면 어째서 이런 의식이 필요한지 질문할 수 있었다.

아우구스티누스의 질문에 대한 답변은, 역사적으로 세례는 성인 개종자를 염두에 두고 발전했고 이미 살펴보았듯이 어린이에게는 적용되지 않았다는 것이다. 그런데 아우구스티누스의 주장이 결국 주도권을 잡았다. 세례 논쟁의 강력한 상대였던 펠라기우스주의자들은 유아 세례의 유효성을 부인하지 않고 유아 세례의 긍정적 가치(그리스도의 지체로 입문하는 절차)를 인정했지만 어린이는 용서받을 죄가 없으니 어린이 세례가 죄 사함을 부여할 수 없다고 간주했다. 아우구스티누스가 보기에 그들은 죄 사함을 부여하지 않는 유아 세례와 죄 사함을 부여하는 성인의 세례라는 두 종류의 세례를 주장했다. 그는 이것이 "나는 하나의 세례를 믿는다"라는 신앙고백과 상반된 것이라고 평가했다.

아우구스티누스는 위대한 은혜의 신학자였다. 아우구스티누스가 세례를 통한 하나님의 은혜를 크게 강조했을 때 능력이 부족한 옹호자들은 은혜를 마치 적절하게 안수받은 인물이 적당한 세례 후보자에게 부여하는 물건처럼 간주하는 기계론적 관점을 주장했다. 그렇지만 하나님의 은혜를 강조한 아우구스티누스는 교회가 세례 이후에 저지르는 죄에 대한 두려움을 극복할 수 있게 해 주었다. 만일 두려움이 교회에 계속 남아 있었더라면 임종 직전에 세례받은 콘스탄티누스 황제의 사례가 결국 전형적인 입교 형식이 되었을지 모른다.

아우구스티누스 시대부터 종교개혁까지 유아 세례는 교회의 관습뿐 아니라 확실한 신학적 토대에 구축된 의식으로 확고하게 자리 잡았다. 하지만 아우구스티누스의 업적은 언젠가 의심받을 운명이었다. 재세례파는 성경에서 유아 세례의 구체적 사례를 찾을 수 없다는 점을 지적하고는 신약성경의 세례 교리에 유아를 실제로 포함할 수 있는지 의문을 제기해서 바탕부터 타당성을 문제 삼았다. 신흥 침례교의 전통은 테르툴리아누스가 제기했던 질문 배후의 쟁점을 새롭게 제기해서 밑바탕을 한층 더 약화했다. 믿음을 의식하지 못하는 사람에게 어떻게 은혜를 전달할 수 있을까?

18세기 이후 복음주의 운동은 유아 세례가 신자의 삶에서 개인의 신앙을 은혜의 수단으로 강조하는 것과 잘 맞지 않는다고 생각했다. 그 결과로 이 운동에서 비롯되었거나 이 운동의 영향을 받은 여러 교단은 '신자 세례'(believer's baptism)를 표준으로 정했다. 그리고 끝으로, 아담에게 생물학적으로 물려받은 선천적 죄책감이라는 독특한 이해에 기반한 아우구스티누스의 사례는 창세기의 이야기를 더 이상 문자 그대로 읽지 않는 세상에서 살아남기 어려웠을 것이다.

오늘날 아우구스티누스가 유아 세례에 제시했던 근거는 최소한 재해석이 필요하다. 보다 근본적으로는 그의 주장이 완전히 붕괴했으니 유아 세례의 관습은 또다시 신학을 모색하는 의식이 되었다고 주장할 수 있을 정도다. 따라서 앞서 제기했던 역사적 질문, 그러니까 초기 교회가 유아에게 세례를 주었는지에 대한 질문은 유아 또는 어린이 세례가 신약성경의 세례 목적과 본질에 부합하는지에 대한 신학적 질문으로 다시 돌아가게 만든다.

유아 세례 vs 어른 세례

유아 세례는 3세기에 이미 강력하게 확립된 관습이었으나 세례 이후의 죄를 걱정하는 이들은 비판적으로 접근하고 있었다. 유아 세례에 관한 3세기의 논쟁에 참여한 누구도 유아 세례가 사도 시대부터 이어온 혁신이라고 주장하지는 않았다. 유아에게 세례를 주는 게 현명하지 않다고 생각한 쪽에서도 유아 세례는 오리게네스가 주장했듯이 사도들에게 유래한 관습이라고 인정했다.

우리는 그들이 옳았는지 묻지 않을 수 없다. 신약성경의 증거 그 자체는 세례의 실천과 신학 모두에 대해 어느 방향을 가리키고 있는 것일까?

가족 세례 (household baptisms)

어린이 한 명이 세례받은 기록은 신약성경에서 사례를 찾을 수 없지만 온 가족이 동시에 세례받은 기록은 존재한다(행 16:15 루디아 가정, 행 16:33 빌립보 간수, 고전 1:16 스데바나 가정). 여기서도 우리는 '어린이를 계수하지 않은' 문제와 마주한다. 누가나 바울에게는 이런 가정에 자녀가 있는지, 그리고 있다면 다른 구성원이 세례받을 때 자녀를 포함했는지를 독자에게 소개하는 것은 전혀 중요하지 않았다.

사도행전 18장 8절에는 고린도에 있는 그리스보가 '온 집안과' 더불어 회심하는 장면이 등장하고 고린도전서 1장 14절에는 바울이 그리스보에게 세례를 주었다고 하면서도 그의 가족에 대해서는 아무 말도 하지 않는다. 이것은 전형적인 '가족 세례' 였다. 따라서 가장은 회심하고 세례를 받았어도 자녀는 세례받을 나이가 될 때까지 기다려야 했다는 주장이 제기될 수 있다. 여기에는 이해할 수 없는 부분이 적지 않다. 그리스보 단독으로 세례받았을 가능성이 있다.

하지만 그리스보만 바울에게 세례받고 다른 가족 구성원은 바울의 동료에게 세례를 받았을 가능성 역시 마찬가지로 존재한다.

이런 가족 세례에는 분명히 집단적인 측면이 있다. 신약성경 어디에도 회심할 무렵 가정에 어떤 구분이 따로 있었는지, 만약 구분이 있었다면 어떻게 가능했는지 파악할 수 있는 자료는 존재하지 않는다. 남편이 회심했다면 아내 역시 세례받았을까? 어떤 어린이는 설교에 응답하고, 그보다 어린아이는 그럴 수 없었다면 그 기준은 무엇이었을까? 신약성경은 그런 중대한 질문에 지침을 제공하지 않을뿐더러 실제로 그런 문제가 제기되었다는 흔적도 찾을 수 없다. 가장 간단한 해결책은 가장이 회심했을 때 아내와 자녀를 포함한 가족 모두가 세례를 받았다는 것이다. 우리는 신약성경을 통해 이교도 가정에는 그리스도인 노예가 있었다는 것을 알고 있고(딤전 6:1 이하), 2세기 아리스티데스에게서 그리스도인 주인은 신앙을 받아들이도록 설득하려고 했으나 그럴 수 없었든지, 아니면 강요하지 않으려고 한 이교도 노예가 있었다는 것을 알고 있다.

가족 세례라는 수수께끼에 대한 간단한 해결책은 여전히 증거가 빈약하다. 가족 세례의 증거는 어떤 방향에서도 충분히 해석할 수 있다. 다른 이유로 신약성경의 교회가 유아에게 세례를 베풀었다고 수긍하면 유아를 비롯한 가정의 모든 어린이가 세례에 포함되었다고 쉽게 상상할 수 있다. 하지만 신약성경의 교회가 직접 복음에 반응하기에는 너무 어린아이에게는 세례를 줄 수 없었다는 데 동의하면 가족 세례가 특정 나이에 도달하지 못한 어린이를 의도적으로 배제했다고 역시 간단하게 추측할 수 있다.

세례와 신앙

신약성경이 기록하듯이 사도 시대의 관습이 확정된 게 아니라면 신약성경의 세례에 대한 원리나 신학은 어떨까? 거기에는 어떤 지침이 존재할까?

종교개혁 이후로 핵심적인 구절은 마가복음 16장 16절 "믿고 세례를 받는 사람은 구원을 얻을 것이요"였다. 이 구절은 유아 세례를 반대하는 신학적 입장을 깔끔하게 요약한다. 세례는 신자가 하는 신앙고백의 표징이며 보증이다. 따라서 세례는 복음을 듣고 받아들여 신앙을 고백한 사람에게만 주어야 한다. 그 이외의 상황에서 물을 뿌리는 행위는 '듣기-믿기-세례받기'의 순서를 지키지 않는 것이라서 '세례'라고 부를 수 없다. 신약성경에서 세례는 회개와 믿음을 요구했기 때문에 어느 쪽도 불가능한 유아에게 시행할 수 없었다.

안타깝게도 오늘날 대부분의 학자는 마가복음 16장 16절이 포함된 마가의 긴 결말을 잘 정리되었다는 이유로, 비록 2세기의 결과물이고 신약성경이 세례를 어떻게 표현하는지 요약하더라도 진본이 아니라고 부정한다. 사도행전 이야기에 등장하는 어른들은 실제로 세례를 위해 물로 다가가기에 앞서 회개와 믿음으로 소환된다. 신약성경은 의식적이고 성숙한 신앙의 실천을 전제하는 용어로 세례를 언급한다(롬 6:3, 고전 12:13, 갈 3:27, 벧전 3:21). 신약성경이 세례에 대해 이렇게 말한다면 신약성경에 유아 세례의 여지가 있을 수 있을까? 신약성경의 세례 신학 때문에 유아 세례의 관행이 배제된 게 아니었을까? 종교개혁 이후로 발전한 침례교 전통은 그렇게 주장해 왔고 지금도 계속 주장한다.

이런 식으로 신약성경을 읽는 것은 유아 세례에 대한 신약성경의 침묵이 그 뒤를 떠받치고 있다는 게 강점이다. 세례에 대한 신약성경 저자들의 분명한 믿음에 근거하고 그런 믿음을 관찰해서 신약성경의 실제 모습을 재구성할 수 있다는 장점도 있다. 하지만 이런 내용을 언급했다고 해서 사건이 완전히 종결되지는 않는다.

세례 후보자가 복음에 믿음으로 반응을 보여야 한다면 어린이는 그런 반응을 나타낼 수 없고, 그러니 어린이는 세례 후보자로 부적합하다고 말하는 것은 논리적으로 보일 수 있다. 하지만 초기 교회에서는 누구도 그런 논리를 따르지 않은 것 같다. 테르툴리아누스가 걱정한 것은 앞서 살펴본 것처럼 세례 이후에 범하는 죄의 심각성이지 유아의 신앙 능력 부족이 아니었다. 어린이가 어느 정도 이해할 수 있는 능력이 생길 때까지 세례를 연기하자고 제안했던 최초의 인물은 나지안주스의 그레고리오스였다. 그는 세 살을 권장했는데 어린이가 세례와 관련된 질문의 의미를 어느 정도 파악하고 대답할 수 있다고 생각했기 때문이다. 이 경우에도 어린이가 신앙을 실천할 수 있는 능력을 갖지 못하는 게 직접적인 문제는 아니었다.

만일 그리스도인 부모를 둔 자녀가 성인이 될 때까지 세례받지 못했다면 초기 기독교 문헌을 통해 신앙고백을 인정하는 나이가 몇 살이었는지 확인할 수 있는 약간의 단서를 기대할 수도 있다. 그렇지만 첫 두 세기 동안 교회 안에서 성장한 어린이가 나중에 세례받은 사례는 존재하지 않는다. 신앙이 아니라 두려움 때문에 3세기에 이런 일이 발생했다. 세례 이후의 죄에 대한 두려움으로 성인이 될 때까지, 어떤 경우에는 임종할 무렵까지 세례를 연기하는 일도 있었다. 이런 지연 세례를 제외하면 세례 후보자는 개종자와 유아라는 두 가지 유형만 알려져 있다. 유효한 신앙고백을 할 수 있을 때까지 기다렸던 그리스도인 부모의 장성한 자녀들은 등장하지 않는다.

이에 대한 해답은 초기부터 교회의 기본 구성요소로 간주해 온 가정에 있는 것 같다. 우리는 복음서에서도 예수님의 사역은 항상 부모를 통해 이루어졌다는 사실을 기억한다. 어린이들을 가르치고 돌보는 일은 교회가 시작될 때부터 가정의 대표적인 책임이었다. 어린이는 가족에 포함되는 것으로 인식했다. 가족을 넘어서서 세상과 관련된 모든 관계에서 부모가 자녀를 대신하는 것은 당연한 일이었다. 개종할 때 부모가 자녀도 함께 세례받기를 기대하는 것도 당연했을 것이다. 자녀를 자율적 개인으로, 때가 되면 스스로 결정할 수 있는 존재로 인식하는 것은 신약성경의 세계와는 거리가 먼 현대적 인식이다. 그것을 신약성경과 그 저자들에게 투사해서는 안 된다.

할례 제도가 기독교 교회에 유아 세례의 길을 예비했을 수도 있다. 유대인 남자아이의 할례는 아이가 정식으로 가족이 되는 좋은 사례가 분명하다. 우리는 3세기에 피두스 주교가 옛 입교와 새 입교 형태를 어떻게 구분했는지 확인했다. 세례가 기독교 공동체에 속한 어린이들의 할례를 대신했다고 가정할 만한 확실한 이유가 신약성경에는 존재하지 않는다.

일부 저자들은 이 주제와 관련해서 이방인들에게 어린이에 관한 고유한 의식이 없었던 것처럼 그리스도인들이 할례를 거부하고 난 뒤에 어린이가 공동체에 입문하는 문제를 해결했다고 가정했던 것처럼 보인다. 그러나 1장에서 확인했듯이 로마 사회에도 '정화의 날' (dies lustricus)이 있었고 다른 문화권에도 나름의 의식은 있었다. 세례가 할례나 정화의 날을 대체하지 못했다면 무엇으로 그 역할을 대체했을까?

신약성경의 유아 세례를 거부하는 것은 최초의 그리스도인들에게 어린이 입교 의식이 없었다고 가정하는 것이다. 우리는 의식이 가득 들어찬 삶을 산 사람들에게 그런 일이 얼마나 낯설었을지 인정해야 한다. 1장에서 살펴본 것처럼 이방인과 유대인 사회 모두 어린이의 출생이나 공동체 입문과 관련해서 중요한 의식을 치렀다. 우리는 그리스도인들이 처음부터 할례를 포기했다는 것을 알고 있다. 사도행전 21장 21절에서 예루살렘 교회 장로들은 바울을 상대로 그가 저지른 '배교' 의 상당 부분이 어린이에게 할례를 행하지 말라고 가르친 것이라는 말을 들었다고 했다.

그렇지만 유대인과 이방인 모두 아이의 출생을 중요한 의식으로 기념하는 데 익숙했는데, 그들이 그리스도인이 되었다고 해서 의례나 의식을 완전히 포기하기로 했다고 가정해야 할까? 우리는 인생의 단계마다 의식을 치르는 삶을 산 사람들의 처지를 이해하는 게 쉽지 않다. 최초의 그리스도인들에게 어린이의 공동체 입문을 기념하는 의식이 없었다면 당시 세계에서 아주 특이한 집단으로 취급받았을 것이다. 세례는 우리에게 알려진 단 하나의 기독교 입교 의식이다. 최초의 그리스도인들이 유아에게 세례를 주지 않았다면 그들의 탄생은 대체 어떻게 기념했다는 것일까?

누군가는 최초의 그리스도인들이 이 정도로 아주 기이했고, 그들은 실제로 어린이 입교 의식을 모두 포기하는 것에 만족했고, 그리고 상당히 의식적인 사회에 순응해야 하는 압박감 때문에 나중에 유아 세례를 채택했다고 주장할 수 있다. 그래서 2세기 중반에 아리스티데스가 그리스도인들에 대해 이렇게 말했을지도 모른다. “그들 가운데 누구에게든지 아이가 태어나면 하나님을 찬양한다.”[20] 이 말은 아이의 출생 순간 감사 의식을 거행한 증거일 수 있다. 하지만 아리스티데스는 기독교 예배를 설명한 게 아니라 그리스도인의 무해함과 생활방식의 자연스러움을 주장한 것이다. 그리스도인들은 가장 확실해 보이는 것을 실천했고, 또 자기 자녀를 위해 입문 의식을 채택했을 가능성 역시 있다.

이것에 대한 가장 두드러진 주장은 할례나 유사한 이교 의식의 존재 때문에 최초의 그리스도인들에게 공동체의 일부 입문 형식이 옛 언약에 따른 할례 장소와 일치할 것으로 기대하게 했을지 모른다는 것이다.

우리는 에베소서와 골로새서가 윤리적 교훈에서 어린이를 어떻게 언급하는지 살펴보았다(엡 6:1-3, 골 3:20). 우리는 어린이가 회중의 일부였다고 가정하지 않을 수 없다. 어린이들은 그 서신들을 낭독할 때 전부 들었을 것이다. 두 통의 서신 모두 수신자들이 세례를 받았다는 것을 암시하는 여러 내용을 담고 있다(엡 2:5; 4:5; 4:20-24, 골 2:6; 2:20-3:4). 여기에는 세례받아서 서신 내용이 적용되는 성인들과 세례받지 않아서 그 내용과 무관한 어린이들이 회중에 포함되었다는 어떤 암시도 없다.

회중은 성인기에 그리스도를 영접하고 신앙고백을 통해 세례받은 성인과 유아 때 세례받고 그리스도 안에서 자라나는(엡 4:15) 어린이를 모두 포함했다고 이해하는 편이 훨씬 더 자연스럽다. 이것이 1세기의 전형적인 기독교 회중의 모습이었다. 외부에서 공동체에 유입되면 세례라는 관문을 거쳐 들어왔다. 공동체 출신으로 내부에서 들어온 사람들 역시 다르지 않았다. 에베소서가 언급하듯이 "주도 한 분이시요 믿음도 하나요 세례도 하나"(엡 4:5)이기 때문이다.

결론적으로 믿음을 가진 부모의 자녀들에게 세례를 주는 것은 사도 시대가 처음이라는 오리게네스의 생각이 옳았다고 생각하는 데는 그럴만한 이유가 있다. 이 때문에 세례가 그때 시작되었다는 오리게네스의 증언과 그렇지 않다고 주장한 테르툴리아누스의 무능함이 드러난다.

초기 기독교 공동체가 자녀를 가족의 일원으로 교회의 예배 생활에 포함한 태도를 고려하면 어린이의 세례는 전체적으로 우리가 예상한 수준을 벗어나지 않는다.

우리의 결론은 (잠정적인 결론일 수밖에 없지만) 최초의 그리스도인들이 교회가 시작될 때부터 어린이에게 세례를 주었다는 것이다. 신약성경에 기록된 회심 이야기에 등장하는 '가족 세례'는 어린이를 배제하지 않았다. 이후로 초기 그리스도인들의 가정에 기반한 교회에서 아이들은 태어나자마자 세례받았다. 이 모든 일이 1, 2세기에는 큰 반성 없이 이루어졌다.

그러나 3세기 초반, 교회는 처음으로 신학자들을 확보하기 시작했다. 그 사내들은 기독교 신앙을 전체적으로 조화롭게 엮어내려고 시도했다. 이런 사상가들의 세대는 유아에게 세례를 베푸는 교회의 기존 관행을 지금껏 의심하지 않았지만 어린이의 '무죄성'(즉 하나님 앞에서 죄를 물을 수 없는 상태)에 대한 광범위한 가정과 용서의 여지가 없는 세례 이후 범죄에 대한 점증하는 우려가 동시에 다소 불안하게 자리 잡은 것에 곧장 주목했다. 일관성을 위해 관행을 변경하거나(테르툴리아누스) 신앙을 수정하라고 요구했다(오리게네스).

3세기에는 이런 불확실성에 따른 결과로 교회에는 대체로 세례에 대한 두 가지 견해가 존재했다. 한편에서는 키프리아누스 같은 보수주의자들이 출생 직후 받는 세례의 타당성을 계속 옹호했다. 또 다른 편에는 세례가 기독교적 삶의 출발점이 아니라 정점이라는 새로운 이해를 근거로 세례를 미루도록 설득하는 사람들이 있었다. 부모들은 자녀가 세례받지 않고 죽으면 어떻게 될 것인가를 고민하지 않았던 것 같다. 오히려 그와는 정반대로 자녀가 세례받고 생활하다가 무슨 일을 겪게 될지 염려한 것 같다. 만일 아이들이 세례를 받고 예상한 대로 죄를 짓게 되면 어떻게 용서를 받을 수 있을까? 결국 세례는 중병에 걸렸을 때 신속하게 베풀 수 있었고, 그리고 우리가 장례에 사용한 비문을 믿을 수 있다면 그런 식으로 시행이 되었다.

기독교 신학은 예를 들어 예수님을 '주님' 으로 부르는 것처럼 교회가 했던 일을 그리스도인들이 관찰하고, 또 이런 내용을 신학적 용어로 해석하는 작업을 통해 발전했다. 기독론이 그런 사례에 해당한다. 따라서 테르툴리아누스와 오리게네스가 드러낸 세례에 대한 불만, 비문이 제시한 세례의 지연, 피두스 주교의 질문을 비롯한 이 모든 세례의 특징은 교회가 세례의 의미를 알아가는 과정 중 일부였다.

앨런드처럼 유아 세례가 뒤늦게 발전했다고 믿는 사람들은 3, 4세기의 불확실성을 이전까지는 몰랐던 유아 세례라는 새로운 관습이 교회에 도입된 탓으로 돌린다. 그런데 당시는 누구도 이 관습이 새롭다고 주장하지 않았다. 테르툴리아누스 이후 유일하게 새로운 특징은 세례에 대한 성찰과 사색의 양이 늘어난 것뿐이었다. 교회가 유아 세례라는 고대 관습과 일치하고 해명할 수 있는 신학을 발견한 것은 아우구스티누스의 사상을 통해서였다. 기독론의 발전과 마찬가지로 세례 신학의 성장은 열매 맺지 못할 운명에 처한 몇몇 가지를 잘라버렸다. 그렇지만 아우구스티누스에게서 발견한 성숙한 세례 신학은 외부에서 부과된 게 아니라 신약성경 시대부터 내재된 것의 결과물이었다.

아주 놀라운 어떤 새로운 퍼즐 조각이 등장하지 않는 이상 신약 교회의 유아 세례에 대해 찬반을 증명할 만큼의 증거에 대한 해석은 있을 수 없다. 여기에서 소개한 해석은 현재 우리가 확보한 퍼즐 조각들에 가장 설득력 있게 의미를 부여하는 방법으로 제시한 것이다.

어린이를 위한 성찬식

성찬식과 어린이에 대한 우리의 이해는 어린이와 세례를 이해하는 것과 비슷하다. 4세기 말과 5세기 초반에 속한 아우구스티누스 이전의 어떤 작가도 이 문제를 직접 다루지 않아서 우리는 일부 참고 문헌을 통해 추론하는 방식으로 진행해야 한다. 그러나 우리가 소유한 단편적인 증거에 따르면 어린이가 성찬식에 참여하는 것은 첫 4세기 동안 기독교 예배의 정상적이고 문제없는 측면이었던 것 같다.

어린이와 성찬식의 관계는 유아 세례처럼 잘 알려지거나 철저하게 논의를 거친 주제가 아니라서 신약성경과 초기 교회로 거슬러 올라가서 수 세기에 걸쳐 어린이가 성찬식에 참여하거나 배제된 방식을 간략하게 살피는 게 도움이 될 수 있다.

신약성경은 어린이의 성찬식 참여 여부를 직접적으로 알려주지 않는다. 우리는 성찬식을 포함한 예배에 어린이들이 참석했다는 것을 확인했다. 적어도 한 명 이상의 그리스도인 부모를 둔 자녀는 신앙 공동체에 속했고 그들은 '거룩하다'(고전 7:14)는 신학적 가정이 존재했다. 초기 그리스도인들이 '우리의 유월절 어린 양'(고전 5:7)으로 바울이 묘사했던 그리스도의 희생을 기념하는 성찬식과 이미 그들에게 친숙했던 유월절 간의 유사점을 어느 정도 알고 있었다면 어린이들이 유대인의 식사에 참석한 것처럼 그리스도인의 식사에도 참석했을 것으로 기대할 수 있다(출 12:21-27). 하지만 이런 기대는 추측에 불과하고 신약성경의 증언은 모두 이러저런 이유로 확실한 증거와 상당한 거리가 있다.

우리가 말할 수 있는 것은 신약성경 시대 어린이들이 성찬식에 참여하지 않을 이유가 없었다는 것뿐이다. 특히 교회 초기부터 그리스도인 부모의 자녀들이 세례를 받았다는 주장이 옳다면 그렇게 하는 게 적절했다는 몇 가지 흔적이 있다. 게다가 우리가 3세기의 확실한 증거를 확보하기 시작하면 논란의 여지 없이 성찬식에 참여한 어린이들을 발견할 수 있다고 말할 수 있다. 한 세기 반 동안 어떤 변화가 발생해서 신약성경에 어린이의 성찬식에 대한 언급이 사라졌다면 그것은 별다른 물의 없이 일어난 변화였을 것이다. 아울러서 그것은 일반적으로 어린이들이 교회 전체에 참여하는 것에서 벗어나 가족 종교 영역으로 격하하는 시기에 일어난 변화였을 것이다. 2세기에 어린이가 성찬식에 최초로 참석했다면 그것은 시대적 흐름에 크게 역행하는 일이었을 것이다. 이 모든 것을 고려하면 교회가 출발할 때부터 어린이들이 주님의 식탁에 참여했을 가능성은 더 높아 보인다.

어린이 성찬식에 대한 첫 번째 증인은 카르타고의 키프리아누스이다. 우리가 이미 언급한 「배교자에 관하여」의 한 구절에서 3세기 초 아프리카 교회의 관습을 잠시 엿볼 수 있다. 그는 보모가 부모 몰래 이교도 의식에 데려간 한 아이의 일화를 소개한다. 그곳에서 아이는 희생 제물로 바친 음식을 먹었다. 여자아이가 어머니에게 돌아왔지만, 그리스도인 부모는 아이를 기독교 예배에 데려갈 때까지도 그 사실을 전혀 알아채지 못했다. 예배 중 아이가 유별나게 예배를 방해한 게 문제의 첫 번째 징후였다. 포도주잔을 건네주자 여자아이가 처음에는 거절했으나 순서를 맡은 집사는 계속 권했다. 그런데 아이는 포도주를 마시자마자 곧장 토했다.[21] 키프리아누스가 이교도 제사에서 그 여자아이에게 무슨 일이 있었는지 부모에게 말하거나 털어놓지 않았다고 말하는 게 흥미롭다. 그는 분명히 말을 시작하기 이전의 아이를 염두에 두고 있었고, 그 나이의 아이가 성찬식에 참여하는 것을 아주 정상적으로 여겼다.

같은 작품의 다른 부분에서 카르타고의 키프리아누스는 이교도 희생 제사에 참여해서 박해와 타협한 사람들의 운명을 검토한다. 이 제사에 참여한 어린이들은 죄가 없어도 오염된 영적 영양분을 먹었다고 그는 말한다.

> 유아들 역시 아직 어렸을 때 부모의 품에 안기거나 이끌려서 태어난 지 얼마 안 되어 얻은 것을 잃어버렸다. 심판의 날이 닥치면 그들은 이렇게 말하지 않을까? "우리는 아무것도 하지 않았고, 불경한 계약을 서두르다가 주님의 빵과 잔을 저버리지도 않았습니다."[22]

이 어린이들이 출생 때부터('태어난 지 얼마 안 되어') 성찬식에 참여하는 것에 익숙했다는 사실은 흥미롭다.

4세기 시리아 교회의 규정을 다룬 작품인 「사도 규약」(Apostolic Constitutions, 8.13)은 교회 어린이의 성찬식 참여를 허용한 관습을 언급한다. 교회는 빵을 받는 순서를 이렇게 규정한다. 먼저 주교, 장로, 집사, 부집사, 독서자, 성가대, 고행자, 그리고 계속해서 여자, 집사, 처녀, 과부 중 상응하는 사람들이 오고, 그다음에 어린이들이 나머지 회중보다 먼저 받는다. 어린이가 성인보다 먼저 성찬식에 참여한다는 이 규정은 히폴리투스의 「사도 전통」(Apostolic Tradition)에서 어린이가 성인보다 먼저 세례를 받는다는 규정과 어느 정도 유사하다.

4세기 초 시칠리아 카타니아의 비문에는 어린이 성찬식 관행에 대한 감동적이고 개인적인 증언이 있다(Diehl, ILCV 1.1549). 이 비문은 생후 18개월쯤 중병에 걸린 여자아이 율리아 플로렌티나를 기념하는 글이다. 그녀의 부모는 서둘러 요청해서 세례를 베풀었다. 이어서 아이는 죽기 전에 성찬에 참여했다. 율리아 플로렌티나의 감동적인 비문은 키프리아누스와 「사도 규약」처럼 교회의 일반적인 예배에서 정기적으로 성찬식에 참여하는 것을 언급하지는 않지만, 어린이들이 세례를 받은 직후에 성찬을 받을 수 있었음을 보여준다.

이 초기 증인들은 단지 당시 교회의 관습을 지나가면서 기록했을 뿐이다. 그들은 무슨 일이 있었는지 설명하거나 정당화하지 않고 그 관행을 묘사한다. 4세기에서 5세기로 넘어갈 무렵 아우구스티누스는 이런 대물림 관습을 처음으로 성찰의 대상으로 삼았다. 특히 성경 구절 한 개가 이 주제에 대한 아우구스티누스의 사상에 강력한 영향을 미친 것 같다. "내가 진실로 진실로 너희에게 이르노니 인자의 살을 먹지 아니하고 인자의 피를 마시지 아니하면 너희 속에 생명이 없느니라"(요 6:53).

아우구스티누스는 이 구절의 의미를 세례받지 않은 사람과 세례받은 사람 사이에 중간 지대가 있을 수 없다는 뜻으로 받아들였다. 어린이들이 세례를 받았으면 그 안에 그리스도의 생명이 있어야 하는데 인자의 살을 먹고 피를 마시지 않으면서 어떻게 그리스도의 생명을 가질 수 있는가? 이것이 아우구스티누스가 이 문제를 논의할 때 여러 차례 언급한 기본적인 준거점이었다. 아우구스티누스는 이 공리를 바탕으로 어린이의 성찬식 참여에 대한 강력한 근거를 확보했다. 실제로 당시 교황 인노켄티우스 1세(Innocentius Ⅰ, 401-417 재위)는 그 주장을 역방향으로 활용했다. 어린이가 성찬식에 참여해야 할 필요성이 세례를 받아야 할 필요성을 증명한다는 것이었다.[23)]

동방 교회에서는 어린이들의 성찬식 참여가 오늘날과 마찬가지로 정상적으로 계속되었다. 그러나 서방의 상황은 달라졌다. 아우구스티누스의 강력한 지지에도 불구하고 관습과 신학이 결합해서 서방 교회의 어린이 성찬식을 압박했다.

어린이 성찬식에 대한 이러한 압력은 부분적으로 교리적인 원인에서 비롯되었다. 성육신에 대한 보다 현실적인 견해가 발전하면서 신학자들은 어린이 성찬식을 불안해하기 시작했다. 요한복음 6장 53절이 아우구스티누스에게 중심적인 원리로서 깊은 인상을 심어주었지만, 중세 교회는 고린도전서의 영향을 더 크게 받았다. "그러므로 누구든지 주의 떡이나 잔을 합당하지 않게 먹고 마시는 자는 주의 몸과 피에 대하여 죄를 짓는 것이니라"(고전 11:27-29). 9세기의 제3차 투르 공의회는 사제들이 무분별하게 어린이들을 성찬에 참여하게 하는 것을 막기 위해 이 본문을 인용했다.

그럼에도 중세 초기에도 어린이는 여전히 성찬식에 참여할 수 있었지만 성인과 약간 다른 위치에 있었기 때문에 어린이를 위한 몇 가지 특별 규정을 만들었다. 제2차 마콩 공의회(Canon 6: 585년)에서는 수요일과 금요일 미사 때 포도주를 적신 봉헌된 빵의 남은 부분을 어린이에게 주어야 하고 사제 자신과 마찬가지로 이 어린이들도 금식해야 한다고 규정했다. 오를레앙의 월터(Walter of Orleans)가 9세기 중반에 쓴 글에서 사제는 늘 성찬을 준비해서 병자나 유아(parvulus, 월터는 작은 아이를 지칭한 것 같다)에게 즉시 집행해서 성찬의 위로 없이 죽지 않게 해야 한다고 권고했다. 교황 파스칼 2세(Pascal Ⅱ, 1099-1118 재위)는 빵과 포도주를 각각 소화할 수 없는 어린이들을 위해 성찬식 빵을 포도주에 찍어 먹도록 규정했다. 병자에게도 같은 규칙을 적용했다.

어린이의 성찬식 참석 제한은 12세기와 13세기에 명확해졌다. 교황 파스칼의 재위 이후 몇 세대가 지난 1175년, 파리의 오도 주교는 어린이에게 영성체를 주지 말라고 권고했다. 이에 대한 보상으로 어린이들은 성찬식 때 성배를 헹군 포도주를 마실 수 있었다.[24]

성찬식의 구성물에 대한 경외심이 커지면서 마침내 어린이들은 성찬식에서 제외되었다. 이 견해의 논리는 제4차 라테란 공의회(1215년)에서 마무리되었다. 이 공의회는 성찬에 참여해야 하는 의무와 어린이의 나이를 서로 연결했다. 공의회는 어린이가 성체(빵)와 일반 음식을 구분할 수 있기 전까지는 성찬식에 참석할 수 없다고 선언했는데 처음에는 이 시기를 7세 전후로 정했다가 나중에 10세부터 14세까지로 연기했다. 성찬식에 참여할 수 있는 구체적인 연령 제한을 설정한 것은 이번이 처음이었다.

어린이의 성찬식에 대한 이런 제한은 평신도 대부분이 성체를 거의 받지 않거나 아예 받지 않는 교회 생활을 하던 시기에 일어났다. 제4차 라테란 공의회는 성찬식의 연령 제한을 도입하면서 평신도는 적어도 일 년에 한 번은 성찬을 받아야 한다고 규정했다. 이 최소 요건은 신자들 대부분에게 정상적인 최대 요건이 된 것으로 보인다. 중세 후기의 성찬식에 대한 경외심은 성찬을 받는 게 사실상 사제직의 특권이 될 정도였다.

16세기 가톨릭의 종교개혁은 어린이 성찬식에 대한 라테란 공의회의 결정을 강화했다. 트렌트 공의회는 적정 나이 미만의 어린이가 성찬에 참여할 수 있다고 말하는 사람을 명시적으로 비난했다. 개신교 변증가들은 가톨릭 교리의 공식 정의인 트렌트 공의회의 선언과 주요 교부 중 한 명인 아우구스티누스의 분명한 진술 사이의 불일치를 이용해 변론할 수 있었다. 그렇지만 20세기에 들어와서 로마 가톨릭의 관습은 교회의 본래 모습에 가깝게 되돌아갔고 성공회 교회에서 일반적으로 시행하는 것보다 훨씬 어린 나이의 어린이가 성체를 받도록 허용했다. 많은 곳에서 어린이가 견진성사를 받기 이전인 7세 무렵 처음으로 성체를 받는 게 관례가 되었다. 처음으로 성체를 받을 수 있는 '일곱 살 무렵'의 나이는 교황 비오 10세(Pius X)가 '그리스도의 사랑이 얼마나 특별한가'(Quam Singulari Christus Amore, 1910년 8월 8일)라는 교령에서 정했다.

종교개혁 교회들 사이에서는 제4차 라테란 공의회의 신학에 대해 많은 의문이 제기되었다. 그러나 어린이와 성찬식 문제에 관해서는 현재 분열된 교회의 여러 교파 사이에서도 놀라울 정도로 연속성이 존재했다. 종교개혁 교회들은 라테란 공의회와 연관된 성찬 신학을 거부했을 때도 라테란 공의회가 확립한 입장을 고수했다.

사실 유아의 성찬식 회복을 위한 첫 번째 운동은 개신교 종교개혁 이전에 15세기 보헤미아의 양형영성체 운동(Bohemian Utraquist movement) 구성원들 사이에서 일어났다. 이 개혁과 영적 갱신 운동은 평신도들에게 성찬식에서 빵은 물론 포도주까지 허용하라는 요구와 함께 세례받은 유아들도 성찬을 받을 수 있게 했다. 이것은 양형영성체 운동으로부터 발전한 후스파 교회의 핵심 교리가 되었다. 강력한 연대 의식은 후스파를 하나로 묶어 주었고 그들은 공동체의 중심이 되는 예배 행위에서 빈민과 약자, 어린이들이 배제되면 안 된다는 확고한 신념을 지니고 있었다.[25)]

신학자들은 교회 교부들의 저술을 계속해서 읽었고 덕분에 그들의 작품에서 유아 성찬식에 대한 증언을 접했다. 교회가 처음부터 보유했던 관습을 되살리자는 제안이 산발적으로 이루어졌다. 예를 들어 17세기 중반 성공회 주교 베델(Bedel)은 세례받은 어린이도 성찬에 참여시키는 초창기 관습으로 돌아가자고 주장했다. 18세기 초반 신학자 조셉 빙엄(Joseph Bingham)은 베델 주교의 제안을 논의하는 예의를 갖추면서도 그의 호소는 수용하지 않았다. 빙엄은 유아가 성찬을 이해하지 못해서 "이것을 행하여 나를 기념하라"는 예수님의 명령을 이행할 수 없다는 이유를 앞세워서 거부했다.[26] 잉글랜드와 웨일스에서의 17세기 논쟁은 홀튼이 조사했다.[27]

성공회 교회에서는 유아기의 세례, 교리 교육 이후 청소년기의 견진례(또는 입교식), 그리고 영성체 입문이라는 성장 과정이 형식으로 정착되었다. 침례교 전통과 무관한 개신교 교회들도 이와 유사한 형식을 개발해서 견진례 대신 적당한 나이가 되면 구성원으로 받아들이는 유사한 형식을 개발했다. 이 방식은 세례받은 어린이들을 아우구스티누스가 걱정했던 바로 그 변칙적인 위치, 즉 세례를 통해 그리스도 안에 포함되었으면서도 주님의 식탁 교제에는 참여할 수 없는 상태에 놓이게 했다. 침례교 전통의 교회들은 세례와 성만찬이라는 두 가지 의식을 적당한 나이에 도달하고 자발적으로 신앙의 증거를 보인 사람들로 제한해서 이 문제를 해결했다. 유아 세례는 유지하면서도 성찬식에 참여하지 못하게 한 교파들은 일관된 입장을 따르지 못했다.

18, 19세기 개혁가들은 어린이를 위해 무언가를 하려고 했지만 역설적으로 19세기에 주일학교가 부상하면서 어린이를 교회 밖에서 안으로 들어올 준비하는 존재로 간주하는 경향이 있었다.[28] 20세기에는 예배에 대한 새로운 접근 방식, 특히 교구 성찬식이나 어린이 교회, 가족 예배가 어린이를 교회 예배에 물리적으로 참여하게 했다.

어린 시절과 그것이 갖는 중요성에 대한 새로운 인식은 어린이를 관심과 토론의 초점으로 만들었다. 이런 요소들이 한데 어우러져서 어린이가 교회 생활에 신학적으로 어떻게 적응할 수 있는지에 대한 질문이 새롭게 제기되었다.

유아 세례를 실시하는 교회들 가운데 어린이가 세례를 받을 수 있다면 어째서 성찬식을 제한해야 하는지 묻는 교회들이 증가하고 있다. 그리고 점점 더 많은 교회가 세례를 받은 어린이도 실제로 교회의 성찬식에 참여할 수 있다는 결론에 도달하고 있다. 이처럼 현재 우리가 직면한 문제와 기회는 초기 그리스도인들의 생각과 실천을 다시 생각하도록 이끌어가고 있다.

1) J. Jeremias, Infant Baptism in the First Four Centuries(London: SCM, 1960); The Origins of Infant Baptism(London: SCM, 1963); M. Green, Baptism(London: Hodder and Stoughton, 1987).
2) K. Aland, Did the Early Church Baptize Infants?(London: SCM, 1963); G. R. Beasley-Murray, Baptism in the New Testament(Carlisle: Paternoster Press, 1972).
3) A. S. Yates, Why Baptize Infants? A study of the biblical, traditional and theological evidence(Norwich: Canterbury Press, 1993).
4) Aristedes, Apology, 15.6: NE, p.53.
5) J. Jeremias, The Origins of Infant Baptism, pp.43-48.
6) Tertullian, On Baptism, 18: NE, p.173.
7) Tertullian, On Repentance, 7.9: NE, p.174 이하.
8). Tertullian, On Baptism, 18: NE, p.174.
9) H. Musurillo, The Acts of the Christian Martyrs(Oxford: Clarendon Press, 1972), xxvi.
10) Hippolytus, Apostolic Tradition, 21.3 이하. NE, 141-3 본문은 이 구절이 생략된 라틴어 판본을 따른다.
11) K. Aland, Did the Early Church Baptize Infants?(London: SCM, 1963), p.49 이하 참조.
12) Origen, Homilies on Leviticus, 8.3; Commentary on Romans, 5:9.

13) K. Aland, Did the Early Church Baptize Infants?, p.48.
14) On the Soldier' s Crown, 3 이하: NE, p.171 이하.
15) Apostolic Tradition, 21 이하: NE pp.141-143.
16) J. Jeremias, Infant Baptism in the First Four Centuries,1960, 42, pp.78-80; Aland, Did the Early Church Baptize Infants?, 1963, pp.76-79.
17) K. Aland, Did the Early Church Baptize Infants?, 1963, p.78 이하.
18) Augustine, Against Two Pelagian Epistles, 4.7.
19) Augustine, Unfinished Work against Julian, 3. p.199.
20) Cyprian, On the Lapsed, p.25.
21) Cyprian, On the Lapsed, p.9.
22) Augustine, On the Merits of Sinners, 1.20; Sermon 8; Letter, p.106.
23) J. Hefele & H. Leclerq, Histoire des Conciles, 11 Vols in 22 Parts(Paris: Letouzey & Ane, 1907), p.209 이하.
24) D. Holeton, Infant Communion Then and Now((Nottingham: Grove Books, 1981), pp.9-15.
25) R. Bingham(ed), The Works of the Rev. Joseph Bingham, 10 Vols(Oxford: Oxford University Press, 1855), p.5, p.378 이하.
26) D. Holeton, Infant Communion Then and Now, pp.16-21.
27) 주일학교의 기원은 T. W. Laqueur, Religion and Respectability: Sunday Schools and Working Class Culture 1780-1850(New Haven: Yale University, 1976), 주일학교의 발전에 대해서는 P. B. Cliff, The Rise and Development of the Sunday School Movement in England 1780-1980(Redhill: National Christian Education Council, 1986) 참조.
28) 이런 방향의 초창기 실험에 관한 연구는 C. Binfield, The Purley Way for Children, in D. Wood(ed.), The Church and Childhood, Studies in Church History 31(Oxford: Basil Blackwell, 1994) 참조.

SECTION

05

어린이를 어떻게 교육해야 할까?

S·E·C·T·I·O·N·5

어린이를 어떻게 교육해야 할까?

어린이의 사회적 위치를 연구하려는 미래 역사가는 신약성경과 초기 교회에서 어린이를 관찰했던 우리 노력보다 훨씬 더 유리한 입장에서 작업을 수행할 것이다. 어린이 자체, 그리고 인생의 한 단계로서의 아동기는 방대한 연구 대상이었고 그 분량 역시 줄곧 급증하고 있다. 생리적으로나 심리적으로 아동의 발달은 많은 관심의 중심이 되어 왔고 교육에 관한 생각도 빠르게 발전해서 여러 가지 이론과 그에 수반하는 실천을 낳았다. 그 결과 어린이에 대한 지식과 아동기에 대한 이해는 신약시대를 포함해서 이전보다 한결 명료해졌다. 아동 발달이나 교육에 관한 현재의 이론은 의문이 제기될 수 있고 시간이 흐르면서 대체될 게 거의 확실하지만, 이런 이론은 고대 세계와 마찬가지로 단순히 개인의 관습이나 우연한 관찰에 의한 게 아니라 어린이에 대한 체계적인 관찰과 증거 분석에 기초한다.

지난 한 세기 동안 기독교 공동체도 과거 어느 때보다 어린이에게 훨씬 큰 관심을 기울였다. 매주 교회에서 진행하는 예배가 어린이에 관한 관심의 증가를 언제나 반영하지 못한다. 상당수 교회에서 여전히 어린이를 볼 수 있지만 귀에 들리지 않고, 심지어 보이지 않는 경우도 잦다. 하지만 기독교 입교에 대한 추상적인 논의에서부터 자녀 양육이나 나이를 구분하지 않는 예배 준비에 대한 가장 실용적인 세부 사항에 이르기까지 모든 수준에서 어린이와 기독교 신앙에 관한 연구는 나름대로 쟁점과 주제를 갖춘 방대한 문헌을 생산했다. 어린이는 이전 시대에는 존재하지 않는 방식으로 교회의 공식적인 토론 거리가 되고 있다.

오늘날 우리가 처한 근본적으로 다른 상황은 신약시대와 현재를 비교할 때 다음 두 가지 질문을 제기하게 만든다. 1장에서 살펴본 바와 같이 우리 시대와 그 시대 사이의 엄청난 문화 격차는 그 시대의 본문이 오늘날에는 전혀 할 말이 없다는 뜻일까? 그리고 신약성경과 초기 교회가(2장부터 4장까지 어린이에 대한 태도를 살펴본 것처럼) 실제로 할 말이 있다면 초기 그리스도인들의 믿음과 실천을 현재의 관심과 어떻게 연결할 수 있을까?

첫 번째 질문은 모든 성경 해석에 적용된다. 1장에서 고대 세계의 어린이에 대한 태도를 주의 깊게 살펴보는 수고를 마다하지 않은 이유는 신약성경의 내용과 초기 교회가 행한 일을 오늘날 의미 있는 용어로 번역하는 작업에 도움을 받기 위해서였다. 예를 들어 고대 가정의 훈육 체제를 고려할 때 히브리서 12장 7~11절에서 체벌을 언급한 것은 어린이를 때리라는 명령이 아니라 통용되는 관습에 대한 관찰로 받아들여야 한다는 것을 우리는 알고 있다. 이런 유형의 성경 번역은 이미 일부 초기 그리스도인들에 의해 진행되고 있었다.

2장부터 4장까지 신약성경과 초기 교회 자료를 보다 넓은 해석의 틀에 넣으려 했던 이유는 어린이, 아동기, 가정, 교회에 대한 우리의 이해를 본문과 분리해서 읽는 위험을 피하기 위함이었다. 우리는 그들의 세계가 우리와 다르다는 것과 신약성경에서 교회가 어린이를 다루었던 완벽한 청사진을 가져올 수 없음을 인정해야 한다. 그렇지만 신약성경에서 우리는 그것에 대한 조언이나 지침을 발견할 수 있고 그리스도인을 자처하는 어떤 교회든지 다른 측면과 마찬가지로 여기서도 신약성경과 연계해야 한다. 예수님의 사역과 초기 교회의 삶에서 어린이가 차지하는 위치를 밝히려는 노력의 정당성은 오늘날 그리스도인들이 이런 기초 자료를 이용할 수 있도록 하는 데 있다. 1장부터 4장까지는 본래의 문화적 '언어'로 자료를 제시하는 게 목표였다면 5장은 문화적 번역을 통해 당시의 일부 내용을 현재에 맞는 용어로 표현하는 짧은 글이라고 할 수 있다.

이 장에서는 우리가 검토한 자료를 오늘날의 관심사와 연계하는 방식에 관한 두 번째 질문에 대답하는 것을 과제로 삼는다. 우리는 어린이에 관한 관심, 어린이와 교회, 그리고 어린이와 가족이라는 세 가지 맥락에서 이런 관심사를 고려할 것이다.

어린이를 사랑하라

우리는 1장에서 신약 세계의 어린이를 살펴보면서 직계 가족 범위 밖의 어린이에 대한 일반적인 관심은 고대 세계에서 찾아보기 어려웠다는 것에 주목했다. 유대인 철학자 필로(Philo)가 아동 유기의 해악을 제시했을 때 이것을 사회 전체가 어떤 식으로든 책임질 일이라기보다는 부모의 책임 실패로 간주했다.

가정에 기반한 종교를 가진 최초의 그리스도인들은 이러한 인식에 곧장 도전하거나 변경하지 않았다. 그들의 주된 관심사는 역시 자기 가족에 속한 어린이들이었다. 초기 그리스도인들에게 어린이는 대부분 가정생활의 한 가지 측면이었지 자신들이 따로 생각해야 할 주제는 아니었다.

그런데 두 가지 상황이 함께 어우러지면서 그리스도인들이 어린이에게 갖는 관심의 범위가 일반화하고 확대되었다. 하나는 유대교의 윤리적 유산에서 비롯된 유아의 생명 존중이었다. 또 다른 것은 전통 안에 줄곧 존재하는 예수님의 말씀이었다. 그리스도인들은 예수님이 어린이를 돌봄의 대상으로 권했던 것을 기억했다(막 9:37). 따라서 374년 그리스도인 황제 발렌티니아누스(Valentinianus,

364-375), 발렌스(Valens, 364-378). 그라티아누스(Gratianus, 368-383)가 영아 살해를 사형에 해당하는 범죄로 규정한 것은 중요한 의미가 있다. 로마제국에서 기독교를 통합하는 과정에는 어린아이의 생명에 관한 법의 보호를 확대하는 게 포함되었다.

기독교 역사에는 아동 복지에 대한 이런 일반적 관심을 충족하지 못한 사례가 자주 있었다. 아동 학대는 다른 사회처럼 이른바 기독교 사회에서도 만연했고 서구 문화에서 기독교가 지배적이었다고 해서 어린이가 보편적으로 충분한 돌봄을 받았다고 주장하는 것은 순진한 생각일 수 있다. 그러나 고아를 보살피라는 성경의 거듭된 명령과 마찬가지로 예수님의 모범과 말씀은 줄곧 영향을 미쳤다.

보육원을 설립하는 것은 오랫동안 기독교 자선 활동의 전통과 특징이 되었다. 19세기 영국에서 어린이를 공장과 광산의 착취로부터 보호하는 법안을 추진한 인물들 상당수가 예수님의 교훈에서 유래한 유아의 생명에 대한 기독교적 관심으로부터 영향을 받았다. 샤프츠베리(Shaftesbury, 1801-1885) 경이 대표적인 사례다. 하지만 많은 공장과 광산 소유주들 역시 독실한 그리스도인이었지만 복음을 어린이 노동자들에게 적용하는 것에 생각이 미치지 못했다고 말해야 할 것 같다. 노예 해방의 지칠 줄 모르는 운동가였던 윌리엄 윌버포스(William Wilberforce, 1759-1833)가 대표적이다.

다른 시대나 다른 사람들의 실패를 확인하는 것은 아주 간단하다. 하지만 오늘날 그리스도의 제자가 되려고 한다면 예수님의 말씀과 행동이 자신의 시대나 상황과 어떤 연관성이 있는지 파악해야 한다. 2장에서 어린이에 대한 예수님의 말씀과 행동의 의미를 제대로 분별했다면 그리스도인은 어린이에게 특별한 관심을 가져야 한다. 그리고 자기 자녀나 교회 공동체의 어린이만이 아니라 어디에 있든, 또 어떤 어려움에 직면하든 그저 어린이로서의 어린이에게 관심을 집중해야 한다.

4세기의 그리스도인 황제들과 19세기의 사회 개혁가들은 예수님이 보여준 어린이에 대한 하나님의 뜻을 따르려고 노력했다. 구체적인 행동으로 하나님의 뜻을 분별하는 도전은 사라지지 않았다. 사실 어떤 면에서는 그 도전이 한결 드세졌다. 통신의 발달로 주변 사람들뿐만 아니라 전 세계의 절박한 도움을 파악할 수 있기 때문이다. 스스로 보호할 수 없는 사람을 보호하려면 법안이 중요할 수 있다. 어린이를 돌보는 일을 하는 기관을 지원하는 것은 그 기관이 특별히 기독교 기관이든 아니든 간에 오늘날 그리스도인들에게 맡겨진 대표적인 책임이 분명하다.

어린이에 대한 지속적 관심과 실질적 돌봄을 그리스도인의 진정한 제자직의 중심으로 삼아야 한다. 그것은 절대 끝나지 않는 과제이다. 로마제국의 영아 살해이든 빅토리아 여왕 시대 영국의 아동 노동이든 간에 어린이들의 삶에서 재앙 하나를 제거하면 즉시 또 다른 재앙이 그 자리를 차지한다. 영국에서 아동의 노동을 폐지한 우리는 세계 다른 지역의 아동 착취에 대해서 잘 알고 있다. 성 문제에 대한 개방성이 높아지면서 우리는 가정 안팎에서 벌어지는 어린이의 성적 학대를 고통스럽게 깨닫게 되었다. 어린이를 돌보는 이 지속적인 경계 임무에 대한 그리스도인의 헌신은 궁극적으로는 그리스도가 직접 제시한 모범에 대한 순종에서 비롯된다.

주님 안에서 가르치라

오늘날 서구 사회의 교회 대부분은 수 세기 동안의 경험보다 신약시대의 그것에 더 가까운 환경에 놓여 있다. 한때는 교회 공동체에서 자기 자리를 확보하기 위한 성장이 어린이의 일반적인 사회화의 한 측면에 불과하기도 했다. 오늘날의 교회는 어린이가 신앙 공동체 안에서 계속 머무는 일이 저절로 이루어지지 않는다는 것을 대체로 알고 있다. 신앙 공동체에서 성장한 어린이가 그 공동체와의 관계를 끊는 것은 아주 흔한 일이 되었다.

점점 세속화하는 서구 사회에 속한 교회는 어린이가 신앙을 갖는 게 더는 당연한 일이 아니라 생각하게 되었다. 이런 인식은 교회 안에서 어린이를 위한, 어린이와 함께하는 활동의 수준과 본질에 집중하는 데 도움이 되었다. 예를 들어 그리스도인의 입교 논쟁은 교회가 젊은이들의 '확보'를 보장하는 가장 좋은 정책이 무엇인지를 놓고 자주 전개되었다. 성공회의 경우에는 입교(confirmation, 견진)을 일찍 실시하는 게 성장하는 젊은이들을 유지하는 데 도움이 된다는 주장을 가끔 접하기도 하지만 입교를 뒤로 미루면 젊은이 개인에게 더욱 진정성 있고 지속적인 선택의 기회를 제공한다는 반론도 있다.

보다 긍정적으로는 어린이들이 관심 받을만한 자격이 있다는 것과 어떤 식으로든 활동하려면 양질의 자료가 필요하다는 인식 덕분에 그들을 위한 훌륭한 자료들이 출판되었고 기독교적 맥락에서 어린이와 함께 일하는 데 필요한 아이디어와 실용적인 조언이 풍부해졌다는 것이다.

우리는 3장에서 최초의 그리스도인들이 모일 때는 어린이도 포함되었다는 것을 살펴보았다. 최근 몇 년 동안 '가정 예배' 에서 '모든 연령대 예배' 로 전환하는 운동은 본래 기독교 예배의 포용적 특징을 되살리려는 현대적 시도였다. 영국 교회는 대개 예배를 시작하면서 어린이와 이야기를 나누고, 그 후에 어린이와 어른이 분리해서 예배와 교육의 시간을 갖는 오랜 전통이 있다. 이렇게 다양하게 어린이들이 관여하는 방식-가정 예배, 어린이 교회, 모든 연령대 예배, 또는 어린이의 연설-은 교회 예배에 어린이를 적절하게 참여시키는 주제를 변형한 것이다. 이러한 차별화된 전략은 어떤 식으로든 초기 그리스도인들의 관습으로 다시 돌아가 그것을 활용하는 것이다.

예배에서 어린이들의 존재를 인정하는 것은 언제나 그렇듯이 간단한 일이 아니다. 그러나 어린이가 예배에 참석하는 교회는 어린이를 전혀 환영하지 않거나 어린이를 전적으로 그들만의 활동으로 내모는 교회보다 신약성경의 모습에 더 가깝다. 어린이를 예배에 참석시킬 뿐만 아니라 어린이에게 적합한 자료를 제공하는 교회는 에베소서와 골로새서에서 우리에게 보여준 가능성을 계발하는 것이다.

주일학교나 주간 모임, 또는 휴일 프로그램 같은 어린이 활동을 따로 제공하는 것은 당연히 신약성경과 무관하다. 하지만 어린이들의 필요에 대한 그런 특별한 관심은 신약성경 문화에서 상상하기 어려워서 그랬을 뿐이다. 최초의 그리스도인들은 그런 수단을 생각하지 못했어도 어린이들이 주님을 알고 사랑할 수 있게 양육한다는 목표는 이해했을 것이다. 그런 의미에서 어린이를 위한 별도의 활동이 그들을 교회 밖으로 내보내는 편리한 수단이 아니라 교회 안으로 끌어들이는 방법으로 남아 있는 한 그런 활동은 분명히 최초의 그리스도인들이 기독교 공동체의 어린이들을 위해 기대했던 것과 완전히 일치한다.

우리는 어린이와 유아 세례에 대한 오래된 의견 갈등을 해결하지 못했다. 그러나 4장에서 기독교 교회가 처음부터 유아에게 세례를 주었다고 믿을 만한 강력한 근거가 존재한다는 것을 확인했다. 유아 세례의 최선은 인생을 시작하는 순간 아이가 교회의 일원임을 확증하는 것이다. 유아 세례는 아동기가 제자가 되기 위한 견습 기간이 아니라 오히려 어린이가 성인 제자에게 하나님 나라에 있는 게 무엇을 의미하는지 일깨우는 예수님의 교훈에 담긴 진리를 보여주는 데 도움이 될 수 있다. 유아 세례의 최악은 하나님 나라에서의 삶이나 제자직의 개념과 전폭적으로 분리되는 것이다.

이 주제를 다룬 일부 저자들은 실제로 의식을 통해 전달되는 은혜를 근거로 무차별적 유아 세례를 정당화하려고 했다. 이것은 그 자체로 논쟁의 여지가 많은 주제이지만 신약성경과 초기 교회의 관행이나 신앙을 보면 세례와 제자직이 밀접하게 연결되었던 게 분명하다. 초기 교회가 실제로 유아에게 세례를 주었다면 그런 세례는 언제나 제자의 삶에 대한 확고한 약속이었고 사회적 관습이나 이전의 신앙 체계에서 살아남은 호기심, 또는 유아의 삶에 임의로 은혜를 주입하기 위한 수단은 아니었을 것이다. 결국 세례가 후보자를 제자로 만든다는 이 확고한 생각이 테르툴리아누스가 유아 세례에 대해 의구심을 갖게 했고 우리가 주장한 것처럼 3, 4세기에 유아 세례가 일시적으로 모습을 감추기 시작했다.

오늘날 유아 세례를 신약성경의 세례와 관련해서 실제로 연속성을 주장하려면 제자직에 대한 헌신과 밀접한 관련이 있어야 한다. 많은 사람이 교회 생활에 적극 참여하지 않으면서도 교회에 '소속감'을 느끼는 명목상의 교회 구성원들이 광범위하게 존재하는 탓에 유아 세례를 실시하는 교회가 어려움을 겪고 있다. 그런 교회들은 어떻게 세례와 제자직에 대한 헌신 간의 연결고리를 확보할 수 있을까? 유아 세례 옹호자 가운데 일부는 가정을 매개로 유지해야 한다고 주장하는 데 비해 또 다른 사람들은 교회가 제공하는 더 폭넓은 신앙과 양육을 통해 가능하다고 생각한다. 하지만 그런 연결고리가 없는 유아 세례, 즉 고립된 의식은 초기 그리스도인들이 알았던 세례가 아니다.

유아 세례가 정당하거나 옳다는 데 동의하지 않는 그리스도인들은 당연히 기독교 공동체에 속한 어린이들을 잊거나 외면하지 않는다. 어린이의 탄생은 아주 중대한 사건이라서 일반적으로 이것을 기념하는 것을 적절하게 생각하고, 그래서 '신자의 세례' (believer's baptism)를 실시하는 많은 교회가 여전히 그리스도인 부모에게 태어난 신생아를 위해 감사 아니면 헌아식을 진행한다. 이런 의식은 아마도 2세기 아리스티데스의 글에서 선례를 찾을 수 있을 것이다.

우리는 어린이가 성찬식에 입문하는 게 신약성경에 관행으로 확고하게 자리 잡지는 못했어도 초기 관습이 분명하다는 것을 확인했다. 전 세계 교회는 어린이와 성찬식 문제를 새롭게 바라보고 있다. 많은 교회가 어린이 신자들에게 주님의 식탁을 개방하지 않을 이유가 없다는 것을 인식하고 있다.

일각에서는 여전히 어린이들이 '주의 몸을 분별할' (고전 11:29) 능력이 있는지 의문을 제기하고 로마 가톨릭의 관행처럼 어린 나이에 성찬에 참여해도 특정한 인격 발달 단계에 도달할 때 허용하자고 한다. 그들은 어린이들이 주님의 식탁교제에 참여하기 전에 일정한 형태의 준비가 필요하다고 주장한다. 또 다른 사람들은 완전한 기독교 입문에는 안수와 성령의 임재를 위한 기도를 포함해야 한다고 생각한다. 따라서 그들은 성찬식을 허용하기 전에 어떤 형태로든 확인을 받고 싶어 한다. 그러나 전반적으로 많은 교회에서는 어린이들의 성찬식 허용(또는 역사를 충분히 거슬러 올라가면 재허용이라고 불러야 하겠지만)이 탄력을 받고 있다.

교회는 어린이를 재발견했다. 냉소적인 사람들은 이런 재발견이 자기 보존 본능 때문에 촉발되었다고 주장할 수 있다. 공정한 관찰자라면 교회가 프로이트(Sigmund Freud)나 피아제(Jean Piaget) 같은 세속적 사상가에게 반응한다고 지적할 수도 있다. 그렇지만 기독교 교회가 정당하게 어린이에게 관심을 기울일 수 있는 이유는 어린이가 교회의 기본이 되는 성경 본문에 아주 분명하게 등장하기 때문이다. 그리스도인들은 유대교로부터 자녀에 대한 긍정적 태도를 물려받았다. 제자들은 어린이에 대한 예수님의 관심과 배려를 결코 간과할 수 없었다. 그리고 초기 교회는 '주 안에서' 자녀를 양육하는 데 필수적인 보살핌에 대한 설득력 있는 증언을 남겼다. 교회가 어린이를 재발견할 수 있었던 것은 어린이를 재발견할 수 있는 자원이 항상 그곳에 있었기 때문이다.

성경적으로 가르치라

초기 교회의 전통적인 교훈은 어린이가 가정에서 영적으로나 육체적으로 양육되어야 한다는 것이었다. 교회는 가정을 기본적인 구성 요소로 사용했다. 그런데 오늘날 많은 서구 사회에서는 적어도 가정 자체에 양육이 필요하고, 교회가 가정의 구성과 성격을 따져보는 게 더 줄어들었다. 가정에서 일하는 경우가 거의 없고, (생산과 소비의 단위였던 고대 가족과 달리) 가정이 소비 단위가 되었기 때문에 현대 가족이 함께 보내는 시간은 종종 제한적이고, 이런 제한 때문에 모든 스트레스가 발생한다. 빈곤은 가정생활에 더 많은 스트레스를 주고, 증가하는 노인 가족 구성원에 대한 책임 역시 마찬가지다. 게다가 가족의 정의는 예전처럼 명확하지도 않다. 이런 모든 면에서 '가족'은 점점 더 많은 관심의 초점이 되고 있다.[1)]

가족에게 지원이 필요하다는 것은 새로운 관찰의 결과가 아니었다. 한 세기 이상 성공회 교회에서 활동하는 어머니 연합(Mother's Union)의 지도 원칙 중 하나는, 특히 어머니를 도와 가정생활을 촉진하는 것이었다. 최근 몇 년 동안 모든 기독교 전통에서 가족을 지원할 목적으로 수많은 조직, 프로그램 및 출판물이 등장했다. 어린이를 위한 기독교적 돌봄은 어린이들의 복지가 그들이 속한 가정의 기능에 달려 있다는 인식에서 비롯되었고, 가족들이 대처하도록 돕기 위해서 여러 실제적인 사업이 출범했다. 따라서 그리스도인들은 특히 어린이 복지에 문제가 있을 때 가족의 상태에 무관심할 수 없다.

3장에서 살펴본 신약성경의 자료는 기독교 가정을 위한 정책의 윤곽과 기독교 가정을 위한 가능성을 제시한다.

이 정책은 목회서신에서 볼 수 있다. 그 서신의 특징은 사회적 규범과 윤리적 기대에 부합하라는 강력한 요청이었다. 목표는 동시대 사람들이 인정하고 존경할 수 있는 잘 통제된 가정을 만드는 것이었다. 이런 점에서 개별 가족과 거기에 속한 자녀는 신앙을 칭찬하는 데 있어서 변론적 가치를 지닐 뿐 아니라(딛 2:4 이하), 어린이를 돌보는 것에도 본질적으로 중요했다. 덜 위계적인 시대에 속한 우리는 이 접근을 너무 쉽게 무시하지 않도록 주의해야 한다. 결국 이것이 가정생활에 대한 초기 기독교의 지배적 사고방식이었기 때문이다. 가족이 급격하게 불안정한 시대를 살고 있는 우리는 가정 내부의 안정과 질서가 어린이뿐만 아니라 어른에게도 가치 있고 중요하다는 것을 상기하는 게 중요하다.

가정을 위한 정책은 두 가지 목표를 염두에 두고 있었다. 즉, 제대로 질서를 갖춘 가정은 기독교 메시지를 잘 드러내고 다음 세대의 신자 양육에 도움이 될 수 있다는 것이다.

다른 한편으로는 기독교 성장 자체가 목적이 될 수 있다는 비전이 있었다. 이것은 에베소서(5:21-6:9)에 가장 확실하게 드러나는데 거기서 가정은 그리스도를 닮은 사랑의 공동체로서 구성원이 서로를 위해 자신을 내어주는 관계로 묶여 있다. 순종과 훈육의 역할은 여전히 인정하면서도 통제와 질서의 언어는 섬김과 상호 돌봄의 언어로 대체된다. 이 내용에 담긴 가능성은 가족 자체를 그리스도의 살아 있는 몸의 현실적 모범으로 만드는 것이다. 에베소서(4:14-21)는 모든 부성(또는 가족)이 하나님 아버지에게서 비롯된다고 말한다. 이어서 그것을 확장해서 이 부성(父性)이 어떻게 풍성해지고 강화되고 성장하는지 설명한다. 인간의 부성(또는 가족)은 이와 같은 개방적 가능성으로 이어져야 한다.

오늘날 우리는 가족에 관한 신약성경과 그 이후 자료를 어떻게 평가해야 할까? 일부 기독교 저자들은 이 위계적 모델을 규범으로 삼았다. 남편과 아버지는 가정에서 하나님이 허락한 권위를 소유하고 있으며 아내와 어머니는 종속적인 위치에 있고 자녀는 두 명의 성인 아래에 있다고 주장한다. 그러나 신약성경의 일부 구절에서 볼 수 있는 통제와 관리의 언어에 집중하면 신약성경의 핵심적인 통찰에서 멀어질 수 있다. 문화에 얽매인 정책에 지나치게 관심을 가지면 다른 곳, 특히 에베소서에서 발견되는 가족과 자녀에 대한 더 심오한 가능성에 소홀해질 수 있다.

에베소서의 증언은 예수님의 직접적인 교훈으로 돌아가게 만드는데 여기서 우리는 가족의 위치를 상대화시키는 것을 확인할 수 있다. 가족의 주장은 절대적이지 않다. 그것은 하나님 나라의 주장보다 낮은 자리에 있어야 한다. 에베소서는 다른 방식으로 같은 주장을 한다. 그러니까 가족에 대한 교훈은 단순히 위계적 가족에 대한 상식적인 관점을 강화하는 게 아니라 가족 구성원 전부를 제자로 간주하는 것이다. 에베소서는 가족의 구조를 당연한 것으로 인정하거나 기존 재료들로 교회를 건축하지 않는다. 가정도 '그리스도 안에서' 바뀌어야 해서 하나님 나라의 누룩을 가정의 내적 삶에 도입한다(골로새서의 설명은 더 간단하다. 골 3:18, 4:1).

부모는 여전히 부모답고 자녀는 여전히 자녀다워야 한다. 하지만 그 역할을 실행하는 방식은 에베소서와 골로새서가 교회에 명령한 상호 돌봄으로 철저하게 달라질 수 있다. 이 서신들을 통해 우리는 어린이에게도 고유한 제자직이 있음을 알 수 있는데 이것은 어린이에 대한 예수님의 교훈에서 확인할 수 있다. 초기 그리스도인들은 가정을 교회의 구성 요소로 확신하고 자녀의 제자직을 부모의 그것에 포함시켰다. 역설적으로 현대 그리스도인은 가족에 대한 자신감이 부족하다 보니 개별 가족을 과도하게 강조하는 결과를 낳고 있는데 제자로서의 어린이의 위치가 가족의 뒤로 사라지는 것 역시 같은 영향의 결과일지 모른다.

어린이에 대한 교회의 관심이 젊은이들이 신앙 공동체를 떠나고 있다는 일부 인식에서 촉발된 것처럼 가족에 대한 교회의 관심 역시 제도로서의 가족이 실제로는 제구실을 못하고, 이론적으로는 비판의 대상이 되고 있다는 위기감에서 일부 자극받은 것이다. 이런 가족의 위기를 단순히 위계적 가정생활 모델을 재확인해서 해결하려고 시도하는 것은 교회가 생존을 목적으로 진화했던 필수적 형태(necessary form)를 신약성경의 핵심적 통찰의 본질적 실체(essential substance)로 착각하는 것일 수 있다. 사실 이런 통찰은 순전히 권위주의적인 가족 구조를 벗어나 그리스도 안에서 상호 의무를 다하고 서로 성장하는 동역자 정신을 지향한다.

여기서 우리의 관심은 제도로서의 가족보다 그 자체로 큰 주제인 어린이에게 집중한다. 하지만 어린이들이 경험하는 가정생활은 무척이나 다양하다. 서구 사회의 많은 어린이가 한부모 가정에서 살거나 아니면 대부분 시간을 함께 보내는 한쪽 부모(일반적으로 어머니)와 가끔 만나는 나머지 부모(일반적으로 아버지) 사이에서 삶이 쪼개진다. 이런 어린이들의 삶에서 양 부모와의 관계는 흔하고도 복잡한 요소이다. 신약성경의 자료는 이것에 대해 무슨 말을 할까? 우리가 '정책' 이라고 부른 것은 가정 내 안정이 제아무리 어렵게 만들어지고 유지되더라도 여전히 중요하고, 또 목표와 이상으로서 포기해서는 안 된다는 것을 상기시키고 촉구한다고 볼 수 있다. 또한 '가능성' 은 가족 관계의 질과 그리스도를 닮는 것이 그 관계가 전제하는 특정 형태보다 더 심각하게 중요하다는 인식으로 우리를 안심시키고 도전한다.

하나님 나라에서 어린이는 여전히 어린이고, 예수님이 부모를 통해 어린이에게 접근하는 것은 복음서 기록 가운데 주목할 만한 특징이다. 부모는 여전히 "자녀를… 주의 교훈과 훈계로 양육"(엡 6:4)할 책임이 있다. 그리고 오늘날의 교회는 부모가 자녀를 기도와 제자직으로 인도하는 중요한 역할을 진지하게 받아들여야 한다는 초기 교회의 지속적 주제를 재확인해야 한다.

어린이와 교회, 가정을 간단히 살펴보면서 어른으로서 어린이에 관해 생각하고 어린이를 돌보는 방법을 생각하면 우리 자신과 제자직을 떠올리게 된다는 것을 깨달았다. 하나님 나라의 누룩이 어디에서든 작용하려면 우리의 가정과 가족을 포함한 모든 곳에서 작용해야 한다.

예수님은 어린이에게 관심을 기울이고, 어린이에 대해 말하고, 어린이를 치유하며, 어린이를 모범과 돌봄의 대상으로 제시해서 제자들에게 어린이를 삶의 중심에 두어야 할 책임을 넘겨주었다. 상황이 변하면 그 책임을 수행하는 방식 역시 변한다. 오늘날 우리는 초기 교회가 했던 일을 그대로 따르지 않을 수도 있다. 하지만 어린이를 우선순위로 삼아야 하는 도전은 시간이 지나도 그 절박함이 전혀 사라지지 않았다. 주님에게 충실한 교회는 주님이 그토록 아꼈던 어린이들에 대한 사랑보다 더 확실한 방법으로 그 충실함을 보여줄 수 없다.

1. 현대 문화에서 가족의 변화에 대한 간략하고 통찰력 있는 분석은 M. Vasey, Strangers and Friends, a new exploration of homosexuality and the Bible(London: Hodder and Stoughton, 1995), 27-37쪽 참조.

[참고 문헌]

Aland, K. Did the Early Church Baptize Infants?, SCM (London), 1963.

Barr, J. Abba isn' t Daddy, Journal of Theological Studies, 39 (1988).

Barton, S. C. Discipleship and Family Ties in Mark and Matthew, Society for New Testament. Monograph Series 80. Cambridge University Press (Cambridge), 1994.

Beasley-Murray, G. R. Baptism in the New Testament, Paternoster Press (Carlisle), 1972.

Binfield. C. The Purley way for Children, in D. Wood (ed), The Church and Childhood (Studies in Church History 31), Basil Blackwell (Oxford), 1994.

Bingham, R. (ed), The Works of the Rev. Joseph Bingham, 10 vols, Oxford University Press (Oxford), 1855.

Bowen, J. A History of Western Education, 1: The Ancient World, Methuen (London), 1972.

Bowman, A. K. and Thomas, J. D. The Vindolanda Writing-Tablets (Tabulae Vindolandenses II), British Museum press (London), 1994.

Brown, R. E. The Birth of the Messiah, Geoffrey Chapman (London), 2nd edn 1993.

Carcopino, J. Daily Life in Ancient Rome, Penguin (Harmondsworth), 1956.

Cliff, P. B. The Rise and Development of the Sunday School Movement in England 1780-1980, (Redhill), 1986.

Diehl, E. (ed), Inscriptiones latinae christianae veteres, 3 vols (Berlin), 1925-31.

Ellis, I. Jesus and the Subversive Family, Scottish Journal of Theology 38(1985).

Fox, R. L. Christians and Pagans, Penguin (Harmondsworth), 1986.

Green, M. Baptism, Hodder and Stoughton (London), 1987.

Hefele, J. and Leclerq, H. Histoire des Conciles, (11 vols in 22 parts) Letouzey & Ane (Paris) 1907-52.

Holeton, D. Infant Communion Then and Now, Grove Books (Nottingham), 1981.

Jeremias, J. Infant Baptism in the First Four Centuries, SCM (London), 1960.

Jeremias, J. The Origins of Infant Baptism, SCM (London), 1963.

Kleijwegt, M. Ancient Youth: The ambiguity of youth and the absence of adolescence in Greco-Roman Society Dutch Monographs on Ancient History and Archaeology 8), J. C. Gieben (Amsterdam), 1991.

Laqueur, T. W. Religion and Respectability: Sunday Schools and Working Class Culture 1780-1850, (Yale), 1976.

Laistner, M. L. W. Christianity and Pagan Culture in the Later Roman Empire,Cornell University Press (Ithaca, NY), 1951.

Marrou, H-I. A History of Education in Antiquity, Sheed and Ward (London/New York), 1956.

DeMause, L. (ed), The History of Childhood, Souvenir Press (London), 1974.

Musurillo, H. The Acts of the Christian Martyrs, Clarendon Press (Oxford), 1972.

Rawson, Beryl. The Roman Family, in Beryl Rawson (ed), The Family in Ancient Rome. New Perspectives, Croom Helm (London/Sydney), 1986.

Rawson, B. Adult-Child Relationships in Roman Society, in Beryl Rawson (ed), Marriage Divorce and Children in Ancient Rome, Humanities Research Centre/Clarendon Press (Canberra/Oxford) 1991.

Riddle, J. M. Oral Contraceptives and Early-Term Abortifacients during Classical Antiquity and the Middle Ages, Past and Present 132 (1991).

Rousselle, A. Porneia. On Desire and the Body in Antiquity, Basil Blackwell (Oxford), 1988.

Safrai, S. and Stern, M. (eds), The Jewish People in the First Century (Compendia Rerum Iudiacarum ad Novum Testamentum 1), Van Gorcum (Assen/Amsterdam), 1976.

Stevenson, J. A New Eusebius. Documents illustrating the history of the Church to AD 337, New Edn. revised by W.H.C. Frend, SPCK (London), 1987.

Strack, H. L. and Billerbeck, P. Kommentar zum Neuen Testament aus Talmud und Midrasch, 6 vols in 7, C.H. Beck (Munich), 1922-61.

Treggiari, S. Roman Marriage. lusti Coniuges from the Time of Cicero to the

Time of Ulpian, Clarendon Press (Oxford), 1991.

Vasey, M. Strangers and Friends, a new exploration of homosexuality and the Bible, Hodder and Stoughton (London), 1995.

Verner, D.C. The Household of God. The Social World of the Pastoral Epistles (Society of Biblical Literature, Dissertation Series 71), Scholars Press (Chico, California), 1983.

Wiedemann, T. Adults and Children in the Roman Empire, Routledge (London), 1989.

Wise, M. O. Languages of Palestine', in J.B. Green and S. McKnight (eds), Dictionary of Jesus and the Gospels, Inter-Varsity Press (Leicester/DownersGrove, Il.), 1992.

Witherington, B. III, Birth of Jesus, in J.B. Green and S.McKnight (eds), Dictionary of Jesus and the Gospels, Inter-Varsity Press (Leicester/DownersGrove, III.), 1992.

Yates, A. S. Why Baptize Infants? A study of the biblical, traditional and theological evidence, Canterbury Press (Norwich), 1993.

특별 수록

유대인은 어린이 교육을 어떻게 했을까?

※ 영국의 대표적인 주석가 윌리엄 바클레이의 글 가운데 1장을 독자들의 이해를 위해 특별히 번역해서 수록했다.
(William Barclay, Educational Ideals in the Ancient World, Collins, 1959)

특·별·수·록

유대인은 어린이 교육을 어떻게 했을까?

지금껏 유대인보다 의도적으로 어린이를 배려한 민족은 없었다. 유대인에게 어린이가 사회에서 가장 중요한 존재였다고 말하는 것은 잘못이 아닐 것이다. 랍비 성 유다(Judah the Holy)는 이런 유명한 말을 남겼다. "세계는 학교에서 배우는 어린이의 숨결에 의해서만 존립한다." 또 다른 랍비는 하나님이 이렇게 말한다고 생각했다. "내게는 제물의 향기보다 학교에 다니는 어린이의 숨결이 더 소중하다." 무엇보다 가장 사랑스러운 것 가운데 하나가 출애굽기 25장 34절에 관한 미드라시이다. 그 구절은 성전의 일곱 개 가지가 달린 금 등대를 묘사한다. "등대 줄기에는 살구꽃 형상의 잔 넷과 꽃받침과 꽃이 있게 하라." 계속해서 해석이 나온다. "꽃, 이것들은 학교에 다니는 어린이다."[1] 유대인들은 인간 가운데 어린이가 하나님에게 가장 소중한 존재라고 확신했다.

이런 이상에 따라서 교육은 당연히 유대인의 우선순위 중 단연 높은 자리를 차지했다. 역대상 16장 22절을 읽어보면 "나의 기름 부은 자에게 손을 대지 말며 나의 선지자를 해하지 말라"고 한다. 여기서 "나의 기름 부은 자에게 손을 대지 말라"는 학교에 다니는 어린이를 가리키고, "나의 선지자를 해하지 말라"는 교사를 뜻한다.

집회서 서문의 저자는 이렇게 단언한다. "우리는 반드시 이스라엘이 훈육(파이데이아)과 지혜(소피아)를 찬양하게 만들어야 한다." 탈무드는 말한다. "학교에 어린이가 있는 한 이스라엘의 적들은 승리할 수 없다." 랍비 요수아 벤 페라키아(Joshua ben Perachiah)는 말했다. "여러분 자신이 선생이 되라." 교육을 중단하느니 차라리 성전 건물의 건축을 중단할 수도 있다고 할 정도로 교육은 중요했다. "지성소는 파괴하라. 그러나 어린이는 학교에 가게 하라."

요세푸스는 "우리의 토양은 훌륭하고 또 우리는 그것을 최대한 일구지만 우리의 주된 관심은 어린이의 교육에 있다"라고 기록한다. 같은 글에서 그는 계속한다. "우리는 교육하는 데 따르는 모든 고통을 대부분 감수하고 또 율법의 준수와 우리 생애를 통틀어 가장 소중한 일인 율법에 상응한 경건을 자랑한다."

어떤 의미에서 이런 교육을 너무 일찍 시작하기는 불가능했다. 탈무드는 "만일 우리 자녀들이 어려서 신앙을 갖지 못한다면 우리는 분명히 뒤에 아무것도 할 수 없게 된다"라고 했다. 요세푸스는 이렇게 단언한다. "누구든지 율법에 관해서 우리 가운데 한 사람에게 묻는다면 그는 자신의 이름보다 더 간단하게 반복할 것이다. 우리는 의식이 자리 잡을 때부터 배우기 때문에 그것을 마치 우리의 영혼에 새겨진 것처럼 소유한다."

필로는 말한다. "유대인은 자신들의 율법을 신적 계시로 자랑하고 또 아주 어려서부터 거기에 담긴 지식을 교육받는 탓에 자기 영혼에 율법의 이미지를 지니고 있다. …그들은 말하자면, 거룩한 율법과 규정되지 않은 관습을 교육받기 이전부터 교사나 부모, 혹은 자신을 돌보는 이들로부터 유일한 아버지이자 세계의 창조자인 하나님을 믿도록 강보에서부터 교육받았다."

그런 분위기에서 학교가 누린 지위가 어떠했는지를 파악하기는 어렵지 않다. 위대한 랍비 가운데 한 사람은 아침에 하는 금식을 어린이를 등교시키기 전까지 계속하고는 했다고 전해진다.

스케터는 학교가 시내산과 맞먹을 정도였고 또 입학식 날은 율법 계시의 축제와 같았다고 한다.[2] 어린이의 입학일에 치르던 의식을 스케터는 완벽하게 소개한다. 이 의식은 신약시대보다 후대 것이 분명하지만 시기와 상관없이 유대인의 교육 사상을 보여주는 적절하고 값진 것들이다. 학교에 처음으로 가야 하는 날에 소년은 새벽이 되기도 전 아직 어둠이 걷히지 않은 때 잠자리에서 일어났다. 몸을 씻은 후 '술 달린'(찌찌트, zizit) 겉옷을 입었다. 새벽이 되자마자 아버지, 혹시 아버지가 할 수 없는 경우에는 지혜로운 친지가 데리고 회당으로 갔다. 어린이는 출애굽기 20장 2~26절, 즉 모세에게 하나님이 율법을 계시한 대목의 두루마리가 정면에 펼쳐진 독서대로 안내되었다. 이어서 그 대목을 입학식을 위한 구절로 크게 따라하게 했다. 그 뒤에 어린이는 교사의 집으로 안내되었고 교사는 그를 두 팔로 안아 맞이했다.

어린이에게는 다양하게 조합된 형태로 기록된 철자와 또 기본적인 율법의 본문 두 구절("모세가 우리에게 율법을 명하였으니 곧 야곱의 총회의 기업이로다"(신 33:4), "여호와께서 모세에게 고하여 이르시되"(레 1:1))이 담긴 석판이 주어졌다. 그것 외에도 "율법은 나의 소명이 될 것이다"라는 구절이 하나 더 있었다. 교사가 이것들을 어린이에게 읽어주면 어린이는 교사를 따라 했다. 이어서 석판에 꿀을 바르면 어린이는 혀로 핥았다. 이것은 에스겔이 두루마리를 먹었던 경험을 기념하는 것이었다. "그것이 내 입에서 달기가 꿀 같더라"(겔 3:3). 그러고 나서 어린이에게는 율법을 칭송하는 구절을 발췌해서 적어놓은 달콤한 케이크가 제공되었다.

끝으로 어린이의 마음이 열리고 또 기억력이 좋아지도록 천사에게 하는 기도가 있고, 그런 뒤에야 학교는 또 다른 유대 어린이에게 개방되었다.[3] 이것이 소년의 마음에 깊이 새겨진 채 계속 남게 될 의식이라는 것은 쉽게 알 수 있다. 이것이 바로 유대인의 이상(ideal)에서 학교가 누리던 지위였다. 그렇지만 유대인의 이 일반적인 교육적 이상에 추가되어야 할 핵심적인 요소 두 가지가 남아 있다.

유대인 교육이 전적으로 종교교육이라는 것은 늘 변함이 없었다. 교과서는 성경이 전부였다. 초등교육은 모두 율법을 읽기 위한 준비였고 고등교육 역시 전부가 율법을 읽고 연구하는 것이었다. "그 기초는 성경 본문이었고, 그것의 가장 큰 목적은 하나님의 방식대로 그 제자들을 훈련하는 것이었으며, 그것은 자세한 율법의 지식에 근거했다."

요세푸스는 모세에 관해 이야기한다. "그는 어린이에게 지식의 요소(grammata)를 가르칠 것과 율법을 따라서 살아갈 것과 조상의 행적을 알도록 교육할 것을 명령했다." 샴마이(Shammai)는 "율법 공부를 자신의 전문직으로 삼으라"고 말했다. 힐렐(Hillel)은 다음과 같이 말했다. "무지한 사람(즉 율법을 모르는 사람)은 진실로 경건할 수 없다." 그는 이어서 말한다. "율법을 가르치면 가르칠수록 더욱 도덕적인 생활을 할 수 있으며 학교가 많으면 많을수록 더욱 지혜로워지며, 충고하면 할수록 더욱 이성적으로 행동하게 되는 법이다."

유대인들은 결코 이것이 쉽다고 생각하지 않았다. 그런 지식은 노고를 치르고 얻어질 뿐이었다. 누군가 아버지의 재산을 물려받듯이 지식을 물려받을 수 없다. 지식은 그곳에 있지만 세대마다 그것을 힘써 얻어야 하고, 또 그것 자체에 입문하지 않으면 안 된다. 제사장 랍비 요세스(Joses)는 이렇게 말했다. "율법을 배우는 일에 힘쓰라. 그것은 물려받는 게 아니다."

벨하우젠(Julius Wellhausen)은 말했다. "거룩한 글들이 철자법

책이 되었고, 학교와 종교라는 사회는 가르치고 배우는 일이 되었다. …경건과 교육은 불가분한 것이 되었고 읽을 수 없는 사람은 누구든지 간에 진정한 유대인이 아니었다." 부켓이 '향후 800년간 가장 문자 해독률' 이 높은 시기라고 말할 정도로 신약성경 시대에 이 교육은 아주 광범위하게 널리 보급되었다.[4]

그러나 이 형식에 추가될 두 번째 주요 요소는 무엇보다 중요하다. 그것은 전체 상황의 핵심에 위치하는 요소이다. 학교에 대한 유대인의 이상이 높기는 했어도 유대인에게 교육의 진정한 핵심은 가정이다. 유대인에게 교육은 어떤 학문 내지는 기술적 지식의 유형에 대한 교육이 아닌 거룩함에 대한 교육이었다. 조셉(M. Joseph)은 이스라엘의 초기 역사를 언급하면서 이렇게 기록한다. "세속교육의 흔적은 거의 없다. 더 넓은 의미에서 교육과 관계된 모든 의식은 그것을 도덕 및 종교 생활을 위한 준비나 성격 개발의 도구로 취급한다." 그것이 교육의 기능이었다면 가정은 분명히 그것의 핵심이다.

포로기 이전 시대의 유대인 역사에는 학교의 흔적이 전혀 없다. "유일한 학교는 가정이었고 부모는 유일한 교사였다."[5] 예외는 왕실의 어린이가 특별교사를 둘 수 있었다는 정도였다. 열왕기하 10장 1, 5절은 '아합의 자녀들을 기르는 이들' 또 '왕자를 교육하는 자들' 을 언급한다. 케네디는 사무엘하 12장 25절이 어린 솔로몬을 나단 선지자가 돌본 것을 가리킬지 모른다고 주장한다. 하지만 그것은 궁정에서의 일이었고, 일반 가정에서는 분명히 부모가 유일한 교사였다.

조셉은 두 가지 문장에서 전문적 교사에 대한 희미한 단서를 찾는다. 시편 119편 99절에서 시편 저자는 노래한다. "나의 명철함이 나의 모든 스승보다 승하며." 그리고 잠언 5장 13절은 부주의한 자가 후회할 날이 닥치지 않도록 지혜에 주의할 것을 호소한다. "내 선생의 목소리를 청종치 아니하며 나를 가르치는 이에게 귀를 기울이지 아니하였던고." 그러나 어떻든 간에 이 구절들은 포로기 이전 시대를 훨씬 앞선 시기와 관계가 있다.

따라서 가정은 어린이 교육의 중심이다. 엡스테인은 이렇게 말한다. "가정은 유대인의 모든 덕목의 온상이 되어야 한다. …자녀 교육에 대한 부모의 의무를 유대교보다 더 크게 강조한 종교는 존재하지 않는다." 그가 간주하듯이 학교의 역할이 아무리 커도 학교는 본래 '보조적 가정'에 지나지 않았다.[6] 잠언의 저자는 잘 훈련된 어린이의 부모가 얻는 기쁨과 가정에서 훈련과 훈계를 받지 않은 자녀를 둔 이들의 슬픔을 알고 있었다. "지혜로운 아들은 아비로 기쁘게 하거니와 미련한 아들은 어미의 근심이니라"(잠 10:1). "의인의 아비는 크게 즐거울 것이요. 지혜로운 자식을 낳은 자는 그를 인하여 즐거울 것이니라"(잠 23:24). "미련한 아들은 그 아비의 근심이 되고 그 어미의 고통이 되느니라"(잠 17:25).

따라서 교육할 책임은 분명하면서도 직접적으로 부모에게 주어졌고, 또 그것은 학교가 존재하기 이전만큼이나 학교가 존재할 당시에도 변함이 없었다. 탈무드처럼 아버지는 자식에게 장사를 가르칠 의무가 있었는데 "아들에게 장사를 가르치지 않는 사람은 누구나 그에게 도둑질을 가르치는 것이기" 때문이다. 아버지의 삼중 의무는 아들에게 율법을 가르치고, 결혼시키며, 그리고 손재주를 익히게 하는 것이었다. 부모의 이런 의무는 반복해서 암시되거나 전달되었다.

"내 아들아 네 아비의 훈계를 들으며 네 어미의 법을 떠나지 말라"(잠 1:8). "아들들아 아비의 훈계를 들으며 명철을 얻기에 주의하라"(잠 4:1-4). "내 아들아 네 아비의 명령을 지키며 네 어미의 법을 떠나지 말고"(잠 6:20). "지혜로운 아들은 아비의 훈계를 들으나"(잠 13:1).

부모의 가르침에 대한 명령은 합창처럼 신명기 전체로 퍼져나간다. "오직 너는 스스로 삼가며 네 마음을 힘써 지키라. 그리하여 네가 눈으로 본 그 일을 잊어버리지 말라. 네가 생존하는 날 동안에 그 일들이 네 마음에서 떠나지 않도록 조심하라. 너는 그 일들을 네 아들들과 네 손자들에게 알게 하라"(신 4:9-10). "네 자녀에게 부지런히 가르치며 집에 앉았을 때에든지 길을 갈 때에든지 누워 있을 때에든지 일어날 때에든지 이 말씀을 강론할 것이며"(신 6:7). 부모는 "후일에 네 아들이 네게 묻기를 우리 하나님 여호와께서 명령하신 증거와 규례와 법도가 무슨 뜻이냐 하거든"(신 6:20) 답할 준비가 되어 있어야 했다. "내가 오늘 너희에게 증언한 모든 말을 너희의 마음에 두고 너희의 자녀에게 명령하여 이 율법의 모든 말씀을 지켜 행하게 하라"(신 32:46).

부모는 어린이에게 하나님이 자기 백성 이스라엘을 위해 행한 위대한 일들을 언제나 되풀이할 수 있거나 그럴 준비가 되어 있어야 하고, 또 기꺼이 그래야 한다. “옛날을 기억하라. 역대의 연대를 생각하라. 네 아버지에게 물으라. 그가 네게 설명할 것이요. 네 어른들에게 물으라. 그들이 네게 말하리로다”(신 32:7). “우리가 이를 그들의 자손에게 숨기지 아니하고 여호와의 영예와 그의 능력과 그가 행하신 기이한 사적을 후대에 전하리로다”(시 78:4).

랍비들은 거듭 아버지의 의무를 강조한다. “아버지는 자신의 가르침을 무시하는 자녀를 죽일 수도 있다”라고 랍비 살로모(Salomo)는 말했다.[7] 어린이는 입을 떼자마자(즉, 세 살 이후) 아버지로부터 율법 교육을 받았다. 유대인이 여성 교육을 거부했다고 종종 지적받았고 기술교육에서 여자들을 모두 배제한 게 사실이었지만 부모 교육에서 어머니의 위치에 주목하는 것은 적절하다. 어머니는 거듭 언급되었고 지혜자 르무엘 왕은 ‘어머니가 가르쳐준’ 예언을 소개한다(잠 1:8, 6:20, 31:1-9, 딤후 1:5 참조).

유대인 가정에서 아버지와 어머니는 어린이 교육의 책임을 분담했다. 유대인 교육에 대한 어떤 검토에서도 다음 두 가지 사실을 기억하는 것은 필수이다. 먼저 유대인 교육은 거의 전적으로 종교교육이었다. 그리고 두 번째는 언제든지 중심은 가정이라서 만일 어린이가 하나님의 율법을 준행하려고 한다면 교육할 책임은 부모가 간단하게 넘길 수 없는 그 무엇이다.

교육이 유대적 가치에서 차지한 위치를 검토했으니, 이제는 유대인 교육의 실제 과정을 검토해야 한다. 이 목적에 따라서 유대인 교육을 대략 두 가지 부분, 즉 에스라 이전과 에스라 이후로 구분한다. 이 구분은 사람들이 아주 명확하게 율법의 백성이 되기 이전과 이후를 가리킨다. 우리는 앞서 포로기 이전 시대 유대인들에게는 학교나 공교육이 존재하지 않았음을 살펴보았다. 그렇다면 당시 교육은 어떻게 실시했을까?

초기 이스라엘은 일차적으로 농경민들이었고 농사는 본래 종교적 영역이었다. 출생과 성장 과정만큼 하나님이 확실하게 드러나는 곳은 없지만 농경문화 생활에서는 흔하다. 흙을 가까이하는 사람은 역시 하나님을 가까이하는 것이라는 말은 사실이다. 단 그것을 볼 수 있는 눈을 가졌을 때만 그렇다. 농경 문화적 필요성과 과정에 대한 성경 본문을 연구하고 또 그 이면에 담긴 종교적 원리와 확신을 성경적 사고로 살피는 것은 아주 흥미롭다.[8] 이런 본문에서 기본적인 신앙이 드러난다.

하나님은 인간에게 흙에 대한 과업을 맡겼다. 남자가 에덴동산에서 추방되었을 때 그는 자신의 '근원이 된 땅을' 경작해야 했다(창 3:23). 흙을 가는 것은 징계로 간주할 수도 있으나 인간은 하나님이 맡긴 일을 하는 것이었다.

인간의 일에 대한 지식은 하나님에게서 주어졌다. 아주 실제적인 의미에서 볼 때 농사를 수행하는 지식 역시 하나님으로부터의 계시이다. 이사야는 말한다. "파종하려고 가는 자가 어찌 쉬지 않고 갈기만 하겠느냐. 자기 땅을 개간하며 고르게만 하겠느냐. 지면을 이미 평평히 하였으면 소회향을 뿌리며 대회향을 뿌리며 소맥을 줄줄이 심으며 대맥을 정한 곳에 심으며 귀리를 그 가에 심지 아니하겠느냐. 이는 그의 하나님이 그에게 적당한 방법을 보이사 가르치셨음이며"(사 28:24-26). 실제로 이사야는 땅에서 일하는 인간은 하나님이 알려준 필수적인 지식이 없으면 할 일을 알지 못했을 것이라고 말한다. 예언자처럼 농부도 하나님의 가르침을 받았다.

수확의 성패는 오직 하나님만이 창조하는 환경에 좌우된다. 예레미야는 "이른 비와 늦은 비를 때를 따라 주시는 우리 하나님 여호와"를 이야기한다(렘 5:24). 그는 비를 내릴 수 있는 어떤 "이방의 허무한 것들"이 있는지 묻는다(렘 14:22). 추수의 기한을 정하는 식으로 우주를 통치하는 존재는 하나님뿐이다. 게다가 유대인은 우주가 도덕적으로 통제되고 자연 질서는 도덕적으로 조건 지어지고 자연 질서 안에서 도덕법칙은 스스로 운동한다고 믿었다. 하나님은 비를 내릴 뿐 아니라 자기 백성이 죄지으면 비를 내리지 않게도 한다. 아모스는 하나님의 음성을 들었다. "추수하기 석 달 전에 내가 너희에게 비를 멈추게 하여"(암 4:7). 신명기에는 그게 바로 하나님이 거룩한 율법을 시행하기 위해 우주 자체를 사용하는 원리가 된다.

"내가 오늘 너희에게 명하는 내 명령을 너희가 만일 청종하고 너희의 하나님 여호와를 사랑하여 마음을 다하고 뜻을 다하여 섬기면 여호와께서 너희의 땅에 이른 비, 늦은 비를 적당한 때에 내리시리니 너희가 곡식과 포도주와 기름을 얻을 것이요. 또 가축을 위하여 들에 풀이 나게 하시리니 네가 먹고 배부를 것이라. 너희는 스스로 삼가라. 두렵건대 마음에 미혹하여 돌이켜 다른 신들을 섬기며 그것에게 절하므로 여호와께서 너희에게 진노하사 하늘을 닫아 비를 내리지 아니하여 땅이 소산을 내지 않게 하시므로 너희가 여호와께서 주신 아름다운 땅에서 속히 멸망할까 하노라"(신 11:13-17).

유대인은 생물이 의존하는 자연의 진행 안에서 하나님이 부단히 활동한다고 생각했다. 끝으로 유대인들이 인정하듯이 인간이 거주하는 토지는 하나님에게 속했다. 땅은 하나님의 소유이고, 따라서 인간은 임차인에 불과했다. "토지를 영구히 팔지 말 것은 토지는 다 내 것임이니라. 너희는 거류민이요 동거하는 자로서 나와 함께 있느니라"(레 25:23). 유대인들은 자신들을 하나님의 임차인 자체로 보았다.

이 모두가 유대인들의 농경과 토지에 관한 생각을 훈련했다. 유대인들은 그것을 잊었을지 모르지만 언제나 예언자의 소리가 그것을 일깨우거나 하나님에 대한 의존적 자각으로 몰아가는 사건이 자연스레 발생했다. 어떤 형태로든지 형식적 교육이 존재하기 훨씬 이전에도 어린이와 청소년은 식량과 생계가 달린 단순한 과정을 훈련받아야 했을 테고 그들은 어쩌면 절반은 의식적으로 배우기보다는 그 과정에 빠져든 채 가슴에 이 신앙을 간직하지 않을 수 없었다. 유대인에게는 땅에서 일하는 게 끊임없이 하나님 방식으로 교육받는 것이었을 수 있다.

아주 실제적인 교육 방법을 제공한 것으로 보이는 유대인 공동체 생활의 필수적인 또 다른 부분이 존재했다. 그 방법은 민족적인 삼대 절기나 명절(유월절, 오순절, 초막절)에서 찾아냈을 것이다.

유대법은 아버지가 주요 절기를 자식에게 반드시 설명하도록 규정했다. 아들이 '증거와 규례와 법도'의 뜻을 질문할 때 아버지는 설명할 준비가 되어 있어야 한다(출 13:8, 신 4:9, 6:20 참조). 그런데 지금껏 충분히 인식되지 못했던 것은 이 주요 절기들이 역사적 의미는 물론 농경의 의미를 포함했다는 점이다. 절기들은 역사적 사건들을 기념할 뿐만 아니라 농사 일정의 주기를 정했기 때문에 농경적 의미는 절기들과 연관된 역사적 의미보다 더 원초적이었다는 것은 아마 사실일 것이다. 절기가 지닌 의미는 다음과 같았다.

유월절은 유대인이 이집트에서의 노예 신분과 속박에서 구원받은 것을 기념했고 오순절은 시내산에서 율법을 받은 것을 기념했다. 그리고 나뭇가지로 만든 임시 건물에서 생활하는 초막절은 광야를 지나 약속의 땅으로 들어가는 여정을 기념했다. 출애굽기에는 세 가지 주요 절기의 목록이 있는데 그때에는 '모든 남자는 주 여호와께 보여야' 한다. 유월절은 역사적 용어로 설명되어 있다. 그것은 아빕월 정한 때 지켜야 했는데 '그달에 애굽에서 나왔기' 때문이다. 하지만 오순절은 실제로 맥추절로 기록되었고, 또 초막절은 수장절로 묘사된다(출 23:14-17). 달리 말하면 뒤에 있는 두 절기는 당시에 가장 중요한 농경적 의미를 지녔다. 그리고 레위기 역시 유월절에 농경의 의미를 부여한다(레 23:10-12).

그러면 절기마다 가진 농경의 의미와 의식이 무엇이었는지 살펴보자. 3월에 오는 유월절은 보리 추수의 시작을 알렸다. 추수한 곡식의 첫 다발은 반드시 제사장에게 가져다가 여호와 앞에서 흔들어야 했다(레 23:9-11). 이것과 연관된 그림 같은 아름다운 의식들이 있었다.

니산월 14일, 남자들은 임무를 부여받고 보리밭으로 나갔다. 어떤 밭이든 관계없이 그들은 분명히 가장 좋은 다발을 고른 다음 그것을 묶어 땅에 세워 두었다. 조건이 하나 있었는데 보리가 정원이나 과수원, 또는 특별히 가꾸거나 준비된 어떤 땅도 아닌 평범한 땅에서 자란 것이어야 했다. 그것은 평범한 작황의 보리였다. 다음 날 저녁 무렵 세 명의 남자가 저마다 낫과 바구니를 들고 표시된 다발을 수확하기 위해 나갔다. 이것은 아주 인기 있는 의식이어서 많은 사람이 참석했다. 그들은 둘러선 사람들을 돌아보며 독특한 질문을 몇 가지 던졌다.

"해가 졌습니까?"

"이 낫으로요?"

"이 바구니 안에요?"

"오늘이요?"

"추수할까요?"

묻는 말에 답이 긍정적이면 그들은 추수를 시작했다.

그들은 보리를 베어 성전 마당으로 가져왔다. 그곳에서 단단하지 않은 절굿공이로 부서지지 않을 정도로 보리를 탈곡했다. 이어서 그것을 불 위에 올려진 구멍 뚫린 냄비에 볶은 뒤에 겨가 날아가도록 바람을 쐬었다. 그것을 보리 맷돌로 갈았다. 기름과 향을 섞은 보리 두 움큼을 제단 쪽으로 뿌렸다. 나머지 가운데 대략 3리터를 제물로 바쳤다. 남은 것은 제사장의 몫이었고 순수한 목적이라면 어디에도 사용할 수 있었다. 그러고서 햇보리가 가게에서 거래되었고 또 햇보리 가루로 만든 빵을 먹을 수 있는 것은 그 이후였다.

이것이 완벽하게 발전된 의식의 형태에 대한 설명이 분명하다. 그것을 통해 어린이가 이 모든 진행 과정을 얼마만큼 관심을 가지고 지켜보는지, 어째서 그렇게 하는지와 무엇을 뜻하는지, 어떻게 묻는지 그리고 그의 질문을 통해 제시된 가르침의 관문이 어떤 것인지를 곧장 알 수 있다.

오순절은 7주가 지난 6월 초에 돌아왔다. 그때는 밀 추수를 기념해서 의식 일부로 여호와에게 가장 좋은 가루로 만든 빵 두 덩이를 바쳤다(레 23:16-17). 나중에는 이 빵을 만들고 굽는 자세한 설명이 등장했다. 가루는 열두 번 체로 걸러야 했고 성전 마당 바깥에서 반죽하고 굽는 것은 안에서 했다. 빵 귀퉁이마다 제단에 솟은 뿔과 비슷하게 손가락 네 마디를 더 한 정도의 높이로 뿔을 세웠다. 그것들은 전체 성전 제물 가운데 평범하고 일상적인 빵을 상징했음을 보여 주기 위해 발효시킨 유일한 것이었다. 여기에서 또다시 빵 덩어리를 응시하는 바로 그 시선은 질문을 촉발하는 것과 맞물려 있었고, 그래서 교육의 기회가 또다시 주어지면 당연히 받아들였다.

초막절은 9월 말경에 찾아왔다. 그것은 절기 중 가장 흥미롭고, 또 포도 수확 마지막 때쯤 돌아왔는데 그 무렵은 추수를 모두 마친 상태였다. 그때는 실제로 추수를 감사하는 절기들이 막 끝나가고 있었다. 초막절의 특징은 루라브(Lulab)의 전달이었다. 교훈은 이랬다. "너희가 아름다운 나무 실과와 종려나무 가지(대추야자나무 가지-옮긴이)와 무성한 나무 가지와 시내 버들을 취하라"(레 23:40). 여기서 무성한 가지는 도금양(myrtle) 가지로 간주했다. 따라서 예배자들은 가운데 대추야자 가지, 그리고 양편에는 무성한 가지와 시내버들로 만든 일종의 다발을 만들어서 가져갔다. 이것이 루라브였다(문자 그대로의 의미는 '대추야자 가지'이다). 손으로 이것을 가져가거나 흔들었다. 아름다운 나무 실과는 시트론(citron)으로 간주해서 다른 손에 들었다.[9]

이 모든 의식은 이스라엘이 사막을 가로질러 약속의 땅에 이르는 경험과 다양한 과정의 어떤 것을 상징했다. 대추야자 가지는 계곡과 평지를 상징했는데 그곳에 대추야자나무가 서식했고 도금양은 산과 비탈의 버드나무와 관목을 상징했다. 버들가지는 그들이 마시던 시내를 가리키고 또 시트론은 약속의 땅에 열리는 훌륭한 과일을 상징했다. 당연히 어느 아이든지 루라브와 시트론이 상징하는 의미를 물었을 테고 그 설명은 역사와 하나님의 은총에 대한 설명에 이르는 입구가 되었을 것이다.

그 경우에 교육은 필수적이었고 실제로 의식(유월절의 경우)의 일부였다. "너는 그 날에 네 아들에게 보여 이르기를 이 예식은 내가 애굽에서 나올 때에 여호와께서 나를 위하여 행하신 일로 말미암음이라 하고"(출 13:8). 이것은 전체 유월절 축제 안에서 의식과 통합되었다.

둘째 포도주잔을 채우면 아들은 아버지에게 질문하도록 지시받았다(아들이 질문 방법을 아버지에게 제대로 배우지 못한 경우에도 그랬다). "왜 오늘 밤만 특별한가요?" "보통 때 우리는 양념을 넣은 음식을 한 번 먹지만 오늘 밤에는 두 번 먹기 때문이다. 보통 때 우리는 누룩을 넣거나 혹은 그것을 넣지 않은 빵을 먹지만 오늘 밤에는 모두 누룩을 넣지 않는다. 보통 때 우리는 고기를 굽거나 찌거나 아니면 요리해서 먹지만, 오늘은 모두 굽는다." 그리고 이해 수준에 따라서 아버지는 아들에게 가르친다. "그는 치욕에서 시작해서 영광으로 끝맺는다. 그리고 그는 모든 일정을 끝마치기 전에 '내 조상은 방랑하는 아람 사람' (신 26:5)이라고 설명한다."

유월절 기간에 어린이를 교육하는 것은 의무였고, 또 절기의 주요 부분이었다. 유대인 절기와 명절은 그 자체가 역사와 하나님의 관대함을 교육하기에 더할 수 없이 좋은 기회였음을 쉽게 알 수 있다. 학교에서 배우기 전까지 아들은 아버지로부터 조국의 역사, 하나님의 거룩한 공의 그리고 자연 세계에서의 하나님의 은혜를 익혔다. 유대인 가정에서는 아버지가 아들의 종교교육을 시킬 의무를 받아들이지 않을 수 없었다.

우리는 지금껏 가정에서 이루어진 유대인의 교육을 살펴보았다. 그리고 그것은 공식적인 의미에서 학교가 등장하기 이전까지의 유대인 역사 후반에 해당한다. 그러나 이제는 두 가지 사건, 즉 궁극적으로 학교를 확실하게 출현시킨 것들에 주목해야만 한다.

먼저 BC 621년에 신명기가 간행되었다. 우리는 현재 문서로 작성된 법규의 서론 부분을 보유하고 있다. 그것은 실제로 어린이에게 가르쳐야 할 교훈과 법규와 계명을 부과한다(신 4:9 그 일들을 네 아들들과 네 손자들에게 알게 하라; 신 6:7,20 네 자녀에게 부지런히 가르치며; 신 11:19 또 그것을 너희에게 가르치며). 이것은 분명히 문서로 만들어진 교육자료를 모아놓은 것이다. 그렇지만 에스라의 작품이 훨씬 중요하다. 에스라는 "여호와의 율법을 연구하여 준행하며 율례와 규례를 이스라엘에게 가르치기로 결심하였다"(스 7:10). 느헤미야서를 통해 우리는 사람들이 어떻게 소집되었고, 그들이 율법을 어떻게 읽었으며, 또 그대로 복종하기를 어떻게 그들 스스로 서약하고, 또 살았는지를 알게 된다(느 8장).

그 내용은 실제 있었던 일을 상당히 극적으로 설명한 게 분명하다. 우리는 그 모두를 문자적으로 사실이라고 간주할 필요는 없지만 상징적으로는 분명히 사실이다. 포로 생활에서 귀환할 당시 유대인들은 이미 '책의 백성'이 되어 있었다. 에스라의 지도를 받아서 문서화된 토라를 '일상의 관계를 규정하는 규범'으로 받아들였다.

우리는 이것이 의미하는 바를 조심스럽게 이해할 필요가 있다. 유대인은 모두 책을 소유했고 읽었고 공부했다는 의미에서는 '책의 백성'이 아니다. 사실 일부는 책을 소유하기도 했으나 교육은 구두로 이루어졌다. 박스는 "지금도 그렇지만 동방 문화에서는 책에 실린 지식이 결코 전부가 아니었다"라고 말한다. 이어서 그는 다음과 같이 스미스를 인용한다. "이상적 교육은 구두 교육이라서 결코 소멸하지 않는 가장 값진 진리의 전당은 성실한 제자의 기억과 마음이다."[10]

유대인은 책의 사람들이었는데 그것은 저마다 책을 소유해서가 아니라 구두 교육을 통해 그들의 정신에 주입되었고, 또 마음에 새겨졌던 삶의 규정을 담은 그릇이 책이었기 때문이다.

따라서 만일 책이 아주 중요했고, 또 진리를 모두 포괄했다면 그 책은 반드시 해석되고 설명되고 또 소개되어야 했을 것이다. 그러면 책에 담긴 진리는 어느 곳에서 전달되었을까? 그 답은 회당이다. 회당이 포로 상태에서 형성되었다는 것은 조금도 의심할 수 없다. 포로기 동안 제사는 불가능했다. 제사는 성전에서만 드릴 수 있었기 때문이다.

그러나 제사가 불가능할 때조차 기도와 하나님 말씀의 연구는 계속해서 가능했는데 이것은 회당의 핵심 요소이다. 유대인은 가능한 한 모든 것을 근원까지 소급하는 성향이 있었다. 요세푸스와 필로 모두 회당을 모세에게까지 소급한다. 그리고 타르굼(Targum)은 특이하게 족장 시대까지 거슬러 올라간다.[11] 그렇지만 모르긴 해도 포로기 동안에 발전된 말씀 공부와 기도를 위한 안식일 집회의 습관이 귀환 후에도 남아 있었고, 그렇다면 그것이 회당을 출범시킨 동인이 되었다는 게 가장 타당할 것이다.

분명히 이런 교육은 대개 회당에서 실시했다. 회당이 현대 교회 이상으로 교육 장소였음을 확실하게 기억할 필요가 있다. 안식일에 회당에서 진행한 예배 목적은 더 제한적인 의미로는 공식 예배나 봉헌이 아닌 종교교육이었다. 필로는 회당을 '교육의 집' 이라고 부른다. 신약성경에서 회당과 관련된 독특한 용어는 디다스케인(didaskein), 즉 '가르치다' 이다(마 4:23, 막 1:21, 눅 4:15 대조해볼 것). 귀네버트는 회당을 '경건의 모임터', '종교교육의 중심지' 라고 부르면서 그것이 너무 많다 보니 당시의 '통속적인 신앙의 대학' 이라고 하지 않을 수 없다고 한다.[12]

회당은 율법이 해석되고 설명되고 또 응용되던 중심지였다. 이상과 같은 의미에서 회당은 일반 유대인 교육의 핵심이었다. 여기에서 서기관이 그 장면에 등장한다. 율법을 교육하고 설명하고 정하지 않을 수 없었다면 반드시 그 임무에 헌신하고 율법을 알고 또 해석하는 것을 생업으로 삼고, 또 권위 있게 주장할 수 있는 사람들이 있어야 했는데 그들이 바로 서기관들이었다.

우리가 학교로 알고 있는 것으로 나아가기에 앞서 아직도 이 형태에 속한 또 다른 집단이 남아 있다. 어떤 의미에서 이 사람들은 서기관과 같았으나 그들의 접근은 달랐다. 이들은 우리가 현자라고 부를 수 있는 집단으로 지혜를 가르쳤다. 우리는 그들의 교훈을 케네디가 '가장 오랜 교육의 지침서' 로 부르는 잠언과 시락의 자손 예수의 지혜를 담고 있는 집회서, 그리고 솔로몬의 지혜서에서 특히 확인할 수 있다. 이 현자들의 교훈보다 더 많이 유대인의 생활과 도덕에 영향을 끼친 것은 없다. 이 지혜의 개념을 간략하게 검토하고 구성 내용과 교육 내용을 살펴보자.

본래 그것은 머리에서 나온 지혜나 지식이 아니었다. 또 그것은 처음부터 지적이거나 학문적이지도 않았다. 오이스터리는 그것을 이렇게 말한다. "처음부터 그것은 성격상 무엇이 선하고 무엇이 악한지, 또는 보다 정확하게 말하면 무엇이 이롭고 또 무엇이 해로운지 구분할 수 있는 능력을 내포했다."[13] 바로 이런 이유로 그것은 본질적으로 종교적이었다. 이 지혜에 관한 모든 언급 가운데 가장 특이한 것은 현자들이 부단히 훈계한 본문으로 선택된 것으로 보이는 바로 그 구절이다. "여호와를 경외하는 것이 지혜의 근본이다"(잠 1:7, 집회서 1:14).

집회서는 이 주제를 변형한다. "여호와를 경외하는 것이 지혜의 성취다"(집회서 1:16). "여호와를 경외하는 것이 지혜의 면류관이다"

(집회서 1:18). "여호와를 경외하는 것이 지혜의 근원이다"(집회서 1:20). 이 지혜는 하나님에 의해 주어지며 하나님의 계명들을 지키는 가운데 얻어진다. "모든 인간에게 지혜를 너그러이 내리시고, 특히 당신을 사랑하는 사람들에게 지혜를 풍부히 나누어 주신다"(집회서 1:10). "지혜를 원하거든 계명을 지키라. 주님께서 지혜를 주시리라"(집회서 1:26). 지혜는 쉽게 소유할 수 없으니 성실하게 뒤따르는 사람들만 얻을 수 있을 뿐이다.

"지혜는 처음에 그를 험난한 길로 인도한다. 그리고 그를 믿게 될 때까지 법으로 그를 시험하여 무서운 공포심을 안겨주고 규율로 그를 괴롭힌다"(집회서 4:17). "네 발을 지혜의 족쇄로 채우고 네 목에 지혜의 칼을 쓰라. 네 등을 구부려 지혜의 짐을 지고 그 속박에 짜증 내지 말라"(집회서 6:24-25). 이런 이유로 지혜는 여럿의 소유가 될 수 없다. "지혜는 문자 그대로 지혜라. 아무나 터득하는 게 아니다"(집회서 6:22). 어리석은 사람은 이 지혜를 소유할 수 없다. "어리석은 자의 마음은 깨진 그릇과 같아서 아무런 지식도 담을 수 없다"(집회서 21:13-14). 지혜는 정의로 유지할 수 있을 뿐이고, 그렇지 않으면 잃고 만다. "만일 사람이 지혜의 길을 벗어나면 지혜는 그를 버리고 멸망의 손에 내맡기리라"(집회서 4:19). 하나님의 은총 때문에 이스라엘 사람만 지혜를 소유했다.

"나는 이 모든 것들 틈에서 안식처를 구했으며 어떤 곳에 정착할까 하고 찾아다녔다. 온 누리의 창조주께서 나에게 명을 내리시고 나의 창조주께서 내가 살 곳을 정해주시며 너는 야곱의 땅에 네 집을 정하고 이스라엘에서 네 유산을 받아라 하고 말씀하셨다. …이렇게 해서 나는 시온에 살게 되었다. 주님은 사랑하시는 이 도읍에 나의 안식처를 마련하셨고 예루살렘을 다스리는 권한을 주셨다. 주님이 선택하고 차지해서 영광스럽게 만든 그 백성 안에 나는 뿌리를 내렸다"(집회서 24:7-12). 지혜를 소유하고 유지하려는 온갖 수고는 아주 소중하다.

"지혜를 따르는 사람의 삶은 안전하리라"(집회서 4:15). 지혜는 "가난해도 지혜 있는 사람을 고귀한 인들과 자리를 함께할 수 있게" 만든다(집회서 11:1). 물질이 번창하는 측면에서 지혜의 보상은 놀랍다. "지혜는 그 열매로 사람들을 흡족하게 한다. 지혜는 그들의 집안을 재물로 가득 차게 하고 그들의 곳간을 채워준다"(집회서 1:16-17). 수고와 훈계의 쇠사슬과 족쇄는 결국 모두 잊힐 것이다. "너는 그 지혜에게서 마침내 안식을 얻고 그 지혜는 너에게 기쁨이 되어 주리라. 그때 지혜의 족쇄는 너에게 견고한 방패가 되고 네 목에 쓴 칼은 영광된 의상이 되리라"(집회서 6:28-31).

이 요약에서도 한 가지 사실이 분명해진다. 이 지혜는 하나님의 지혜이며 또 하나님에게서 나온다. 그것은 본질적으로 종교적이다. 하지만 그것은 그만큼 본질적으로 실제적이기도 하다. 지혜의 목적은 사람이 이론상으로 하나님을 알 수 있게 할 뿐만 아니라, 실제적으로도 현세에서 성공적으로 살아가게 만드는 것이었다.

뷰어는 이렇게 말한다. "지혜는 사람이 행복하고 유복한 생활을 하게 만드는 현명함과 상식을 뜻한다."[14] 패터슨은 현자들이 "예언자들의 고귀한 가르침을 매개하고, 또 일상생활과 경험을 통해 그것들을 해석했던 영적 중개인들"이었다고 한다. 그는 "따라서 당시 교육 임무는 지금처럼 '원숭이와 호랑이' 같은 인간 본성을 성취하는 것이라기보다 오히려 당나귀를 쫓아내는 것"이라고 재미있게 표현한다.[15]

이 지혜의 성격은 잠언에서 자주 사용되는 낱말 가운데 하나인 무사르(musar)에서도 충분히 확인할 수 있다. 그것은 잠언에 대략 30회 등장하고 뜻은 훈계인데 대부분 교육으로 번역되어 있다. 이 지혜는 성공적 삶을 훈련한다. 케네디는 잠언이 거듭 강조하는 것들을 요약하는데 그것은 이 지혜의 범위를 보여준다. 그것은 빈틈없는 예상, 절제, 순결함, 근면, 진실함, 빈민에 대한 배려, 원수들에 대한 가장 이례적이면서도 거짓 없는 고귀한 자비, 진정한 우정의 가치, 그리고 훌륭한 여성의 품위를 가르친다.[16]

후기 사상에는 본질적으로 종교적인 특성을 잃지 않고, 또 동시에 율법에 부여한 최고의 자리에서 물러서지도 않으면서 우리가 교양이라고 부를 수 있는 부분을 이 지혜에 상당히 수용한다. 솔로몬의 지혜서에서 현자는 지식의 광대함을 주장한다.

내가 올바로 깨닫고 그대로 말할 수 있게 해주시며

지혜가 가르쳐준 대로 생각할 수 있게 해주시기를
하나님께 빈다.
하나님은 바로 지혜의 인도자시며 현자들의 지도자이시다.
우리와 우리의 하는 말이 다 그분의 손에 달렸으며
모든 현명함과 생활의 지혜 또한 그분께 달려 있다.
그분은 나에게 만물에 대한 어김없는 지식을 주셔서
세계의 구조와 구성요소의 힘을 알게 해주셨으며
해가 바뀌는 것과 별들의 자리를 알게 해주셨고
동물의 성질과 야수의 본능,
그리고 악령의 힘과 인간의 생각,
또 각종 식물과 그 뿌리의 특성을 알게 해주셨다.
만물을 만드신 하나님의 지혜와 가르침을 받아서
나는 드러나 있는 것은 물론 감추어진 모든 것까지 알게 되었다.
지혜 속에 있는 정신은 영리하며 거룩하다.
(지혜서 7:15-22)

지혜는 사람에게 천문학, 생물학, 심리학, 식물학 그리고 온갖 종류의 지식에로의 길을 터주었다.

벤 시락(Ben Sirach)은 현자란 그 자신을 찾아 어떤 사회든지 출입할 수 있는 충분한 교양을 갖추고, 또 여행 경험이 많은 인물이라고 설명한다.

그는 옛 성현의 지혜를 탐구하고
예언을 연구하는 데 자기 시간을 바친다.
그는 유명한 사람의 말을 보전하고
비유의 깊은 뜻을 파고든다.
그는 격언의 숨은 뜻을 연구하고
난해한 비유를 푸는 데 흥미를 느낀다.
그는 벼슬에 올라 군주들을 섬기고
통치자들 사이에서 중책을 맡는다.
외국을 두루 여행하며
인간 사회의 좋은 것과 나쁜 것을 체험으로 안다.
아침에 일어나면서 마음을 모아
창조주이신 주님께 생각을 돌리고
지극히 높으신 분께 온 마음을 바친다.
입을 열면 기도요,
자기 죄의 용서를 빈다.
(집회서 39:2-5)

이것이 학자, 해석자, 여행자, 신하 그리고 헌신적인 사람의 모습이다. 우리가 유대인 교육 현장의 상대적 협소함을 강조하면 그것은 그 모습의 이것만 전적으로 기억하는 것이다.

현자가 되기 위해서는 노동과 세속적인 활동을 벗어나야만 한다는 현자의 지각은 이런 모습의 시각에서는 조금도 이상하지 않다. 그가 세상의 일을 하는 사람들을 경멸한 것은 아니었다. 오히려 그와는 반대로 어떤 의미에서는 세상이 그들 위에서 이루어진다고 보았다. 그러나 현자에게 학자다운 여가생활은 필수적이다. 집회서에는 이 관점을 소개하는 멋진 구절이 있다.

학자가 지혜를 쌓으려면 여가를 가져야 한다.
사람은 하는 일이 적어야 현명해진다.
쟁기를 잡고 막대기를 휘두르며 소를 모는 데 여념이 없고,
송아지 이야기밖에 할 줄 모르는 농부가
어떻게 현명해질 수 있으랴?
그의 머릿속에는 이랑을 짓는 생각으로 가득 차 있고,
저녁에는 암소에게 먹이 주는 일로 시간을 다 보낸다.
모든 직공과 기술자는 물론,
주야로 일만 하는 자들은 모두 마찬가지다.
도장을 새기는 사람은 새로운 도형을 만드는 데 열중하고
그 도형과 똑같은 것을 파느라고 부심하며
일을 완성하려고 밤을 새운다.
마찬가지로 대장장이는 모루 옆에 앉아서
이 쇠로 무엇을 만들까 생각한다.
그의 살은 불길에 화끈 달아, 뜨거운 화롯불과 맞싸우듯 한다.

망치 소리에 고막이 터질 듯하고 그의 눈은 모형을 노려본다.
일을 잘 마치려고 심혈을 기울이고
완성품을 내기까지 밤을 새운다.
또 옹기장이는 일터에 앉아서 자기 발로 풀무를 돌리며,
생각은 항상 자기 작품에 집중되어 있고
동작 하나하나를 신중하게 한다.
손으로 진흙을 빚으며 발로 반죽을 갠다.
그릇에 윤을 잘 내려고 온 정성을 기울이며
가마를 깨끗이 하느라고 밤을 새운다.
이 사람들은 모두 자기 손재주에 자신을 갖고 있으며,
저마다 자기 일의 특기를 지니고 있다.
이런 사람이 없이는 도시를 건설할 수가 없고
거주민도 없을 것이고 여행자도 없을 것이다.
그러나 그들은 시의회에 불리지도 않으며
공중 집회에서 윗자리를 차지하지도 않는다.
…그들은 재판관 자리에 앉지도 않으며
법률을 잘 알지도 못한다.
그들의 교양이나 판단력은 출중하지 못하고
격언을 만드는 사람의 축에 끼지도 못하지만,
그들 때문에 이 세상은 날로 새롭게 되고 지탱이 된다.
그리고 그들은 오직 자기 하는 일이 잘 되기를 빌 뿐이다.

(집회서 38:24-34)

현자는 어떤 의미로도 노동하는 사람을 경멸하지 않았다. 세계는 그에게 의지하며, 또 그는 그 손으로 기도할 수 있다. 정말 그에게 있어서 일하는 것은 기도하는 것(laborare est orare)이다. 그럼에도 한 사람의 현자가 되려 한다면, 최상의 지혜에 집중하기 위해 일상적인 모든 일을 접어두지 않을 수 없었다.

현자의 규율의 특징 가운데 하나는 신체적 훈계와 징계의 필요성에 대한 그들의 강조였다. "한 마디로 총명한 자를 경계하는 것이 매 백 개로 미련한 자를 때리는 것보다 더욱 깊이 박히는" 것은 사실이다(잠 17:10). 하지만 매가 최상의 교정물이라는 것 역시 계속해서 유효하다. "매를 아끼는 자는 그의 자식을 미워함이라. 자식을 사랑하는 자는 근실히 징계하느니라"(잠 13:24). "아이의 마음에는 미련한 것이 얽혔으나 징계하는 채찍이 이를 멀리 쫓아내리라"(잠 22:15). "채찍과 꾸지람이 지혜를 주거늘 임의로 행하게 버려 둔 자식은 어미를 욕되게 하느니라. …네 자식을 징계하라. 그리하면 그가 너를 평안하게 하겠고 또 네 마음에 기쁨을 주리라"(잠 29:15,17).

벤 시락은 훈계와 징계를 한층 더 주장한다.

아들이 있거든 잘 기르되
어려서부터 길을 잘 들이라.

딸이 있거든 정숙하게 기르되
언제나 엄격하게 다루어라.
(집회서 7:23-24)

그의 주장은 계속된다.

자식을 사랑하는 부모는 매를 아끼지 않는다.
만년에 그 자식은 기쁨이 될 것이다.
자식을 엄격히 키우는 사람은 덕을 볼 것이며
친지들 사이에서 그 자식이 자랑거리가 될 것이다.
자식을 귀여워만 하는 사람은
자식의 상처를 싸매주다 말 것이고
자식이 울 때마다 조바심만 한다.
길들이지 않은 말은 사나워지고
제멋대로 자란 자식은 방자해진다.
자식의 응석을 너무 받아주다가는 큰 화를 당하게 되고
자식하고 놀아만 주다가는 슬픔을 맛보게 된다.
자식과 함께 웃다가는 같이 슬퍼하게 되고
마침내는 통곡하게 된다.
젊은 자식에게 너무 자유를 주지 말고
그의 잘못을 눈감아주지 말라.

자식이 젊을 때에 길을 잘 들이고 어릴 때부터 회초리로 키우라.

그렇지 않으면 고집만 자라서 말을 안 듣고

너에게 큰 고통을 안겨줄 것이다.

자식을 엄격히 기르고 그를 단련시키라.

그렇지 않으면 그의 추태로 네가 치욕을 당하게 될 것이다.

(집회서 30:1-13)

그래서 현자들은 지혜를 가르쳤다. 그 지혜는 하나님에게서 나오고 하나님의 계명을 받아들이고 따르는 것이다. 그 지혜는 사람에게 명예를, 또 그를 사랑하는 사람에게는 즐거움을 가져다주고 그 지혜는 애를 써야 얻을 수 있을 뿐이고 필요하면 징계와 연단의 회초리로라도 그렇게 해야만 하는 것이다.

우리는 이제 유대인 교육에 관한 이상한 입장에 도달하였다. 우리는 유대인 교육에 대한 자료가 풍부하면서도 초등교육에 대한 언급이 거의 없는 역설에 직면한다. 사실 신약성경 때까지만 해도 '학교' 라는 낱말이 전혀 사용되지 않았고, 신약성경에서 단 한 번 사용된 그 말은 어린이를 위한 학교라기보다는 에베소에서 바울이 강의하던 두란노서원과 관계가 있다(행 19:9).

이것은 후기 유대교가 어린이를 위한 학교를 크게 중시하던 견해와는 사뭇 다르다. 탈무드는 학교의 본질적 특성을 거듭 강조한다. 학자는 초등학교가 없는 마을에는 결코 머무르면 안 되었다. 학교에 다니는 어린이가 없는 마을은 멸망하든지 아니면 비난을 받게 되는데, 예루살렘은 학교에 학생이 없었고 또 교사를 존경하지 않았기 때문에 자멸했다.

예루살렘에는 480개 회당과 그 부속학교가 있었다고 전해졌다. 에스라 법령은 어느 지역이든 머물 수 있는 교사를 가능한 한 많이 선발하고 또 훌륭한 교육을 위한 경쟁이 가능하도록 기존의 교사들을 방해해서는 안 된다고 규정했다고 한다. 그 규정이 대중 교육보다 경쟁적인 사립학교의 형태를 연상시킨다는 논란의 여지는 충분히 있다. 탈무드가 전하듯이 교사의 봉급은 사회에서 치러야 했고 그것을 위해 세금을 할당했다. 세금은 자녀를 둔 사람으로만 제한되었고, 또 지불할 수 없는 사람의 재산을 압류할 수도 있었다.

우리는 어떻게 해서든지 학교를 전혀 언급하지 않던 시대부터 학교가 체계화된 공동체마다 가장 본질적인 것 가운데 하나였던 시대까지 반드시 이해해야 한다. 요세푸스에 따르면 학교의 기원은 모세로까지 거슬러 올라간다. 그는 "소년들은 누구나 가장 중요한 율법을 배워야만 하는데 이것이 최상의 지식이자 성공의 원인이기 때문"이라고 지시했다. 그는 "어린이에게 지식의 요소를 알려주고 율법을 따라 살며, 또 조상들의 행적을 알도록 가르칠 것을 명령하였다. 뒤의 것이 그들을 본받는 것이라면 앞의 것, 즉 율법을 통해 성장하는 것은 그들이 율법을 범하는 것도 그렇다고 해서 무지를 용납하는 것도 아니다." 하지만 이상이 학교의 기원을 단지 옛날로 소급하는 독특한 시도는 아니다.

유대인의 초등교육과 확고하게 연결된 위대한 두 인물이 있다. 첫째는 시몬 벤-셰탁(Simon ben-Shetach)이다. 그는 BC 78년부터 69년까지 통치한 알렉산드리아 여왕의 형제였다. 예루살렘 탈무드는 그가 "어린이는 반드시 초등학교에 출석해야 한다"라는 법을 제정한 인물이라고 전한다. 이 시몬은 잘 알려지지 않았다. 조셉은 "그렇게 전해진다"라는 식으로 그 이야기를 간단하게 보고한다.

슈러는 설명도 없이 전승을 무가치한 것으로 폐기하면서 "시몬을 거의 온갖 신화들의 접촉점과 같다"고 단정한다.[17] 박스와 케네디 두 사람은 그 이야기가 지닌 상당한 정확성을 기꺼이 수용한다.[18] 대체로 우리는 시몬의 전승을 받아들이는 게 타당할 것 같다. 그 구절이 시몬이 초등학교를 세웠다고 주장하는 게 아니라는 점에 주목할 필요가 있다. 그는 어린이는 학교에 반드시 출석해야 한다고 법을 제정한 것으로 전해지기 때문이다.

어린이를 위한 일종의 학교가 있었음에는 분명하다. 유대인들이 '책의 사람들' 이었다는 그 사실이 바로 그것을 거의 본질적으로 만든다. 우리는 회당의 안식일 예배에서 회중을 대표하는 일곱 명이 성경일과를 읽도록 요청받았음을 알고 있는데[19] 그것 덕분에 읽는 능력이 아주 일반적이어야 했을 것이다. 시몬은 헬레니즘의 물결이 유대교를 위협하고, 또 바리새인들이 거기에 저항하던 시대를 살았다. 따라서 시몬이 유대인들에게 기존 교육시설의 세심한 준수를 촉구했을 공산이 크다. 그는 유대적 방식으로 자녀 교육의 의무를 받아들이도록 명령하였다. 우리는 시몬이 초등학교를 시작했다고 고집할 필요는 없다.

유대인의 초등교육에서 두 번째로 위대한 인물은 대략 63년에서 65년까지 대제사장을 지낸 요수아 벤-가말라(Joshua ben Gamala)였다. 탈무드는 초등교육을 보급한 그의 역할을 가장 높이 사고 있다. 다음은 그에 대한 언급이다.

"그 사람이 아니었다면 율법이 이스라엘에서 잊혀졌을지 모를 랍비 요수아 벤-가말라라는 이름의 인물을 영원히 기억하게 하라. 처음에 아버지가 있는 어린이는 모두 그에게 율법을 배웠지만 아버지가 없는 어린이는 율법을 배우지 못했다. …나중에 예루살렘에는 어린이를 위한 교사들이 임명되었다. …하지만 이 조치조차 만족스럽지 못했다. 아버지가 있는 어린이는 그가 학교에 데려가서 그곳에서 교육했으나 아버지가 없는 어린이는 교육받으러 그곳에 갈 수 없었기 때문이다. 따라서 지방마다 교사를 임명할 것을 제정했다. 어린이들은 16세나 17세가 되면 이곳에 보내졌다. 교사가 제자에게 화를 내게 되면 그 제자는 다리에 인장을 찍어서 쫓아냈다. 이런 수준의 교육은 요수아 벤-가말라 때까지 존속했는데, 그는 방방곡곡에 교사를 임명해서 그들이 6, 7세의 어린이들을 양육하도록 제정한 인물이었다."[20]

여기에서 우리는 요수아 이전에도 팔레스타인에 일종의 교육기

구가 존재했지만 그가 개혁해서 훨씬 더 효과적으로 발전시키고 나라 전체에 보급했음을 알게 된다. 초등교육이 정식 공익사업으로 맨 처음 출발한 시기에 관해서 우리는 아직도 회의적이다. 개념상으로는 아무리 그것을 제공하는 것이 아버지의 의무였다지만 현실적으로는 대중 교육의 필요성을 훨씬 뒤로 소급하지 않으면 안 된다. 우리가 분명하게 말할 수 있는 것은 시몬 벤 셰탁에게 새롭게 자극을 받았다는 것과 또 요수아 벤-가말라로부터는 새롭게, 또 동시에 훨씬 효과적으로 구체화했다는 것이다.

입학 나이는 5세부터 7세까지였다. 「선조의 어록」 제5권 부록은 사람들의 나이를 다음처럼 설명한다.

> 5세에는 성경, 10세에는 미시나, 13세에는 십계명, 15세에는 탈무드, 18세에는 결혼, 20세에는 직업, 30세에는 능력, 40세에는 분별, 50세에는 지혜, 60세에는 수명, 70세에는 황금의 때를, 80세에는 지혜의 힘, 90세에는 노쇠, 100세에는 마치 죽고 없어지고 또 세상이 끝난 것과 같다.[21]

사실 7세는 대개 어린이가 학교에 가던 나이였다. 왜냐하면 랍비들은 하나님에 관한 것을 어린이 마음에 새기는 일은 절대 이르지 않다고 믿었지만 너무 일찍 기술교육을 시작하는 것은 그렇지 않았기 때문이다. 랍비 아부야(Abujah)는 이렇게 말했다. “어려서 배우는 사람은 무엇과 같을까? 새 종이에 먹물로 쓰는 것, 그리고 나이를 먹고 배우는 사람은 무엇과 같을까? 한 번 사용한 종이에 먹물로 쓰는 것."[22]

그러면 가정에서 어린이는 얼마나 일찍 하나님과 신앙에 관해 교육받아야 한다고 생각했을까? 스켁터는 레위기 19장 23~24절에 관한 미드라시를 인용한다. 그 구절에는 나무를 심으면 그 열매는 처음 삼 년간 따면 안 되고 사 년째 열리는 열매는 모두 여호와에게 거룩하다고 규정한다. 처음 삼 년간 어린이는 말을 제대로 못 해서 모든 종교적 의무에서 면제된다. 4년째부터 어린이에게 위대한 진리를 소개하기 시작하는 것은 아버지의 의무였는데 생활과 종교는 어린이가 분명하게 말할 수 있을 때 시작되기 때문이다.[23]

하지만 아주 어린 어린이가 학교에 가기 전에 받은 일정한 교육이 있다. 미시나는 어린이도 지켜야 하는 메주자법을 언급한다. 신명기는 하나님의 율법을 말한다. "네 집 문설주와 바깥 문에 기록할지니라"(신 6:9).그 명령에 따라 메주자는 바깥 문이나 집 안의 청결한 방 문설주에 달았다.

그것은 올리브나무로 제작한 작은 원통형 상자였다. 그 안에는 신명기 6장 4~9절과 11장 13~21절을 정확히 스물두 줄로 기록한 작은 양피지 두루마리를 넣었다. 이 기록된 구절에서 하나님의 이름을 언급한 횟수는 열 번을 넘지 않았다. 원통 중심에는 동그란 구멍이 있어서 전능자(샤다이, Shaddai)라는 낱말이 작은 구멍을 통해 드러나도록 양피지를 정렬했다. 누구나 드나들 때마다 메주자 구멍을 만지고 만진 손가락에 입을 맞추면서 복을 빌었다. 그것은 같은 말씀에 대한 유대식 사고와 밀접하게 연관되어 있다. "여호와께서 너의 출입을 지금부터 영원까지 지키시리로다"(시 121:8).

어린이가 메주자를 얼마나 주목하고 또 그 뜻을 물었을지는 분명하다. 아버지는 자식이 3세가 되면 반드시 회당에 데려가기 시작해야 한다고 권장되었다. 버릇없는 아이가 지르는 소리를 불쾌하게 여기던 랍비들이 있었고 훗날 세파르딤(Sephardim) 의식을 담당한 몇몇 사람들이 있었는데, 그들은 회당에 다니는 어린이들을 구분해서 믿음을 거드는 데 아주 실제적이면서도 효과적인 매를 담당한 특별 감독관에게 보냈다.

어린이는 안식일 준수 율법이 면제되었지만 어른은 어린이가 안식일을 지키는 것을 살펴야 할 책임이 있었고, 그 덕분에 어린이는 매주 이 율법이 무엇을 뜻하는지 점점 더 많이 배울 수 있었다. 속죄일이 다가오면 어린이에게는 금식 의무가 없었지만 금식해야 할 나이가 되기 2, 3년 전부터는 조금씩 금식을 격려하도록 권장되었다. 우리는 앞에서 유월절과 그에 따른 모든 것을 지켜야 할 이유를 어린이에게 설명하는 게 아버지의 의무였던 경위를 살펴보았다(출 12:26 이하).

태어난 지 얼마 안 된 어린이도 예루살렘에서 치르는 큰 명절에 반드시 참석해야 했다. 샴마이(Shammai)는 어린이가 아버지 목마를 탈 정도면 반드시 참석해야 한다고 말했다. 힐렐(Hille)은 아버지 손을 잡을 수 있고, 또 두 발로 걸을 수만 있으면 반드시 참석해야 한다고 말했다. 소년은 특히 초막절에 참석하곤 했다. '어머니를 더 이상 필요로 하지 않는' 어린이는 초막절에 참석해야 하고, 또 '루라브를 흔들 정도의' 소년은 그것을 지켜야 한다고 규정했다.

실제 교육에서는 어린이가 말하자마자 다음 두 가지 구절을 암기하고 또 말할 수 있게 가르쳤다. "이스라엘아 들으라. 우리 하나님 여호와는 오직 유일한 여호와이시니"(신 6:4). "모세가 우리에게 율법을 명령하였으니 곧 야곱의 총회의 기업이로다"(신 33:4). 사춘기의 일차 징후로 몸의 두 곳에서 털이 자라면 소년은 율법을 준수할 책임이 있었다. 끝으로 안식년에 성전 구석구석에서 율법이 읽히면 그곳에 데려가야 한다는 아주 이상적인 규정이 있었다(신 31:10-12 참조). 어린이는 학교에 가기 훨씬 전부터 유대인이 된다는 게 무엇을 의미하는지 늘 익혔고, 또 동시에 그것은 어린이가 받게 될 교육이 분명했다.

우리는 계속해서 학교의 실제 방법을 살펴본다. 하지만 그에 앞서 한 가지 경고에 주목해야 한다. 우리가 설명하는 많은 규정, 그리고 앞으로 인용할 다양한 의견은 현실적이라기보다는 이상적 형태에 대한 것이다. 그것들은 어떤 학교들이었다기보다는 그래야 했을 것이라는 서술 방식을 택한다. 그럼에도 그것은 유용하다. 우리는 주로 이상적인 것에 관심이 있기 때문이다.

분명하지는 않지만 어린이는 5세부터 7세 사이에 학교에 입학했다.[24] 학교는 특별한 건물로 교사의 집 안이 될 수도 있지만 회당에 부속되었다는 게 가장 설득력이 있다.

학교는 보건상 인구밀도가 높은 지역을 피해 짓도록 규정했다. 마을이 큰 경우에는 두 개의 학교가 있어야 했고 강으로 마을이 나뉘었으면 다리를 건너는 게 위험한 일이었기 때문에 특히 그래야 했다. 학교는 오전 10시부터 오후 3시까지 수업이 없었고, 타무즈월 17일부터 아비브월 14일까지, 그러니까 대략 7월과 8월에는 수업 시간이 4시간을 넘지 않아야 한다는 규정이 있었다. 학급 규모는 이상적으로는 엄격하게 제한했다. 어느 곳이든지 25명만 되면 교사를 임명했다. 학생 수가 40명이면 교사에게는 보조교사가 따라붙었고, 그리고 50명이 되면 두 명의 교사를 임명했다.

학생은 학교에 들어서면 교사의 발아래 앉았다. 사도 바울은 자신이 가말리엘의 발아래서 컸다고 소개한다(행 22:3). 랍비 요세스(Joses)는 이렇게 말한다. "네 집을 현자의 사랑방으로 내어놓아라. 그리고 그들의 발에 묻은 먼지를 네 몸에 묻히라."[25] 교사 발아래 앉는 것은 제자의 겸손과 배우고자 하는 열심의 표현이었다.

단 한 권의 교과서가 있었는데 그것은 성경이었다. 학교의 이름은 벳 하-세페르(Beth Ha-Sepher), 곧 책의 집이었다. 그리고 율법에 관한 성경 가운데 모세오경이 가장 중요했고 나머지는 주석에 불과했다. 어떤 랍비는 율법에 관해 다음과 같이 말했다. "그것으로 돌아서라. 다시 그것으로 돌아서라. 모두 그 안에 있고, 또 너의 모든 게 그 안에 있기 때문이다. 그것에서 벗어나지 말라. 이보다 훨씬 더 탁월한 것을 가질 수 없기 때문이다."[26)]

율법은 공부의 유일한 목적이었다. 더 넓은 세계의 문화도 유대인에게는 하찮은 것이었다. 실제로 티투스 전쟁(제1차 이스라엘과 로마 전쟁–옮긴이) 기간에 '자식에게 헬라어를 가르치는 것을 금했던' 이야기가 미시나에 실려있다. 탈무드에는 율법에 정통한 기초 위에서 헬라어를 배우려고 했던 진보적인 노장 랍비에 관한 이야기가 있다. 노장 랍비는 여호수아의 말을 그에게 상기시켰다. "이 율법책을 네 입에서 떠나지 말게 하며 주야로 그것을 묵상하여 그 안에 기록된 대로 다 지켜 행하라"(수 1:8). 그는 이렇게 말했다. "밤낮을 가리지 말고 가서 숙고하라. 그러면 너는 거기서 헬라의 지혜를 공부하게 될 것이다."

이처럼 유대인의 교육은 전적으로 종교교육이었다. 그들은 율법 이외는 달리 필요로 하지 않았기 때문에 유대인의 교육은 성경 공부였다. 유대인이 다른 모든 교육제도보다 자신들이 지닌 제도의 우월성을 주장한 이유가 바로 여기에 있었다. 그들의 공부가 율법 공부였다는 바로 그 사실은 그것이 당연히 이중적 측면을 지닌다는 것을 뜻했다.

한때는 이론과 실천, 지식과 행위 모두를 동시에 포함했는데, 율법을 먼저 공부하고 이어서 실천했기 때문이다. 케네디는 말했다.

"조상 전래신앙의 절대적 진리에 관한 교육을 실제 생활의 의무를 준비하는 것과 결합한다." 이것이 오래전에 요세푸스가 주장한 그것이다. 그는 다음과 같이 쓰고 있다. "어떤 유형의 교육이나 도덕적 삶이라는 지도에 도달하는 데는 두 가지 길이 있다. 하나는 말로 가르치는 것이고, 또 다른 하나는 실행을 통한 것이다. 그런데 또 다른 율법의 수여자들(즉 모세와는 다른)은 자신들의 견해에 따라 이들 두 가지 방법을 구분해 왔고, 또 한쪽을 무시하면서까지 교육 방법들 가운데 하나든지, 아니면 모두가 가장 좋아하는 것을 택한다. 그래서 스파르타인이 그랬고, 또 크레타인도 말이 아닌 실제 행동으로 가르친다. 반면에 아테네인과 나머지 사람들은 거의 전부 해야 할 것, 혹은 남겨두어야 할 것에 규칙을 정했으면서도 그것의 실제 행동에는 무심했다."

유대인의 교육에 관해 생각할 때마다 언제나 기본적인 요소 두 가지가 떠오른다. 먼저 그것은 철저하게 구두 교육에 기초해서 전적으로 암송으로 지도했다. 미시나라는 말은 암송과 교육을 뜻한다. 그것들은 한 가지나 다름없었기 때문이다. 박스는 이것을 강조하는 바빌로니아의 창조 서사시를 인용한다.

> 그들이 나서게 하라 – 장로가 가르치게 하라.
> 지혜 있고 노련한 자가 서로를 중개하게 하라.
> 아버지가 암송하여 이해시키라.

목자와 인도자(왕)의 귀를 열지어다.[27]

벤 시락도 다음과 같이 기록한다.

지혜는 의견에서 드러나고
교양은 말투에서 드러난다.
(집회서 4:24)

교사 자신을 제외하고 교육 도구로서의 책은 거의 존재하지 않았다고 보아도 무방하다. 모든 교육은 육성과 부단한 반복과 예민한 청각으로 이루어졌다.

기초적인 두 번째 요소는 이것의 직접적인 결과다. 교육은 대부분 암기식이었다. 교재가 없으니 뛰어난 학생의 일차 조건은 훈련된 좋은 기억력이었다. 랍비 가운데 가장 유명한 인물은 랍비 엘리에셀(Eliezer)이었다. 미시나에 실린 그의 어록은 330개나 된다. 그의 스승인 랍비 요카난은 그를 일컬어 '물 한 방울 새지 않는 회반죽 항아리' 라고 할 정도였다. 랍비 도시타이(Dosithai)는 말했다. "현자의 제자가 자리에 앉아서 공부하다가 미시나의 내용을 잊으면 그는 '죽음의 가책' 을 느끼는 것처럼 그것을 설명했다."

탈무드는 달력을 조정하러 아시아를 방문한 메이르(Meir)라는 어느 랍비를 소개한다. 그는 그곳에 에스더서가 없음을 알고 즉시 전체를 떠올려 기록한 뒤 명절 동안 그것을 낭독했다. 박스는 유대인 어린이들은 알파벳을 완벽하게 암송할 수 있고, 아동기에 완전한 낱말을 획득하고, 또 '자기 이름을 간단하게 부르듯이 정확하면서도 유창하게' 아담에서 스룹바벨까지 모두 암송하도록 배운다는 히에로니무스(Hieronymus, 또는 제롬)의 말을 인용한다.[28]

유대인 역사가인 그프리어는 탈무드 사본 전체가 훼손되거나 탈무드가 계속 늘어나도 노련한 랍비 12명만 있으면 기억을 통해 한 글자씩 다시 기록할 수 있다고 주장했다. 전체 유대인의 교육은 부단한 암송과 암기에 기초했다. 랍비 아키바(Akiba)는 말했다. "교사는 수업을 유창한 암송만큼이나 분명한 이유로 학생들이 동의할 수 있게 힘써야 하는데, 그것은 주제를 철저하게 이해하고, 또 아주 유창하게 암송할 수 있을 때까지이다."

이것은 특별한 효과를 발휘했다. 고대인들처럼 유대인은 크게 읽거나 적어도 읽을 때만큼은 입술로 음절마다 모양을 만들었다. 빌립은 에티오피아 내시가 병거를 타고 가면서 이사야 선지자의 글을 읽는 것을 들었다(행 8:30). 따라서 공부한다는 것은 언제나 크게 암송한다는 뜻이었다. 탈무드는 한 학생이 글을 크게 암송하지 않고 배우다가 결국 3년이 지나지 않아 배운 것을 전부 잊어버리고 말았다고 전한다. 선조의 어록에는 토라를 배우는 데 필요한 48가지 목록이 있는데 그것은 이렇게 시작한다.[29]

"배움을 통해, 들을 수 있는 귀를 통해, 논리적 이야기를 통해서."

암송은 학문의 어머니(Repetitio mater studiorum)라는 말은 당연히 유대인 교육의 좌우명이었을 것이다. 베나미 서한집에는 이 집중적인 암송과 암기를 일부 언급한다.

"너는 많이 비축했다고는 하지만 실제로는 아무것도 비축한 것이 아니다."

"암송은 지식의 어머니다."

"토라를 암송하지 않고 배우는 사람은 누구든지 파종은 하되 거두지 않는 사람과 같다."

"눈으로만 공부하지 말고 눈과 입으로 하라."[30]

따라서 유대인의 수업은 주로 구두로 이루어졌고, 유대인의 학습은 대부분 암기를 통한 학습이었고, 입으로 암송해서 기억하는 학습은 적어도 눈으로 보는 것만큼이나 상당한 역할을 담당했다.

우리가 이미 살펴본 대로 유대인 어린이는 모두가 초등학교에서 읽는 법을 배웠는데 유대인 남자 성인이라면 누구나 회당에서 성경 일과를 읽을 수 있는 특권과 의무를 지녔기 때문으로 보인다. 그들은 산수의 핵심을 익혔고, 또 전부는 아니지만 대부분 쓰는 법을 배웠다. 하지만 단순히 모든 어린이가 능통하기를 기대하지는 않았다. 어쨌든지 어린이가 읽을 수 있자마자 어떤 핵심적인 구절이 기록된 양피지 두루마리가 주어졌다.[31] 그것은 다음과 같다.

● 쉐마. 쉐마(Shema)는 히브리어 명령형 동사로 뜻은 '들으라'

이다. 그것은 신명기 핵심 구절인 6장 4절의 첫머리에 나오는 말인데 유대인 신앙의 기초이며 지금도 회당의 매일 예배를 시작하는 문장의 기초이다. 경건한 유대인은 누구나 매일 아침과 저녁에 낭송하곤 했다(쉐마의 전문은 신명기 6:4-9, 11:13-21, 민수기 15:37-41 등).

- 할렐. 할렐(Hallel)은 '여호와를 찬양하라!' 는 뜻이다. 그리고 이것은 새로운 달과 절기 때마다 낭송되고, 또 유월절 의식에 특별한 자리를 차지한 일련의 유명한 찬양 시들이다(시 113-18 참조).
- 창조 이야기(창 1-5).
- 레위기 핵심 법(레 1-8).

이외에도 어린이는 개인 교과서를 찾아 공부해야 했다. 개인 교과서는 자신의 이름 첫 글자에서 시작해서 이름의 마지막 글자로 끝나는 것을 말한다. 키스는 아브네르(Abner)라는 어린이가 가질 수 있던 개인 교과서를 실례로 들어 설명한다.

"유순한 대답은 분노를 쉬게 하여도 과격한 말은 노를 격동하느니라"(A soft answer turneth away wrath; But grievous words stir up anger).[32]

어린이가 조금 더 자세하게 율법을 읽고 또 공부할 수 있게 되면 레위기 공부를 시작했다. 우리가 볼 때는 이상한 배열이지만 한 사람의 유대인이 정결법과 성전 제사법을 완벽하게 아는 것은 필수였다. 하지만 성전이 파괴되어 제사할 수 없게 된 이후에도 레위기는 계속 상세한 교육의 입문 구실을 했는데 이유는 미드라시가 아름답게 묘사하는 것과 같다. "제사는 순결하다. 그리고 어린이들은 순결하다. 순결한 사람이 순결한 것을 책임지게 하라."

우리가 검토하는 것 같은 공동체에서 교사는 분명히 가장 중요한 인물이다. 율법이 전부였기 때문에 율법의 해설자는 공동체에서 가장 위대한 인물이었다. 그리고 심지어 랍비가 해야 할 일의 기초를 닦던 초등학교 교사의 지위 역시 아주 높았다.

교사는 지고의 목적을 소유하는 동시에 지고의 도덕 수준을 갖춘 인물이어야 했다. 에델쉐임은 탈무드에서 교사의 목적과 자질에 관한 일련의 어록을 수집했다. 교사의 목적은 사악한 것과의 어떤 접촉으로부터 지켜주고 어린이의 쓰라린 마음(어린이가 부모에게 잘못한 쓰라림일지라도)을 진정시키고 진짜 잘못한 행동을 벌주고, 또 편애하지 않는 것이어야 했다. 그는 이 세계나 혹은 앞으로 도래하는 세계의 결과를 이야기해서 지나치게 위협하기보다는 그것의 본질적 혐오감으로 죄를 드러내어야 한다.

그는 결코 낙담하게 해서는 안 된다. 그는 어린이가 거짓말하거나 약속을 어기지 않게 절대로 약속하지 않거나 반드시 지켜야 한다. 그는 결코 인내를 잃어서는 안 되고, 만일 어린이가 이해하지 못하면 알기 쉽게 계속해서 그 문제를 끈기 있게 설명해야만 한다. 그는 어린이를 날마다 짐을 조금씩 무겁게 얹는 송아지처럼 대하여야 한다. 어떤 경우에도 그는 먼저 친절해지려고 노력해야 하고 친절할 수 없을 때만 체벌해야 한다. 그런 체벌은 지나치게 가혹하면 안 되고 교사가 너무 지나치게 가혹할 때는 해고될 수도 있었다. 체벌을 가할 때는 가죽끈으로 해야지 막대기로는 안 된다.[33]

우리는 이 목록에 몇 가지 아주 중요한 어록을 덧붙일 수 있다. "게으른 자는 어린이를 위한 학교를 운영할 수 없다"라는 규정이 있었다.[34] 그리고 바로 그 대목에서 결혼하지 않은 자는 가르치지도 말 것이며, 또 여자는 가르치는 것과 전혀 어울리지 않는다고 규정하고 있다. 교사는 아주 차분해야 한다. 격한 사람은 가르칠 수 없기 때문이다. 교사는 품위를 훼손하면 안 되고 어린이가 있는 앞에서는 절대로 농담하거나 먹거나 마셔서도 안 된다.[35]

이 모든 것 가운데서도 가장 중요하고, 또 가장 흥미로운 것은 유대인들이 교사의 학문적 소양보다 도덕적 품성에 훨씬 더 관심을 가졌다는 두드러진 사실이다. 그들의 일차 질문은 "그가 어떤 기술을 갖춘 학자냐?"가 아니라 "그는 어떤 유형의 사람이냐?"였다. 그것이 유대인들이 갖추려고 노력한 성품이고 따라서 그들은 성품만이 성품을 낳을 수 있음을 잘 알고 있었다.

이론상 교사는 전혀 무보수로 가르쳐야 할 책임이 있었다. 그것은 하나님 말씀과 같았다. “내가 너희에게 아낌없이 준 그대로 너희도 값없이 전하라.” 랍비 사독(Zadok)은 말했다. “토라의 말씀을 영화로운 왕관이나 생계를 잇기 위한 도끼로 사용하지 말라.” 위대한 힐렐(the great Hille)은 이렇게 규정했다. “보라. 토라의 말씀으로 득을 보려는 사람은 누구나 지상에서 생명을 잃을 것이다.” 이상적 형태는 교사가 장사해서 물질의 필요를 채워서 무상으로 교사직을 지키는 것이었다. 어떤 경우에도 소년은 모두 장사를 배웠는데 “자식에게 장사를 가르치지 않는 아비는 도둑질을 가르치는 것이기” 때문이다. “일을 사랑하라.” 셰마이아(Shemaiah)의 말이다.

랍비들은 순수한 학문적 생활이라고 부르는 곳에는 어떤 위험이 도사리고 있다고 간주했다. 예후다 하-나시(Jehuda ha-Nasi)의 아들 가말리엘(Gamaliel)은 다음처럼 말했다. “세상일과 함께 토라를 연구하는 게 가장 훌륭하다. 두 가지 모두를 실행하는 것은 죄악을 기억 밖으로 밀어내는 것이다. 노동 없는 토라는 결국에는 실패하고 죄악의 원인이 된다”(집회서 38:25).

이것과는 상반된 극소수의 음성도 있었다. 우리는 벤 시락(Ben Sirach)이 쟁기를 잡은 사람은 지혜롭게 된다고 생각하지 않았다는 것을 확인한 바 있다. 그리고 랍비 메이르(Meir)도 말했다. “일은 조금, 토라는 많이.” 힐렐은 “일이 많은 사람은 지혜로울 수가 없다”라고 말하기도 했다.

그러나 균형은 훨씬 많은 사람이 택한 또 다른 방법이었다. 우리는 방앗간 주인, 신기료장수, 빵 굽는 사람, 향수 상인, 사무원, 대장장이, 토기장이, 목수 등의 일에 종사한 랍비들에 관해서 알고 있다.[36] 이 무보수 교육은 당연히 보수를 받아야 하는 초등학교 교사보다는 오히려 공정한 임무를 수행하는 랍비들의 관습이었던 게 분명하다. 그러나 초등학교 교사들조차도 임금을 받으려 들지 않았다. 교사들은 어린이들에게 기계적으로 읽기 공부를 시키는 어려움을 겪었고, 어린이가 학교에 있는 동안 돌보고, 또 자기 시간을 가질 수 없어서 임금을 받았다.

이 모든 배후에 담긴 뜻은 교사가 된다는 것은 생애에 누릴 수 있는 가장 큰 특권 가운데 하나라는 것이고, 그것은 시내산에서 직접 하나님에게 받았던 것만큼 어린이에게 율법을 가르치는 일이 커다란 특권이라고 아름답게 전해졌기 때문이다.

교사가 가장 높은 명예를 누렸다는 것은 이 모두를 그런 식으로 확인하려는 우리에게는 놀라운 일이 아니다. 위대한 랍비가 간직해야 할 명예는 심지어 부모에게 주어지는 명예마저 능가했다. "아버지 이상으로 스승을 공경하라. 아버지와 아들은 마땅히 교사를 존경해야만 하기 때문이다." 어떤 사람의 아버지와 스승이 무엇을 잃었다면 선생이 잃어버린 게 먼저다. 아버지는 그를 이 세상에 낳았을 뿐이지만 지혜를 가르치는 스승은 앞으로 닥칠 세상의 생활로 그를 이끌어 주기 때문이다.

랍비 가운데서도 가장 뛰어난 사람만 가장 존귀한 명예를 기대했지만 초등학교 교사조차 높은 존경을 받았다. “너의 스승을 두려워하되 하늘을 두려워하듯 하라.” 교사들은 하나님이 이스라엘에게 진리를 전달할 때 이용한 예언자들과 대조되기도 했다. 친구에게 단 한 장, 단 하나 율법, 단 한 구절, 혹은 단 한 글자라도 배운 사람은 그를 존경해야 마땅하다고 전해졌다.

민수기 24장 6절에 관한 미드라시에는 ‘강가의 동산’ 을 언급한다. “이들은 이스라엘 어린이의 교사들인데, 그들은 자신들의 기억에서 지혜로 이끌고 하늘 아버지의 뜻을 이해하고 구분하고 또 가르친다.”[37] 교사들에게 주어진 가장 큰 찬사는 군주 랍비 유다(Judah the Prince)가 했던 것 같다. 그가 한 마을을 방문해서 파수꾼을 만나고 싶어 했다. 사람들은 그 도시의 관리와 경비병에게 데려갔다.

“이들 말고.”

그는 말했다.

“학교 교사들이 이 도시의 파수꾼들이다.”[38]

팔레스타인에서 초등학교 교사는 생색나지 않는 일을 어느 정도 욕을 먹어가며 일하는 게 아니라 사람이 할 수 있는 가장 위대한 일을 수행하기 때문에 명예를 유지한 인물로서 하나님과 공동체의 종이었다. 그것은 유대인들이 교사들을 그토록 깊게 존경할 뿐 아니라 그들로부터 그토록 많이 요구한 바로 그 이유, 즉 “교사가 하늘의 뜻으로 내려온 천사 같을 때만 토라를 그의 입에서 구할 수 있기” 때문이다.[39]

하나의 관점에서 유대인 교육을 비판하기는 쉽다. 유대인 교육의 편협함을 비난하는 것은 간단한 문제다. 유대인의 교육이 전적으로 종교교육이었던 탓에 더 넓은 문화에 대한 일반적인 경시를 확인하고, 또 그것이 지닌 실책을 제대로 찾아내기는 어렵지 않다. 예수 그리스도를 십자가에 처형한 가공할 형식주의가 등장하기 전까지 유대인 교육이 한층 수준이 높아질수록, 또 발전하면 할수록 율법의 소상한 것을 상실했다는 사실을 찾아내기는 쉽다. 그럼에도 유대인 교육의 이면에는 두 가지의 위대한 이상이 존재하는데, 그것을 두 명의 유대인 작가들이 발굴했다.

베크는 유대교의 바탕은 바로 '거룩함'이라는 개념에서 찾을 수 있다고 지적했다. "너희는 거룩하라. 이는 나 여호와 하나님이 거룩함이니라"(레 19:2). "너희는 스스로 깨끗게 하여 거룩할지어다. 나는 너희 하나님 여호와이니라"(레 20:7). "너희는 나에게 거룩할지어다. 이는 나 여호와가 거룩하고 내가 또 너희로 나의 소유를 삼으려고 너희를 만민 중에서 구별하였음이니라"(레 20:26).

바꾸어 말하면 유대인들의 운명은 달라지는 것이었다. 거룩함은 차이를 뜻한다. 따라서 그들의 모든 교육제도는 그것을 목표로 삼았다. 그것이 바로 유대인 민족이 지금껏 유지하는 교육제도이다. 유대인은 더 이상 인종의 유형이 아니다. 일정한 생활방식을 따르고, 또 일정한 신앙에 속한 사람이 유대인이기 때문이다. 만일 유대인의 종교가 약화하고 변질했다면 유대인들은 멸망했을 것이다. 베크가 주장하듯 유대인은 '위대한 비순응주의자,' '위대한 반대자'가 되지 않을 수 없었다. 유대인의 교육적 이상은 단연 거룩함, 차이, 하나님에게 속하기 위해 다른 모든 민족과의 구별이라는 이상이었다. 그들의 교육제도는 하나의 민족이라는 그들의 존재, 운명의 성취를 보장한 교육과 다르지 않았다.

유대인 작가 엡스테인은 이 유대인 교육의 또 다른 본질적 이상을 포착했다. 예레미야 15장 19절은 하나님의 종이 담당할 임무를 '천한 것에서 귀한 것을 취할 것'이라고 규정한다. 그는 이렇게 말한다. "유대교에서 이해하는 교육은 이기주의자들이나 호전적인 사람의 마음을 에워싼 얼음조각을 녹이고 그들을 협조적이고 신중하고 정의로운 동료로 변화시킬 수 있는 따뜻한 경건과 사랑을 전하는 정의로운 사람의 능력이다."[40] 이상이 고대 세계의 유대인이 추구한 교육적 이상의 전부다. 유대인의 이상은 본질적으로 실천적이었고 거룩함을 윤리적으로 표현했다. 유대인의 교육은 세계에 깊은 흔적을 남겼다. 결과적으로 분석해 보면 그것은 어린이가 하나님의 종이 되는 데 적합하도록 교육하는 것을 목표로 삼았기 때문이다. 유대인 교육은 하나님을 위해 어린이들에게 실시한 교육이었다.

1) Pes. R. 29b. C. G. Montefiore & H. Loewe가 편집한 A Rabbinic Anthology에서 인용.
2) S. Schechter: Studies in Judaism, First Series, p.302.
3) S. Schechter: Studies in Judaism, First Series, pp. 302-303.
4) A. C. Bouquet: Everyday Life in New Testament Times, p.156.

5) G. H. Box: E. B. 2. 1190. A. R. S. Kennedy in D. B. 1. 646 대조할 것. "포로기 이전 문학의 전체 범위 내에는 초등이나 고등교육에 대한 어떤 규정도 일반적인 근거로는 추적할 수 없다."

6) Isidore Epstein: The Jewish Way of Life, pp.196-197,199.

7) 딤전 3:15에 관한 글. Wetstein에게서 인용.

8) H. W. Hogg: E. B. I.에 실린 농사에 관한 글. 77-87 항목 중 특히 87항과 대조.

9) 루라브와 시트론에 관한 규정은 Sukkah 3:1-9.

10) G. H. Box: E. B. 2. 1190; Robertson Smith: The Old Testament in the Jewish Church (2), p.299.

11) Josephus: Against Apion: 2. 17, 18; Philo: Life of Moses 3. 27. 탈무드와 타르굼과 미드라시 문서들 - 이것을 케네디(A. R. S. Kennedy)는 "고상한 시대착오들의 보고"라고 단정한다(D. B. 1. 646) - 은 회당과 랍비 대학의 기원을 족장 시대로 소급한다. 온켈로스(Onkelos)의 타르굼(창 25:27)은 야곱이 가르침의 집에서 일했다고 한다. 예루살렘 타르굼(창 33:17)에서는 야곱이 가르침의 집을 세웠다고 한다. 역시 같은 타르굼(출 18:20)에서는 모세의 장인이 회당에 출석하는 이들에게 기도를 가르치도록 간청했다고 한다.

12) C. Guignebert: The Jewish World in the Time of Jesus, p.75.

13) W. O. E. Oesterley: 집회서, p.xlvii.

14) J. A. Bewer: Literature of the Old Testament, p.310.

15) John Paterson: The Book that is Alive, Studies in Old Testament Life and Thought as Set Forth by Hebrew Sages, p.66과 p.53.

16) 잠 24:27, 21:17, 23:20-21, 29-35, 7:6 이하, 29:3, 6:6-11, 17:7, 14:21, 19:17, 22:9, 25:21-22, 17:17, 18:24, 27:10, 31:10-31.

17) E. Schuerer: The Jewish People in Time of Jesus Christ, 2. 2. p.49.

18) G. H. Box in E. B. 2. 1195; A. R. S. Kennedy in D. B. 1. p.649.

19) E. Schuerer: The Jewish People in Time of Jesus Christ, 2. 2. p.80.

20) Baba Bathra 2la. 여기서 인용한 탈무드 번역 구절은 A. R. S. Kennedy D. B. 1. p.650. 그 구절은 G. H. Box in E. B. 2. p.1196, 그리고 A. Edersheim: Sketches of Jewish Social Life in the Days of Christ, p.134에 실려있다.

21) C. Taylor: Sayings of the Jewish Fathers, p.97. 테일러는 각주에서 전도서 1장 2절의 미드라시 실려있는 인생의 일곱 시기에 해당하는 일곱 가지 헛된 것들을 인용한다. "한 살배기 어린이는 모두가 숭배하는 왕과 같다. 두, 세 살 어린이는 오물 속에서

철버덕거리는 돼지와 같다. 열 살은 염소 새끼처럼 뛰논다. 스무 살은 콧바람을 일으키는 사나운 말과 같고, 또 아내를 구한다. 아내를 얻으면 보라. 나귀와 같다. 자식을 얻으면 먹을 양식을 구하는 개만큼이나 부끄러움을 모른다. 나이가 들어 만일 율법을 모르고 또 지키지 않으면 원숭이와 같으나 율법의 자식이라면 늙었어도 다윗과 같은 왕이다"(왕상 1:1).

22) Sayings of the Fathers 4. 27. 테일러는 자신이 각주에 젊어 배우는 것은 바위에 새기는 것에 비유되지만, 늙어 배우는 것은 모래에 쓴 글자를 읽는 것에 비유된다는 유사한 어록을 덧붙인다.

23) S. Schechter: Studies in Judaism, First Series, p.300.

24) 사람들의 나이에서 살펴본 것처럼 성경을 공부하는 연령은 다섯 살로 정한다. 뒤에 어떤 랍비는 이렇게 권한다. "여섯 살이 안 된 어린이를 학교에 들여놓으면 안 된다" (Kethuboth 50a).

25) Sayings of the Fathers 1. 4. 나중에도 의자를 사용할 수 없었다. 랍비 요카난(Jochanan)은 "서는 법을 배우기는 쉽지만, 앉는 법을 배우기는 어렵다"라는 재미있는 말을 했다.

26) 테일러는 이 구절에 관한 자신의 각주에서 율법의 전적인 포괄성에 대한 찬사를 몇 가지 더 인용한다. "그 안에는 틀림없이 역사와 이야기가 있다. 잠언과 불가해한 것이 있다. 신앙과 권고가 있다. 만가, 탄원, 기도, 찬양, 또 온갖 종류의 기원이 있다. 그리고 인간의 책에 담긴 모든 장황한 기도보다 우월한 신적 방식에 관한 이 모든 게 있다. 그 심연에 거룩한 분, 복된 분의 이름들 그리고 끝없는 존재의 비밀들을 담고 있는 그것은 말할 것도 없다"(Leb Aboth). 부지런한 토라의 학생은 과학이나 철학을 공부할 필요가 없다. 토라에는 '구원에 필요한 모든 것들' 과 '세계의 온갖 지혜들' 이 모두 담겨있기 때문이다. 토라를 공부하라. "그러면 열국의 철학과 그들의 학문에 관한 책이 필요치 않을 것이다." 토라는 세계 전체보다 더 값지다. 이는 세계가 엿새 동안 창조되었지만, 토라는 바로 사십 일이나 걸려 만들어졌기 때문이다(Shemoth Rabbah 47).

27) G. H. Box: E. B. 2. 1191; Babylonian Epic of Creation, final tablet, reverse, 1. 22f.1. 참조.

28) C. H. Box: E B. 2. 1200. 같은 글에서 박스는 "그들은 반복만 하고 반영하지는 않았다"라는 히에로니무스(제롬)의 말을 인용한다.

29) Sayings of the Fathers 6. 6. 재미있는 문제(그리고 그것이 사실일지 모르지만 학생에게 다소 유용한)를 여기에 모두 소개한다. "토라는 48개의 방법으로 익힐 수 있다. 소개하면 이렇다. 배워서, 귀로 들어서, 말로 해서, 마음의 식별로, 경외로, 두려움으

로, 온순함으로, 유쾌함으로, 순수함으로, 지혜를 섬김으로, 친구들과 이야기하며 토론함으로, 제자들의 논쟁으로, 침착함으로; 성서를 통해, 미시나를 통해; 거의 장사나, 관계나, 사치나, 잠이나, 떠들썩하지 않음으로써; 끈기로, 훌륭한 용기로, 지혜에 대한 신앙으로, 징계의 수용으로; 분수를 알고, 자신의 몫에 만족하고, 말조심하고, 욕심을 부리지 않으며; 사랑을 받고, 하나님을 사랑하고, 사람을 사랑하고, 의로움을 사랑하고, 정직함을 사랑하고, 훈계를 즐겨하며; 명예를 등지고, 배움을 자랑하지 않고, 결정을 서두르지 않고, 친구와 짐을 나누고, 또 공을 내세우지 않고, 진리에 기초하고, 화평에 기초하며; 그리고 공부에 매진하고, 묻고 답하고, 듣고 또 거기에 보태며; 가르치기 위해 배우고, 실행하기 위해 배우며; 스승을 더욱 지혜롭게 하고, 들은 바를 숙고하고, 전해준 사람의 이름으로 말함으로써 가능하다."

30) Essays on Jewish Life and Thought, The Letters of Benammi, Second Series, p.54에서 인용.

31) Khodadad E. Keith: The Social Life of a Jew the Time of Christ, p.46.

32) 잠 15:1과 A. C. Bouquet: Everyday Life in New Testament Times, p.156; Khodadad E. Keith: The Social Life of a Jew in the Time of Christ, p.47 대조.

33) A. Edersheim: Sketches of Jewish Social Life in the Days of Christ, pp.135-136 참조.

34) Sayings of the Fathers 2. 6과 감독(episkopos)은 가르치기에 적당하고(didaktikos), 또 다투는 사람(orgilos)이 되면 안 된다고 하는 목회서신의 주장(딤전 3:2, 딤후 2:24, 딛 1:7); Yore Deah 145. 11을 대조.

35) Essays in Jewish Literature, the Letters of Benammi, Secondseries, p.55에서 인용.

36) Essays in Jewish Life and Thought, the Letters of Benammi, Second Series, p. 55에서 인용.

37) Essay in Jewish Life and Thought, the Letters of Benammi, Second Series, p.56에서 인용.

38) A. Rabbinic Anthology, selected by C. G. Montefiore and H.Loewe에서 인용.

39) Essays in Jewish Life and Thought, the Letters of Benammi, Second Series, p.56에서 인용.

40) Isidore Epstein: The Jewish Way of Life, pp.200-201.

| **옮긴이 후기** | 저출산 문제와 교회의 새로운 대안

오랫동안 뉴욕대학에서 가르친 닐 포스트먼(Neil Postman)은 언젠가 인류의 눈부신 업적 중 아동기의 발견을 강조했었다. 아동기는 여성이나 노인의 사례와 마찬가지로 20세기를 거치는 과정에서 전혀 새롭게 주목을 받게 되었다는 것이다. 역사적으로 아동기를 연구한 다른 학자들의 의견 역시 이와 다르지 않다. 도시국가의 발전을 위해서라면 장애아를 유기하고 제거하도록 주장한 고대 아테네 철학자들과 이미 실행에 옮기고 있던 스파르타인들, 기대하지 않은 자식은 가차 없이 죽음으로 내몬 로마인들, 어린이를 성인의 축소판으로 간주한 중세인들, 그리고 어린이를 단순히 노동력 일부로 간주하면서 온갖 학대를 일삼았던 산업혁명 시대 유럽인들에 이르기까지 과거를 돌아보면 어린이의 역사는 어른들의 잔인한 폭력으로 점철된 불행한 역사였다. 일각에서 아동기를 극히 최근에 들어서서 깨어나기 시작한 악몽이라고 부르는 것도 바로 그런 이유 때문이다.

「어린이의 탄생: 1세기 교회 어린이 이야기」의 저자 W. A. 스트레인지는 암흑을 벗어나지 못하던 아동기가 르네상스 이후 서구 사회에서 본격적으로 조명받고 현대에 이르러 확고하게 자리 잡은 배경을 세 가지 측면에서 검토한다. 먼저, 미래를 책임질 세대로 어린이를 존중한 유대 전통의 계승이다. 어린이에 대한 애정과 마치 가축처럼 잔인하게 대하던 학대가 공존한 고대 이방인 사회와 달리 유대 사회에서는 수준 높은 아동관을 줄곧 유지했다. 또 다른 배경은 예수님의 가르침과 사역에서 찾아볼 수 있다. 예수님은 유대 전통을 따르면서도 어린이를 가족에 종속된 존재가 아니라 하나님 나라의 상속자로 간주하셨고, 동시에 어린이를 어른이 배우고 따라야 할 중요한 모범으로 제시하셨다. 이것은 예수님 당시 유대인들의 사회에서 찾아볼 수 없는 전혀 새로운 교훈이었다. 덕분에 문자 그대로 아동기는 새롭게 탄생했다. 그리고 세 번째는 초기 그리스도인들의 자세였다. 1세기 초기 교회는 어린이에 관한 예수님의 교훈을 그대로 좇아 예배와 세례, 성찬을 배제하지 않은 채 신앙으로 교육했다. 초기 그리스도인들이 차별 없이 자녀를 신앙으로 양육하고 부모에게 버림받은 어린이들을 돌보는 보육원을 일찍부터 운영한 것도 예수님의 가르침을 충실하게 뒤따랐기 때문에 가능했다.

그리스와 로마 문화와 대조적이었던 1세기 유대 사회와 예수님, 초기 기독교를 중심으로 어린이에 대한 시각 변화와 발전을 집중적으로 소개하는 이 책을 번역하게 된 것은 인구절벽의 위기와 관계가 있다. 현재 우리 사회는 출산율의 급격한 하락 수준은 아동기의 소멸을 염려할 정도로 심각하다. 물론 이런 암울한 현상은 지금, 비단 우리나라만 겪는 위기는 아니다. 역사적으로 돌아보면 경제적으로나 문화적으로 풍요로운 국가는 피할 수 없는 일종의 사회적 현상이었다. 국력이 절정에 도달한 시기에 로마제국을 위협한 가장 강력한 적은 저출산이었다. 황제 아우구스티누스는 시민의 출산과 결혼을 엄격하게 장려하는 도덕법을 제정했으나 결과는 초라했고 로마제국은 쇠락의 길을 걸었다. 서구 사회 역시 20세기 중후반부터 미디어 환경 변화와 출산 기피로 국가 소멸을 염려했다. 미디어의 과잉 정보가 '성인 같은 어린이'(child adulthood)의 출현을 부추기는 한편, 결혼과 출산 회피에 따른 어린이 인구의 감소로 국가적 위기가 도래할 수 있다는 보고가 무성했으나 한동안 뾰족한 해결책을 찾지 못했다. 지금도 여전히 출산율은 낮지만 일부 국가들은 우리 사회가 겪는 초저출산 현상은 벗어났다는 평가를 받고 있다.

스트레인지는 1세기의 초기 교회와 어린이에 관한 역사적 논의를 바탕으로 우리가 아동기가 사라진 사회를 맞지 않으려면 그리스도인들 역시 어린이, 어린이와 교회, 그리고 어린이와 가정에 한층 더 세심한 관심을 두고 행동에 나서야 한다고 조언한다. 어린이를 위한 안전한 사회 환경의 개선을 위해 노력을 아끼지 않는 한편, 교회는 세례나 성찬식처럼 여전히 미진한 신학적 논의를 발전적으로 완성하고, 그리고 가정은 내부적으로 질서와 안정을 유지하면서 예수님의 교훈처럼 어린이가 하나님 나라를 위한 제자직을 감당할 수 있게 인도해야 한다는 것이다. 이런 스트레인지의 제안은 저출산 문제의 해결을 위해 고심하는 우리 사회는 물론, 한국 교회에 나름의 해결책이 될 것으로 보인다. 영국 스펄전대학 학장을 지낸 비슬리 머리(G. Beasley-Murray) 역시 스트레인지의 저서를 이렇게 높게 평가했다. "이 책은 단순하면서도 매력적으로 집필된 탁월한 작품이다. 예수님의 태도와 놀라울 정도로 대조적이었던 1세기 어린이 문화에 관해 풍성한 정보를 제공한다."

아울러서 이 책 뒷부분에는 유대인들의 교육에 대한 독자들의 이해를 돕기 위해서 20세기를 대표하는 탁월한 복음주의 성경주석가였던 윌리엄 바클레이(William Barclay)의 글을 따로 번역해서 추가했다. 윌리엄 바클레이는 언제나 그렇듯이 고대 유대인들의 다양한 문헌과 성경에 관한 해박한 지식을 바탕으로 유대의 절기들과 학교, 그리고 가정에서 이루어진 어린이의 신앙교육을 아주 생생하고 흥미진진하게 설명하고 있다. 비록 분량은 짧지만 풍성한 내용을 담고 있는 바클레이의 글은 유대인들의 대표적인 절기들과 직접 관련이 있는 다양한 풍습들은 물론, 유대인들이 학교와 가정교육에 쏟았던 뜨거운 애정과 관심을 전반적으로 이해하는데 적지 않은 도움이 될 것이다.

옮긴이 유재덕